초판 발행일 | 2024년 11월 15일
지은이 | 해람북스 기획팀
발행인 | 최용섭
책임편집 | 이준우
기획진행 | 송지효

㈜해람북스 주소 | 서울시 용산구 한남대로 11길 12, 6층
문의전화 | 02-6337-5419
팩스 | 02-6337-5429
홈페이지 | https://class.edupartner.co.kr

발행처 | (주)미래엔에듀파트너
출판등록번호 | 제2020-000101호

ISBN 979-11-6571-210-5 (13000)

이 책은 저작권법에 따라 보호받는 저작물이므로 무단전재와 무단복제를 금지하며,
이 책 내용의 전부 또는 일부를 이용하려면 반드시 저작권자와 (주)미래엔에듀파트너의 서면동의를 받아야 합니다.

※ 잘못된 책은 바꾸어 드립니다.
※ 책 가격은 뒷면에 있습니다.

토독토독 타자 미션

차시	날짜	빠르기	정확도	확인	차시	날짜	빠르기	정확도	확인
1	월 일				13	월 일			
2	월 일				14	월 일			
3	월 일				15	월 일			
4	월 일				16	월 일			
5	월 일				17	월 일			
6	월 일				18	월 일			
7	월 일				19	월 일			
8	월 일				20	월 일			
9	월 일				21	월 일			
10	월 일				22	월 일			
11	월 일				23	월 일			
12	월 일				24	월 일			

목차 — 게임 순서 알아보기

01 ▶ 006 — 자기소개

02 ▶ 012 — 고사성어

03 ▶ 018 — 운동회 안내문

04 ▶ 026 — 어떤 메뉴가 좋을까?

16 ◀ 100 — 스포츠 BINGO!

15 ◀ 094 — 공으로 하는 스포츠

14 ◀ 088 — 애국가

13 ◀ 082 — 국가유산 알아보기

17 ▶ 106 — 영수증

18 ▶ 112 — 부자와 당나귀

19 ▶ 118 — 수학 시간

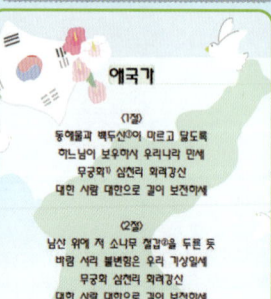

20 ▶ 124 — 우리반 음악 차트

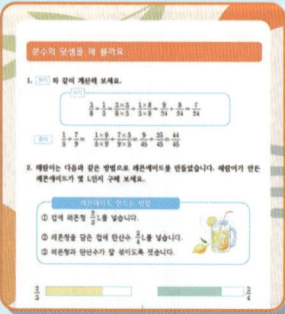

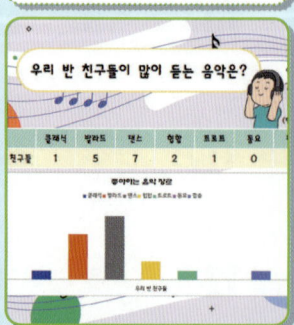

05 ▶ 032	06 ▶ 038	07 ▶ 044	08 ▶ 050
쉿~ 비밀 메세지 	국기게양일	감사 편지를 써요 	노래 가사 바꾸기 

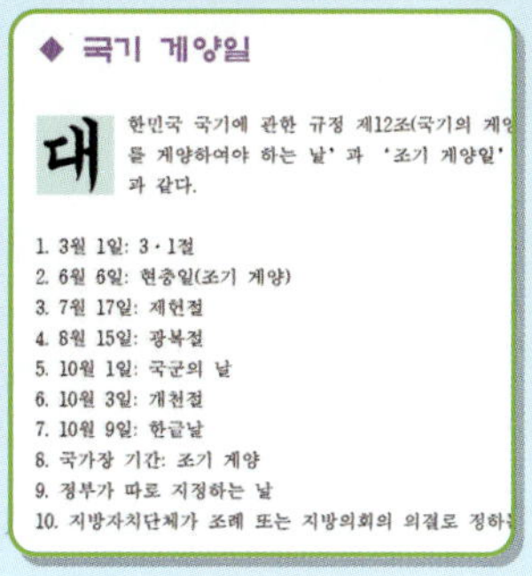

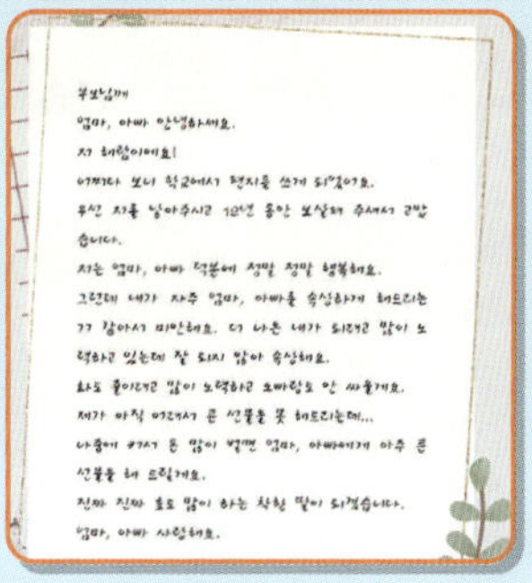

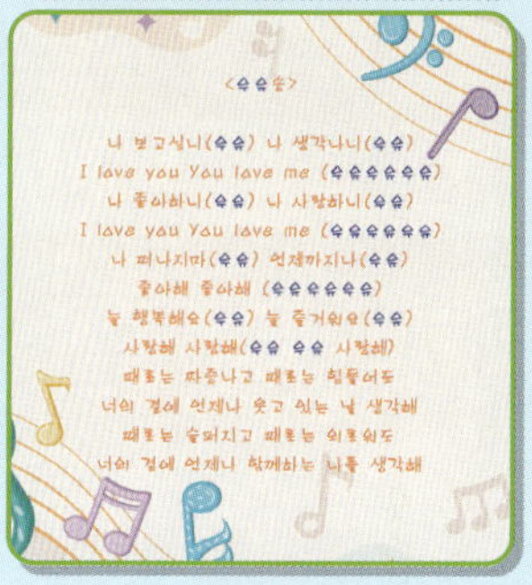

12 076 ◀	11 068 ◀	10 062 ◀	09 056 ◀
근대 5종 경기 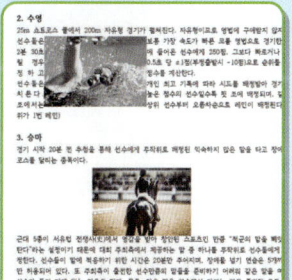	이번주 전단지 	아쿠아리움 	단체복 디자이너 

21 ▶ 130	22 ▶ 138	23 ▶ 144	24 ▶ 150
랜드마크 투어 	나만의 이름표 	두껍아 두껍아 	알퐁스 도데 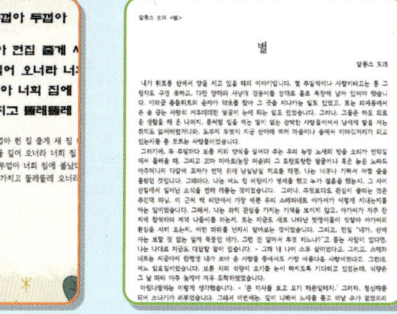

▶ **보너스 게임!** 레벨업 끝판왕 퀘스트도 있어요!

GAME 01 자기소개

| 학습목표 |
- 빈 문서를 생성할 수 있습니다.
- 문서를 저장하고, 저장된 문서를 불러올 수 있습니다.
- 텍스트를 입력하여 문서를 편집할 수 있습니다.

오늘의 도착지점

🔑 예제 파일 : 없음   🔑 완성 파일 : 1강_완성.hwpx

도착지 정보

소개란 다른 사람에게 어떤 내용을 말이나 글로 알려주는 것을 말하며, 주로 알려 주려는 대상의 특징이 잘 드러나 있을수록 좋습니다. 자신을 소개하는 자료는 이름이나 성격 등의 특징이 잘 나타난다면 소개자료를 볼 때 더욱 쉽게 이해할 수 있을 것입니다. 자신을 소개하는 문서를 작성해 봅니다.

Step 01 빈 문서 생성하고 텍스트 입력하기

빈 문서를 생성하고 텍스트를 입력해 봅니다.

① 한글 2022 프로그램을 실행한 후 [새 문서]를 클릭합니다.

② 생성된 빈 문서 화면에서 상태표시줄 오른쪽 아래 [보기 종류]–'쪽 윤곽(□)'으로 설정합니다.

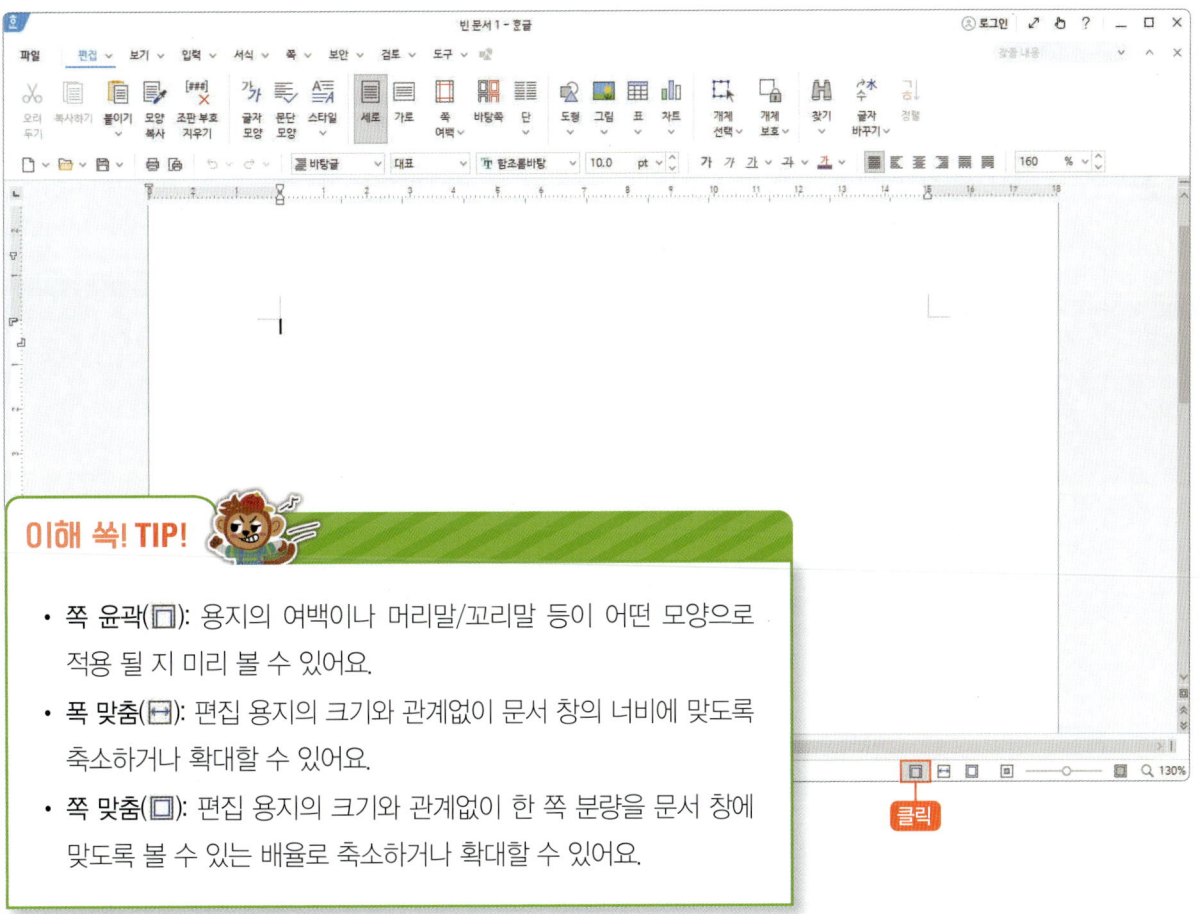

이해 쏙! TIP!

- **쪽 윤곽(□)**: 용지의 여백이나 머리말/꼬리말 등이 어떤 모양으로 적용 될 지 미리 볼 수 있어요.
- **폭 맞춤(□)**: 편집 용지의 크기와 관계없이 문서 창의 너비에 맞도록 축소하거나 확대할 수 있어요.
- **쪽 맞춤(□)**: 편집 용지의 크기와 관계없이 한 쪽 분량을 문서 창에 맞도록 볼 수 있는 배율로 축소하거나 확대할 수 있어요.

③ 빈 문서의 1줄 1칸에 커서를 위치시키고 그림과 같이 텍스트를 입력합니다.

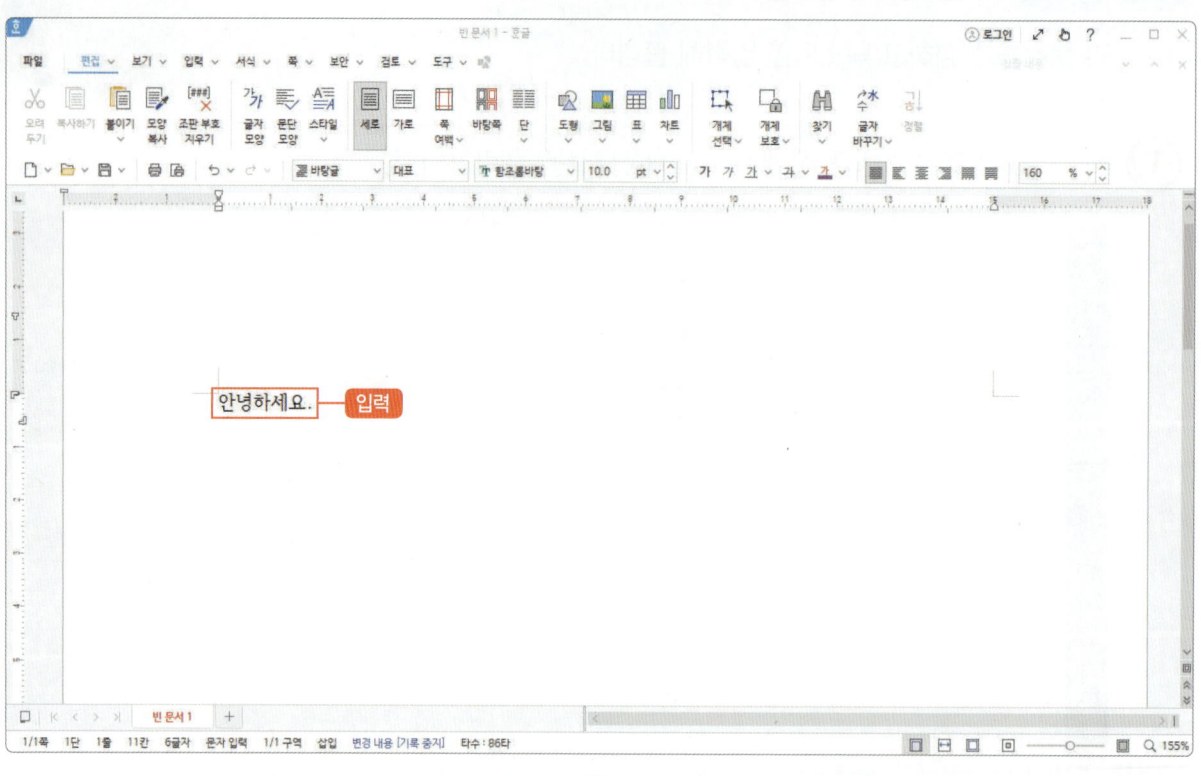

이해 쏙! TIP!

텍스트의 위치는 상태표시줄에서 볼 수 있어요.   1/1쪽   1단   1줄   12칸   7글자

④ Enter 키를 '2'번 눌러 3줄로 커서 위치를 변경한 후 그림과 같이 텍스트를 입력합니다.

이해 쏙! TIP!

책 속의 질문 말고도 내가 알려주고 싶은 나의 특징을 적어보세요.

Step 02 문서 저장하고 불러오기

문서를 저장하고, 저장한 문서를 불러옵니다.

① [파일]을 클릭하고 [저장하기]를 클릭합니다. [다른 이름으로 저장하기] 대화 상자가 실행되면 저장 위치를 지정하고 '파일 이름'을 입력한 후 [저장]을 클릭합니다.

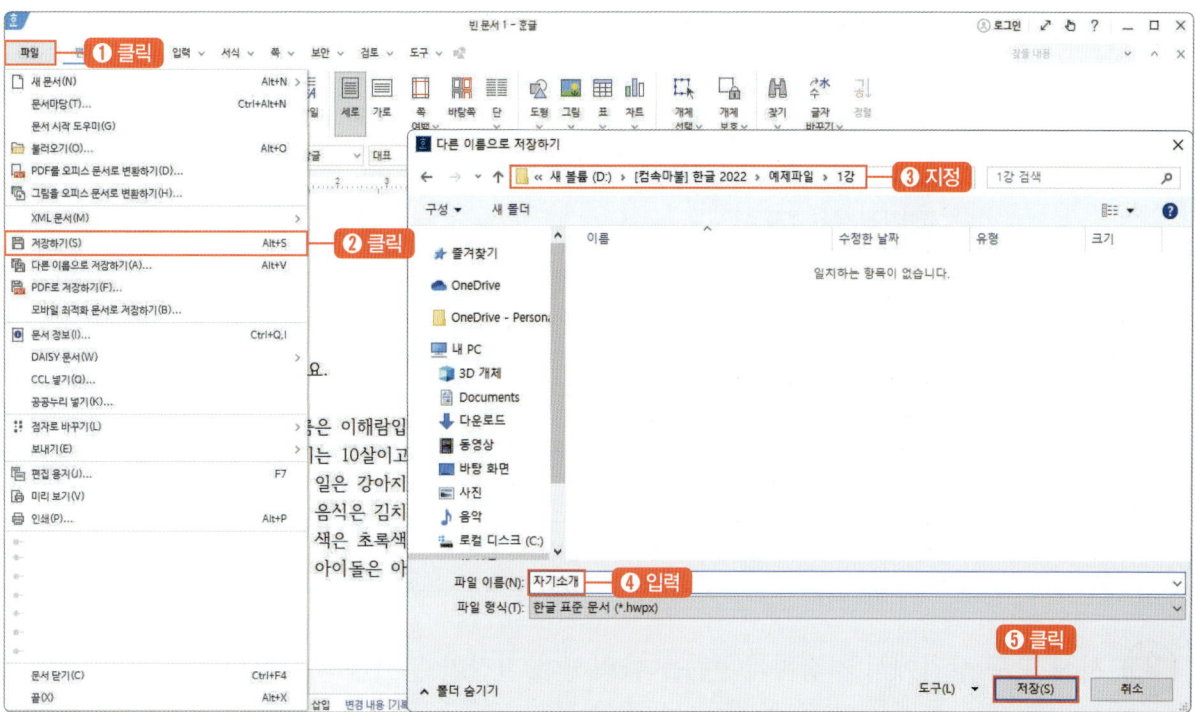

② 한글 2022 프로그램을 종료합니다.

③ 한글 2022 프로그램을 다시 실행한 후 [내 컴퓨터에서 불러오기]를 클릭합니다. [불러오기] 대화 상자가 실행되면 불러올 위치를 지정하고 파일을 선택한 후 [열기]를 클릭합니다.

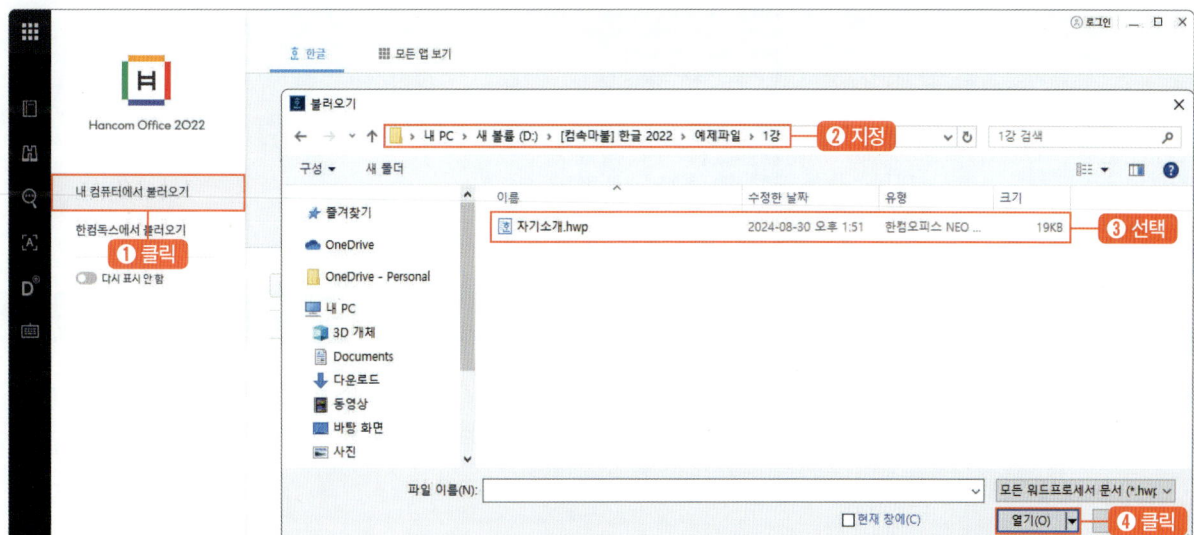

Step 03 문서 편집하고 저장하기

불러온 문서를 편집하고 다시 저장합니다.

1 불러온 문서의 10줄 1칸에 커서를 위치시키고 이어서 나를 소개하는 텍스트를 입력합니다.

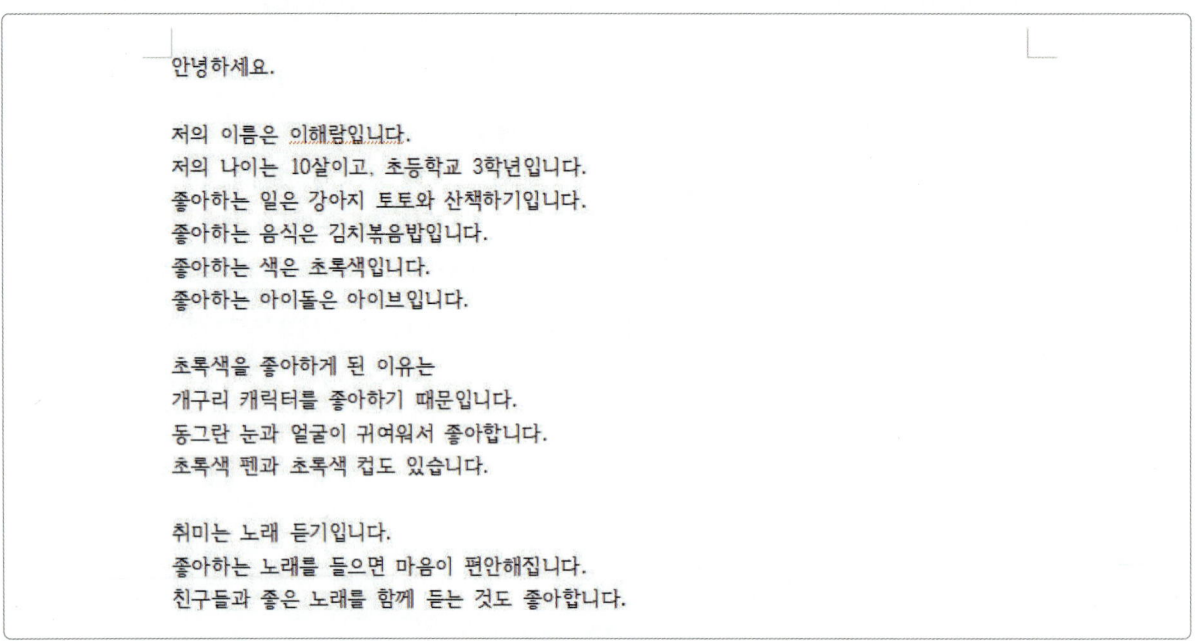

2 서식 도구 상자에서 저장하기(💾)를 클릭하여 편집한 문서를 저장합니다.

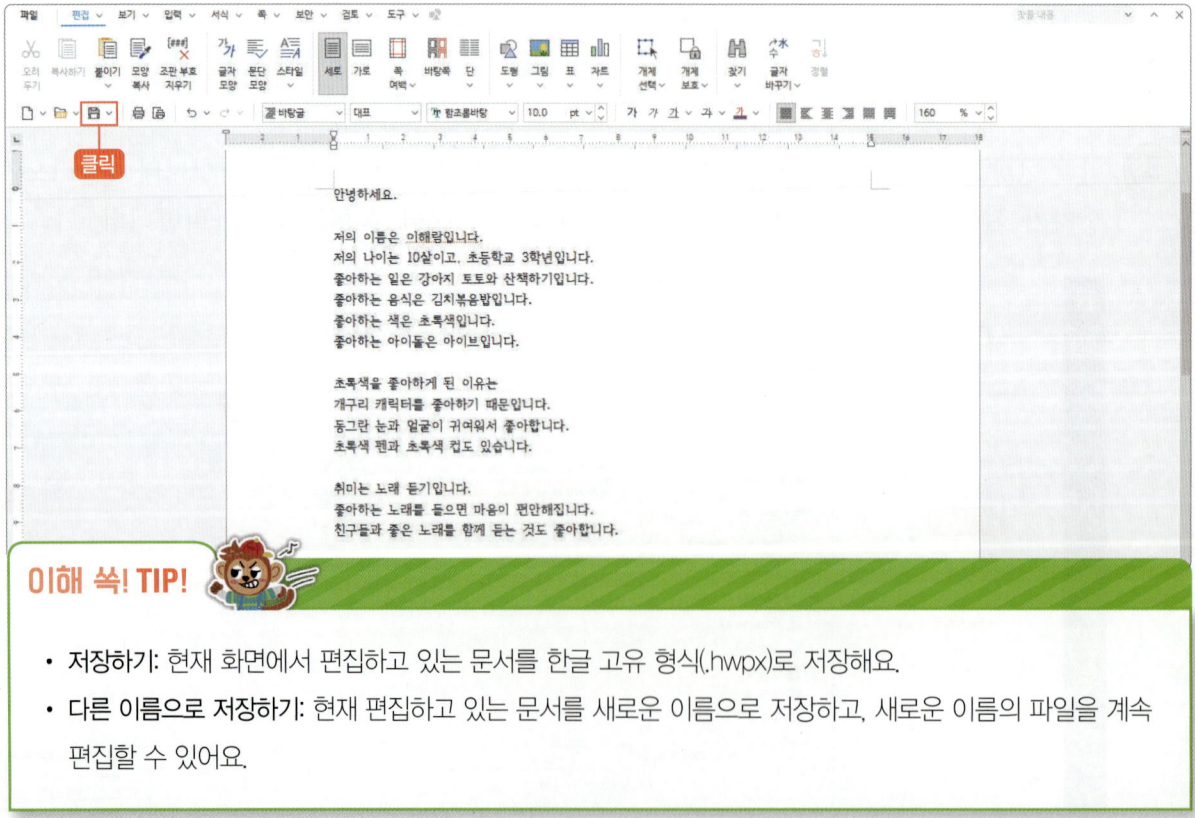

이해 쏙! TIP!

- 저장하기: 현재 화면에서 편집하고 있는 문서를 한글 고유 형식(.hwpx)로 저장해요.
- 다른 이름으로 저장하기: 현재 편집하고 있는 문서를 새로운 이름으로 저장하고, 새로운 이름의 파일을 계속 편집할 수 있어요.

1 빈 문서를 생성하고 그림과 같이 '노래 가사'를 작성한 후 완성해 보세요.

🔑 예제 파일 : 없음   🔑 완성 파일 : 1강_실력1(완성).hwpx

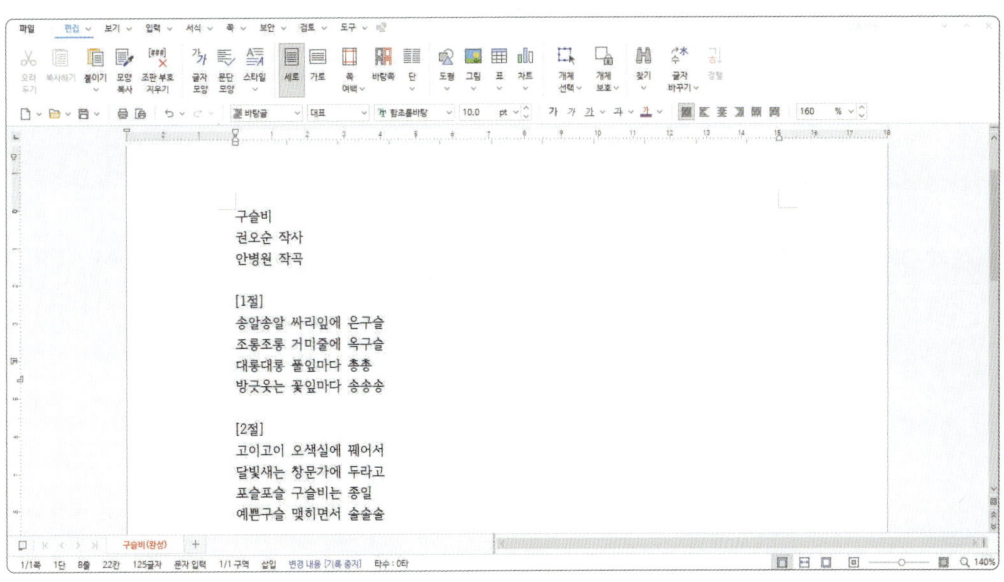

2 파일을 불러온 후 그림과 같이 '구구단표'를 완성해 보세요.

🔑 예제 파일 : 1강_실력2(예제).hwpx   🔑 완성 파일 : 1강_실력2(완성).hwpx

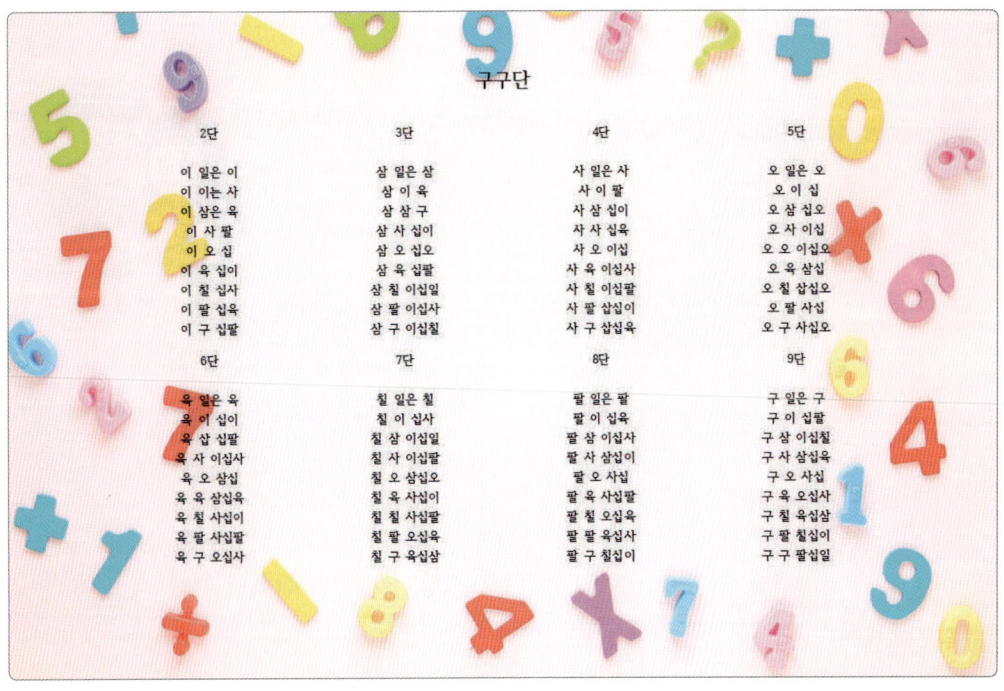

GAME 02 고사성어

| 학습목표 |
- 글꼴과 글꼴 크기를 변경할 수 있습니다.
- 문단 정렬 방식을 변경할 수 있습니다.
- 입력한 한글을 한자로 변환할 수 있습니다.

오늘의 도착지점

🔑 예제 파일 : 2강_예제.hwpx   🔑 완성 파일 : 2강_완성.hwpx

친구 관련 故事成語

1. 죽마고우(竹馬故友)
   '대말을 타고 놀던 벗'이라는 뜻으로, 어릴 때부터 같이 놀며 자란 벗.

2. 막역지우(莫逆之友)
   '서로 거스름이 없는 친구'라는 뜻으로, 허물이 없이 아주 친한 친구를 이르는 말.

3. 수어지교(水魚之交)
   '물이 없으면 살 수 없는 물고기와 물의 관계'라는 뜻으로, 아주 친밀하여 떨어질 수 없는 사이를 비유적으로 이르는 말.

4. 지란지교(芝蘭之交)
   '지초와 난초의 교제'라는 뜻으로, 벗 사이의 맑고도 고귀한 사귐을 이르는 말.

5. 도원결의(桃園結義)
   의형제를 맺음을 이르는 말.

6. 지기지우(知己之友)
   자기의 속마음을 참되게 알아주는 친구.

 도착지 정보

고사성어는 대부분 옛이야기에서 생겨나 지혜로운 옛사람들의 경험이 녹아져 있는 말로, 한자로 이루어져 있습니다. 어떤 상황에 대해 이야기할 때, 한 마디의 고사성어로 표현한다면 더욱 효과적으로 이야기할 수 있습니다. 친구와 관련된 고사성어를 한자로 입력해 봅니다.

Step 01 글자 모양 변경하기

문서를 불러온 후 글꼴, 글자 크기 등 글자 모양을 변경해 봅니다.

① 한글 2022 프로그램을 실행한 후 [내 컴퓨터에서 불러오기]를 클릭하고 '2강_예제.hwpx'를 불러옵니다.

② 그림과 같이 텍스트를 드래그한 후 [서식] 탭-[글자 모양]을 클릭합니다. [글자 모양] 대화 상자에서 '기준 크기'를 '11 pt', '글꼴'을 '궁서'로 변경하고 [설정]을 클릭합니다.

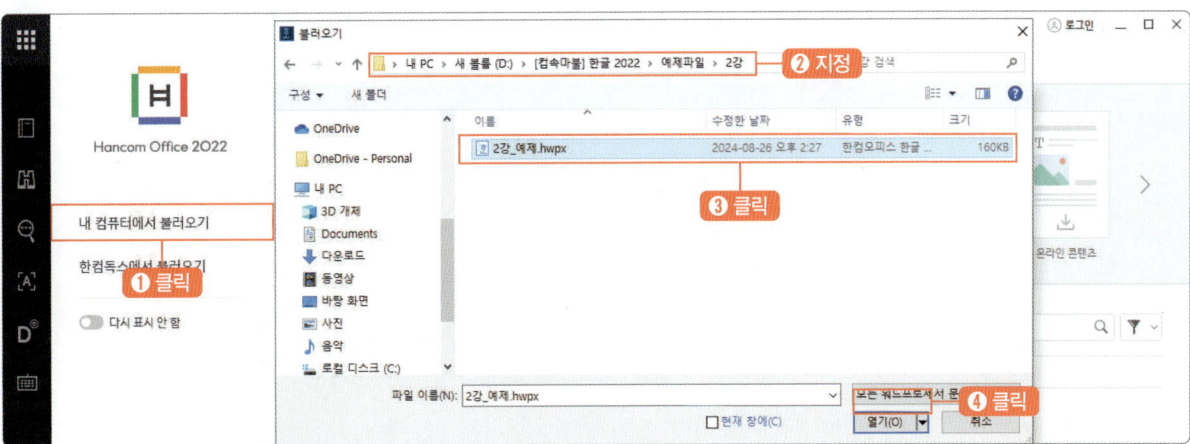

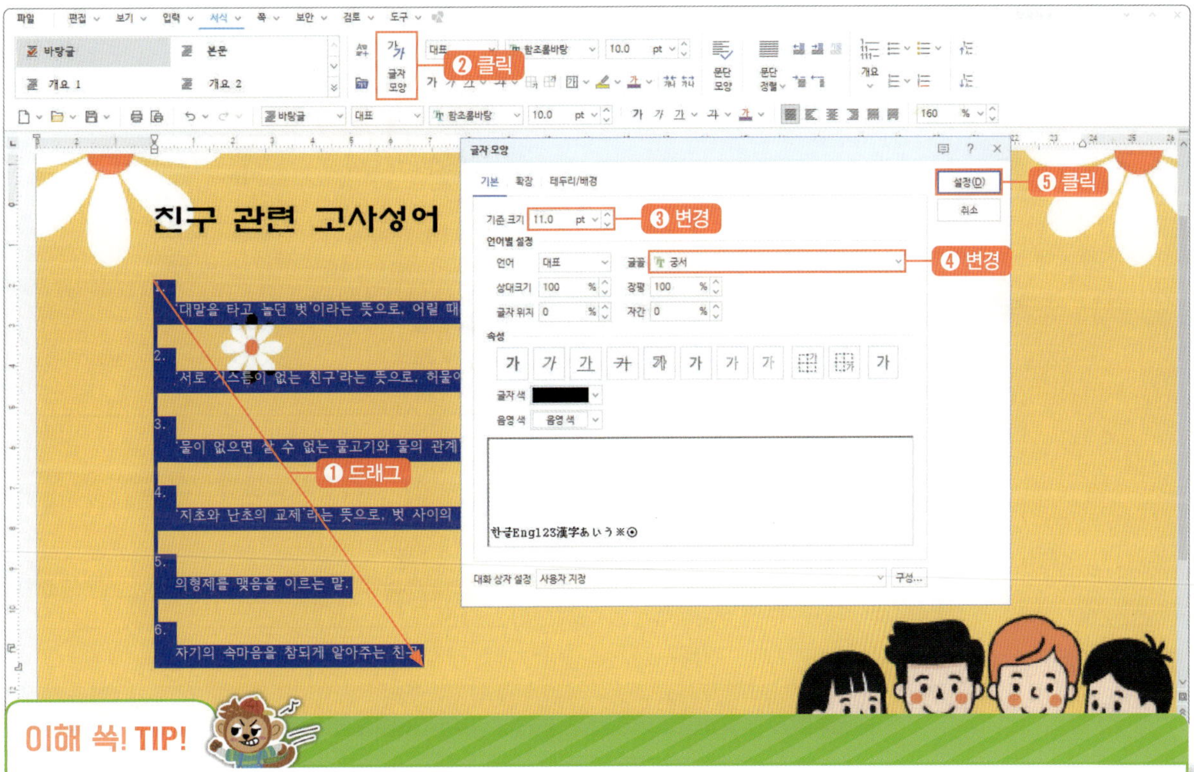

이해 쏙! TIP!

'글꼴', '글자 크기' 등 [글자 모양]은 서식 도구 상자에서 바로 설정할 수도 있어요.

Step 02 문단 모양 변경하기

정렬 방식 등 문단 모양을 변경해 봅니다.

① 1줄('친구 관련 고사성어')을 드래그한 후 [서식] 탭-[문단 모양]을 클릭합니다.

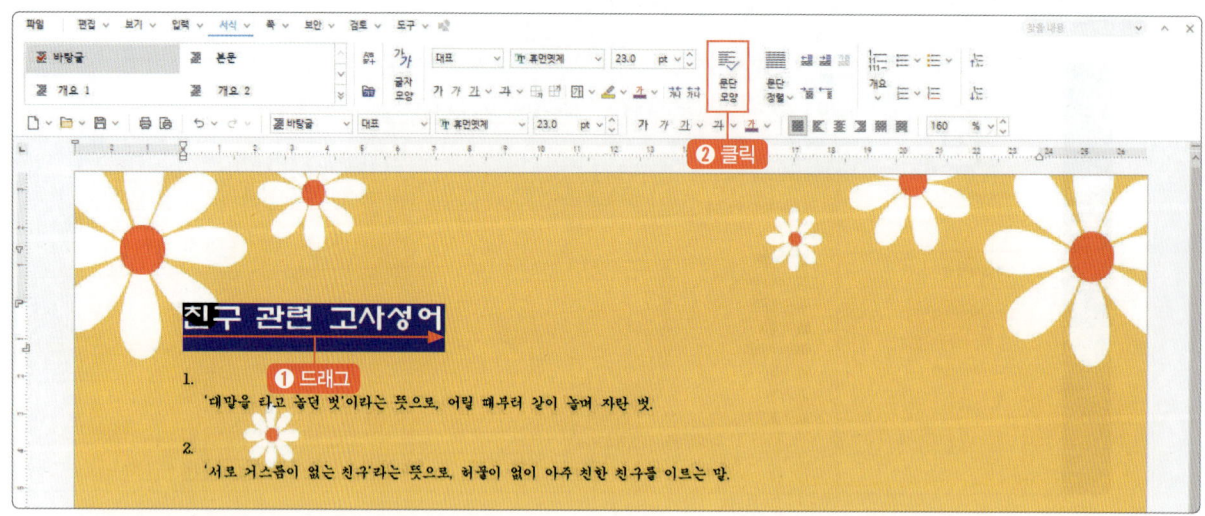

② [문단 모양] 대화 상자가 실행되면 '정렬 방식'에서 '가운데 정렬'을 클릭하고 [설정]을 클릭합니다.

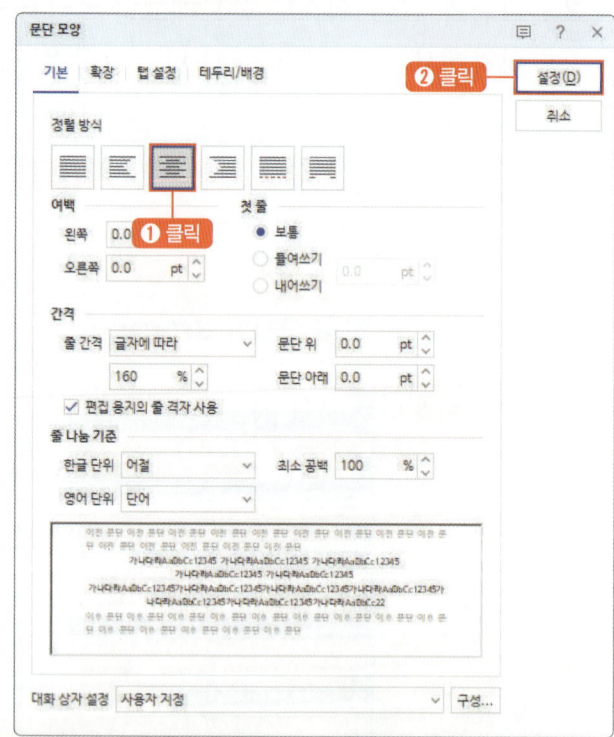

이해 쏙! TIP!

'정렬방식' 등 [문단 모양]은 서식 도구 상자에서 바로 설정할 수도 있어요.

Step 03 한자 변환하기

글자를 입력하고 한자로 변환해 봅니다.

① '고사성어'를 드래그 한 후 F9 키를 눌러 [한자로 바꾸기] 대화 상자가 실행되면 '입력 형식'에서 '漢字'를 클릭하고 [바꾸기]를 클릭합니다.

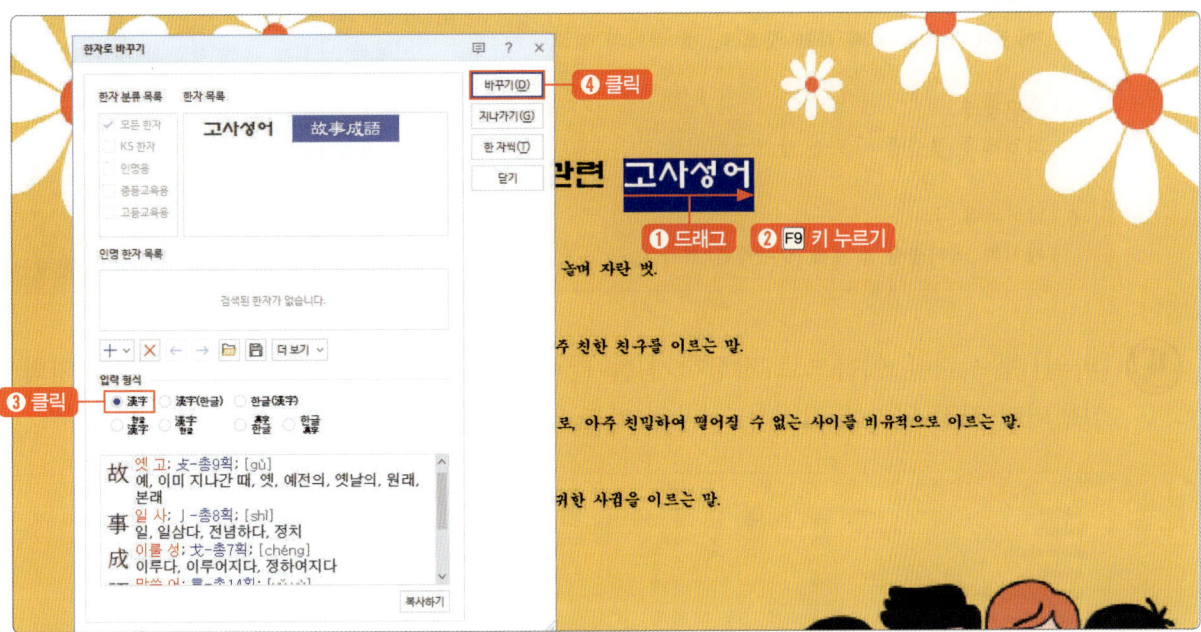

② 3줄 4칸에 커서를 위치시키고 '죽마고우'를 입력합니다. 입력한 텍스트를 드래그 한 후 F9 키를 눌러 '입력 형식'에서 '한글(漢字)'를 클릭하고 [바꾸기]를 클릭합니다.

③ ②와 같은 방법으로 그림과 같이 텍스트를 입력한 후 한자로 변환합니다.

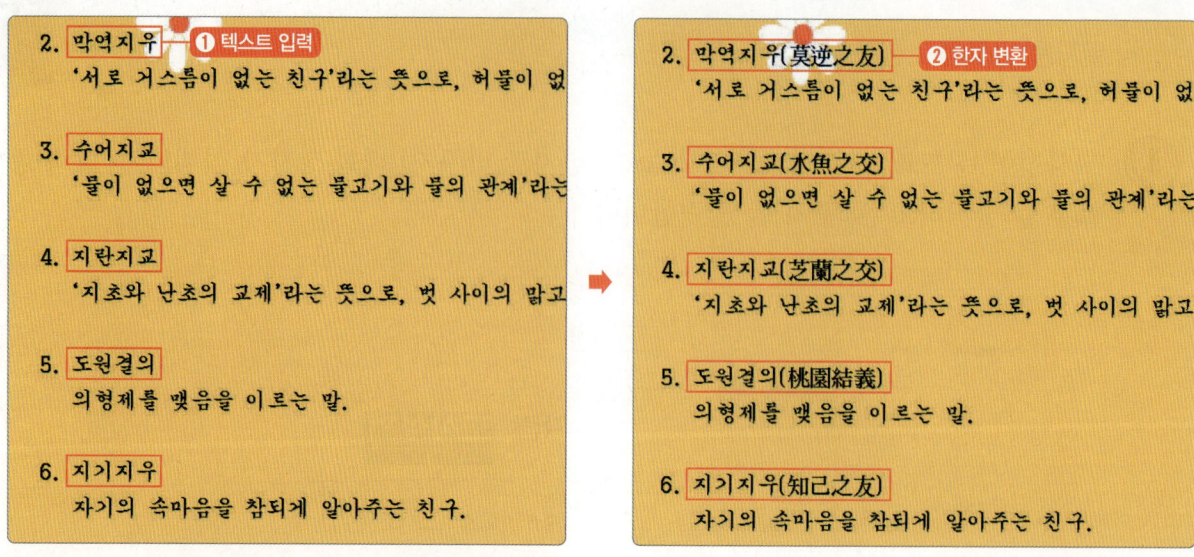

④ [파일] 탭-[다른 이름으로 저장하기]를 클릭합니다. [다른 이름으로 저장하기] 대화 상자가 실행되면 저장 위치를 지정하고 '파일 이름'을 입력한 후 [저장]을 클릭합니다.

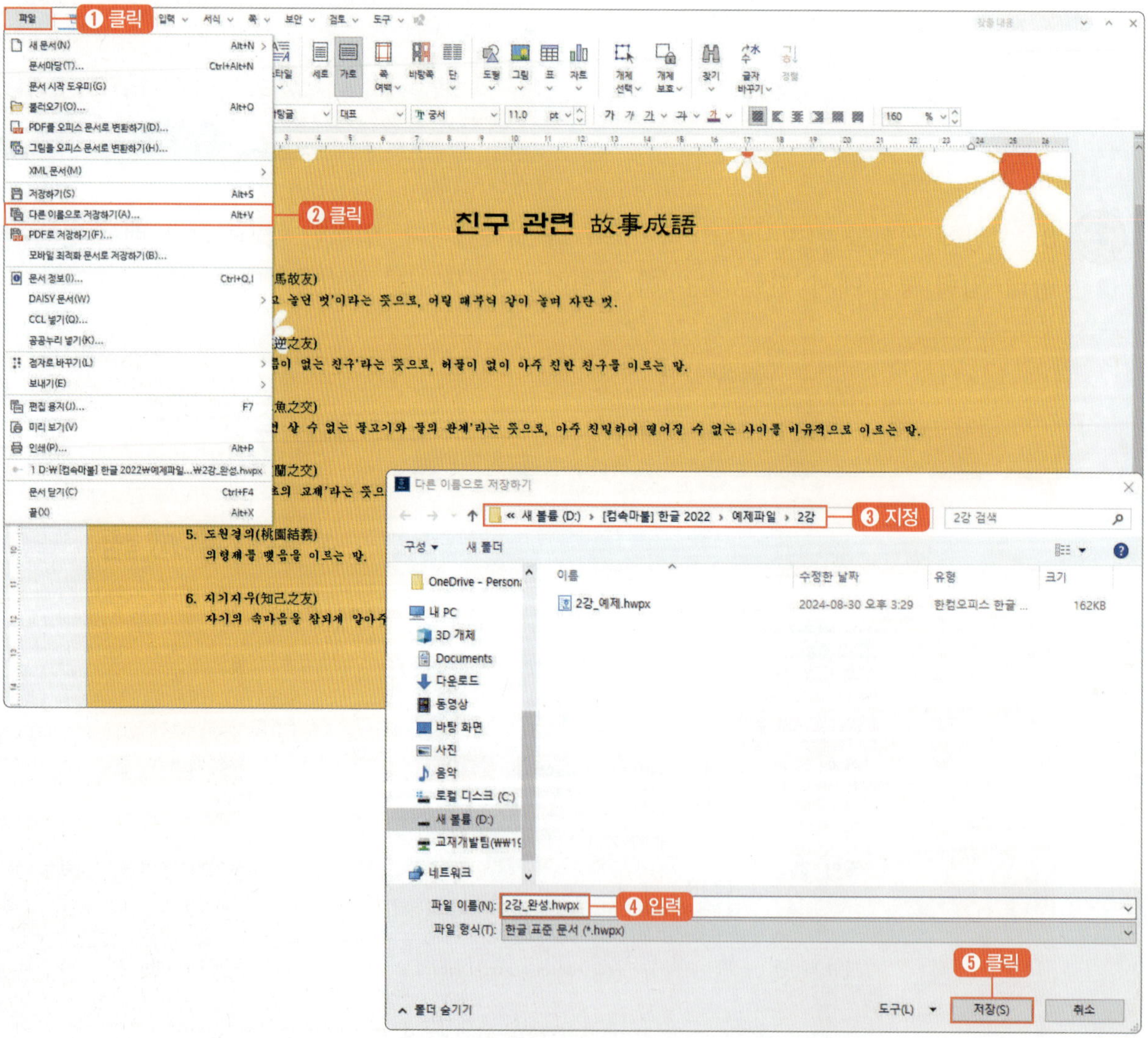

1 파일을 불러온 후 정렬을 사용하여 '전달사항'을 완성해 보세요.

예제 파일 : 2강_실력1(예제).hwpx 완성 파일 : 2강_실력1(완성).hwpx

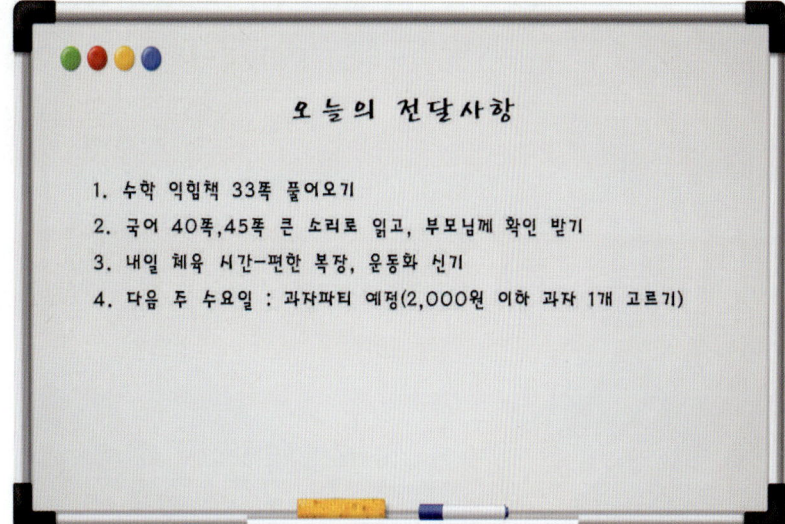

 Hint

① 'HY바다M', '31pt', '가운데 정렬'
② '한컴 바겐세일 M', '22pt'

2 파일을 불러온 후 한글을 한자로 변환하여 '보물찾기'를 완성해 보세요.

예제 파일 : 2강_실력2(예제).hwpx 완성 파일 : 2강_실력2(완성).hwpx

 Hint

① 입력형식: '漢字'
② 입력형식: '漢字(한글)'

03 운동회 안내문

| 학습목표 |
- 텍스트를 입력하여 문서를 편집할 수 있습니다.
- 글자 모양의 속성을 변경할 수 있습니다.
- 문단 모양의 정렬을 변경할 수 있습니다.

오늘의 도착지점

🔑 예제 파일 : 3강_예제.hwpx   🔑 완성 파일 : 3강_완성.hwpx

도착지 정보

운동회는 많은 사람들이 모여 함께 체육운동을 중심으로 경기를 하거나 놀이를 하는 것을 말합니다. 운동회에서는 경기에 참가하거나 다른 친구를 응원하는 등 다양한 체육활동을 할 수 있습니다. 함께 모여 즐기는 운동회의 안내문을 만들어 봅니다.

Step 01 텍스트 입력하기

문서를 불러온 후 텍스트를 입력할 수 있습니다.

① 한글 2022 프로그램을 실행한 후 [내 컴퓨터에서 불러오기]를 클릭하고 '3강_예제.hwpx'를 불러옵니다.

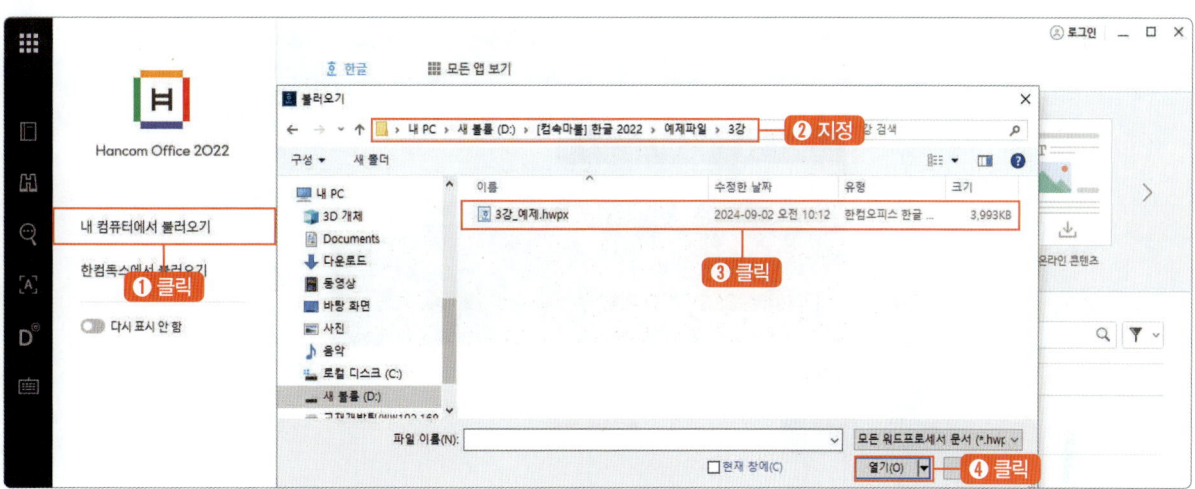

② 그림과 같이 텍스트를 입력합니다.

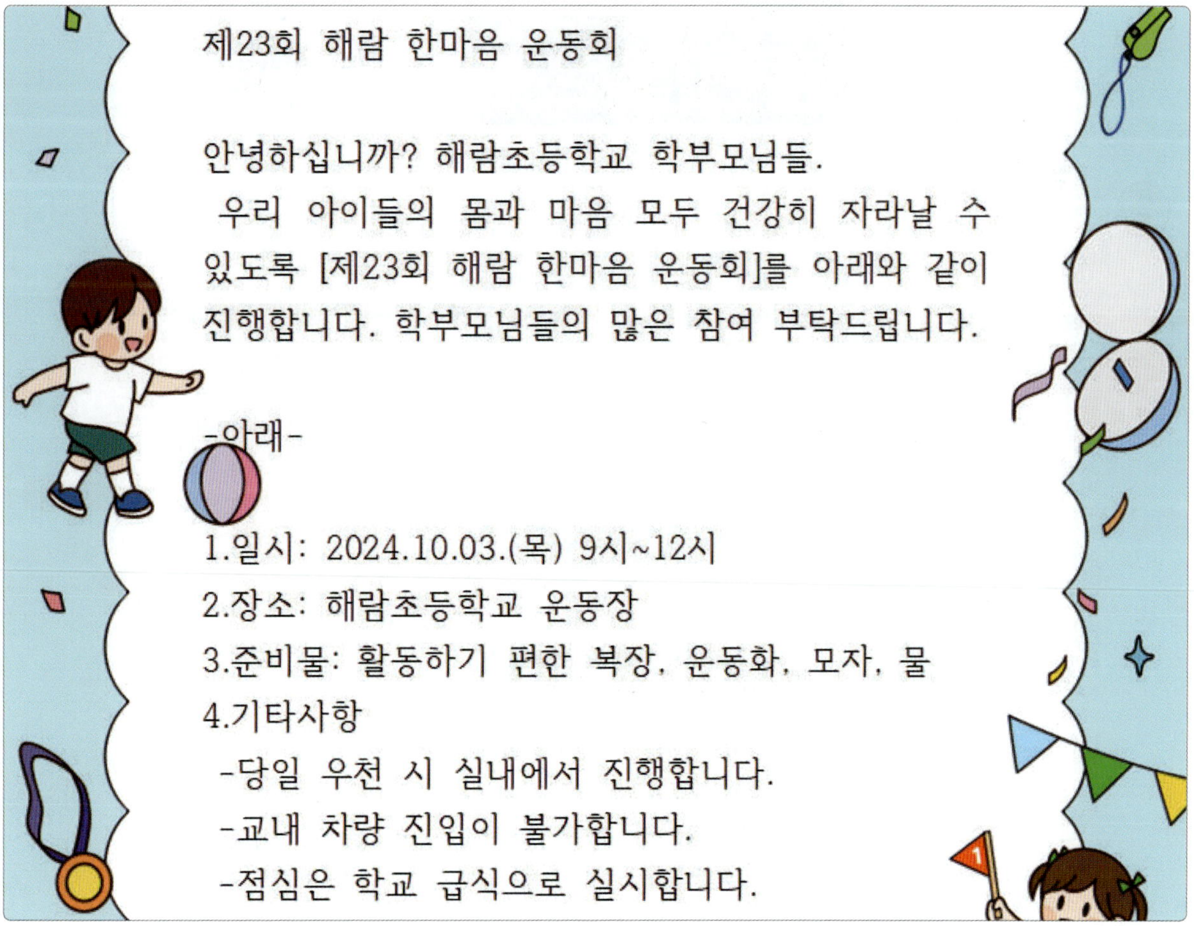

제23회 해람 한마음 운동회

안녕하십니까? 해람초등학교 학부모님들.
 우리 아이들의 몸과 마음 모두 건강히 자라날 수 있도록 [제23회 해람 한마음 운동회]를 아래와 같이 진행합니다. 학부모님들의 많은 참여 부탁드립니다.

-아래-

1.일시: 2024.10.03.(목) 9시~12시
2.장소: 해람초등학교 운동장
3.준비물: 활동하기 편한 복장, 운동화, 모자, 물
4.기타사항
 -당일 우천 시 실내에서 진행합니다.
 -교내 차량 진입이 불가합니다.
 -점심은 학교 급식으로 실시합니다.

Step 02 글자 모양 변경하기

변경할 글자에 블록을 설정하고 속성을 변경해 봅니다.

1. 텍스트 전체를 드래그한 후 [서식 도구 상자]에서 글꼴을 'HY강M', 글꼴 크기를 '17pt'로 설정합니다.

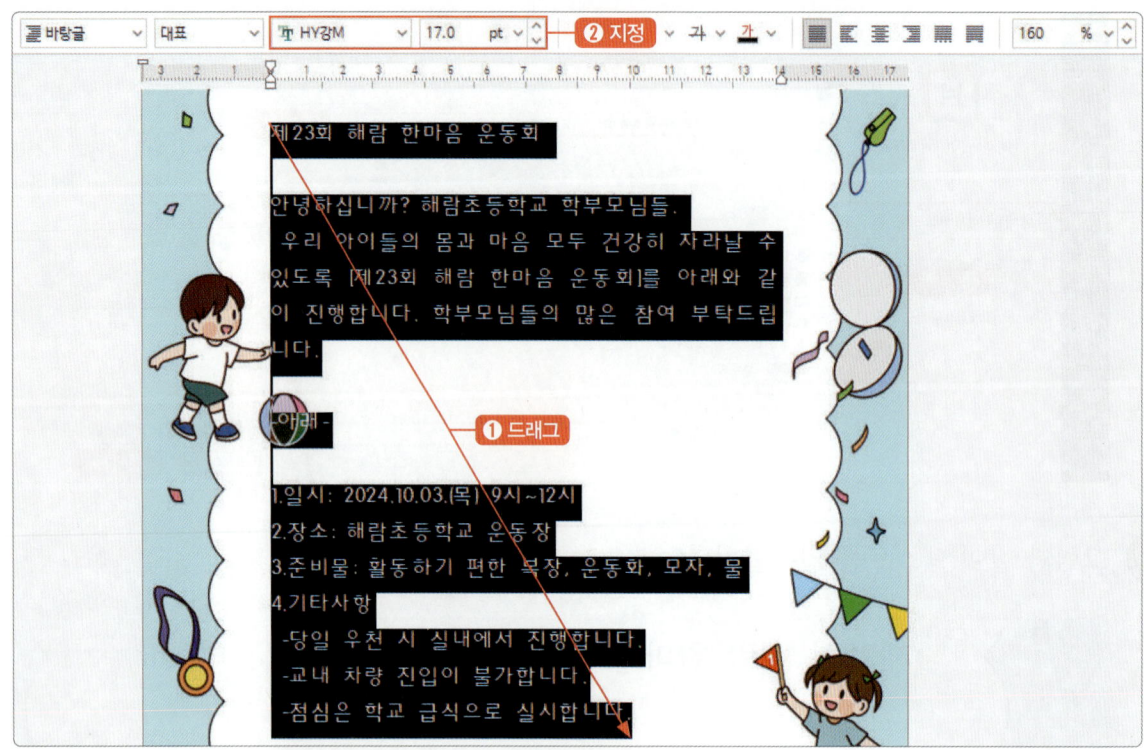

2. '제23회 해람 한마음 운동회'를 드래그한 후 [서식] 탭-[글자 모양]을 클릭합니다. [글자 모양] 대화 상자가 실행되면 [기본] 탭에서 '속성'의 '진하게(가)'를 클릭합니다.

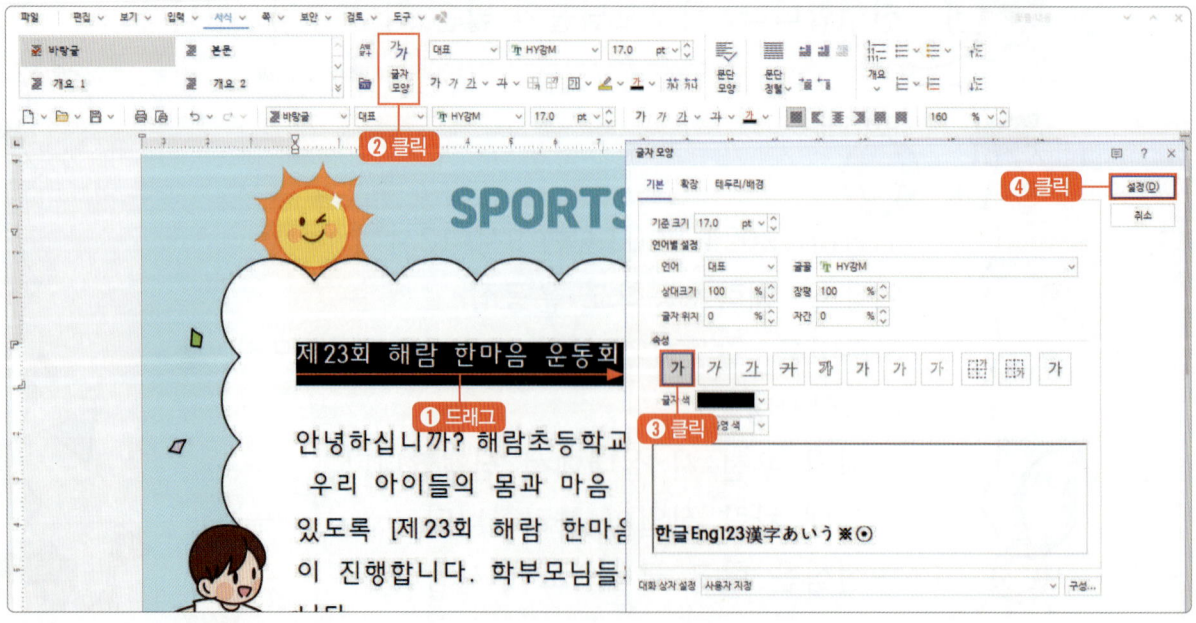

③ '해람초등학교 학부모님들.'을 드래그 한 후 [서식] 탭-[글자 모양]을 클릭합니다. [기본] 탭에서 '속성'의 '기울임(가)'을 클릭하고 [설정]을 클릭합니다.

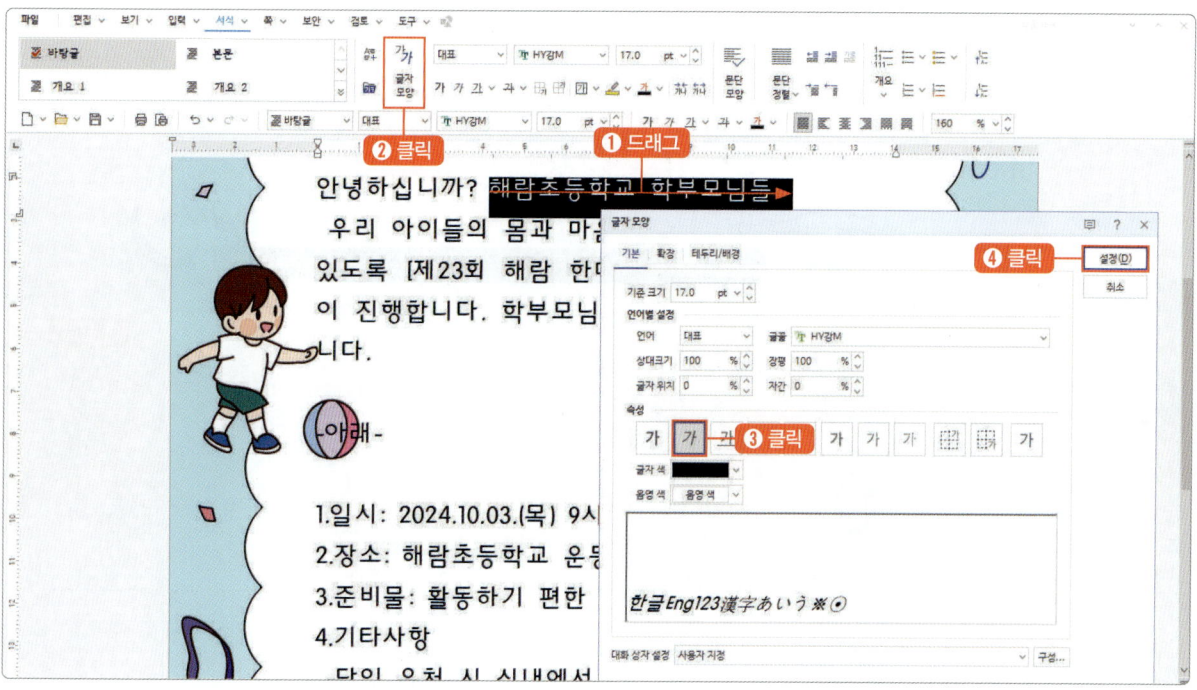

④ '몸과 마음'을 드래그 한 후 [서식] 탭-[글자 모양]을 클릭합니다. [기본] 탭에서 '속성'의 '밑줄 (가)'을 클릭하고 [설정]을 클릭합니다.

이해 쏙! TIP!

- [글자 모양] 단축키: Alt 키 + L 키
- [글자 모양] 대화 상자 속 '미리보기'를 통해 원하는 모양을 고를 수 있어요.
- [서식 도구 상자]에서 글자 모양을 빠르게 설정할 수 있어요.

⑤ 8줄로 커서를 이동시키고 Space Bar 키를 눌러 81칸까지 이동합니다. 그 다음 입력한 빈 칸을 전부 드래그한 후 [서식] 탭-[글자 모양]을 클릭합니다. [기본] 탭에서 '속성'-'취소선(ㅋ)'을 클릭하고 [설정]을 클릭합니다.

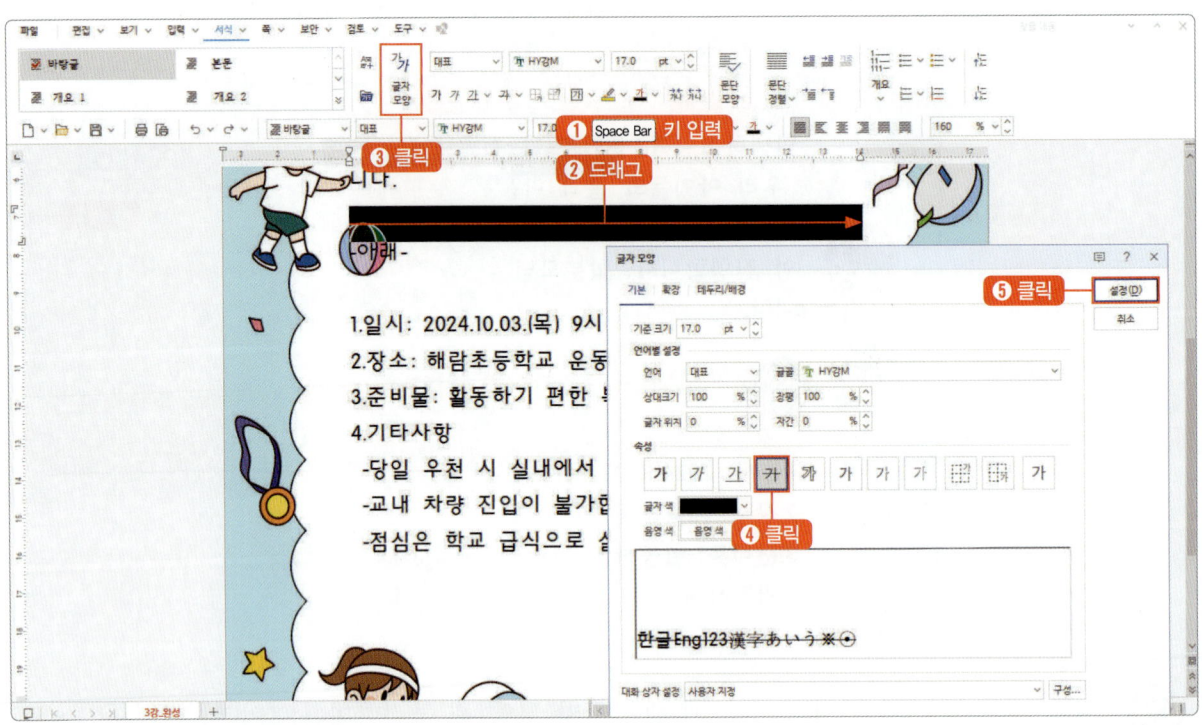

⑥ ②~⑤와 같은 방법으로 그림과 같이 [글자 모양]을 설정합니다.

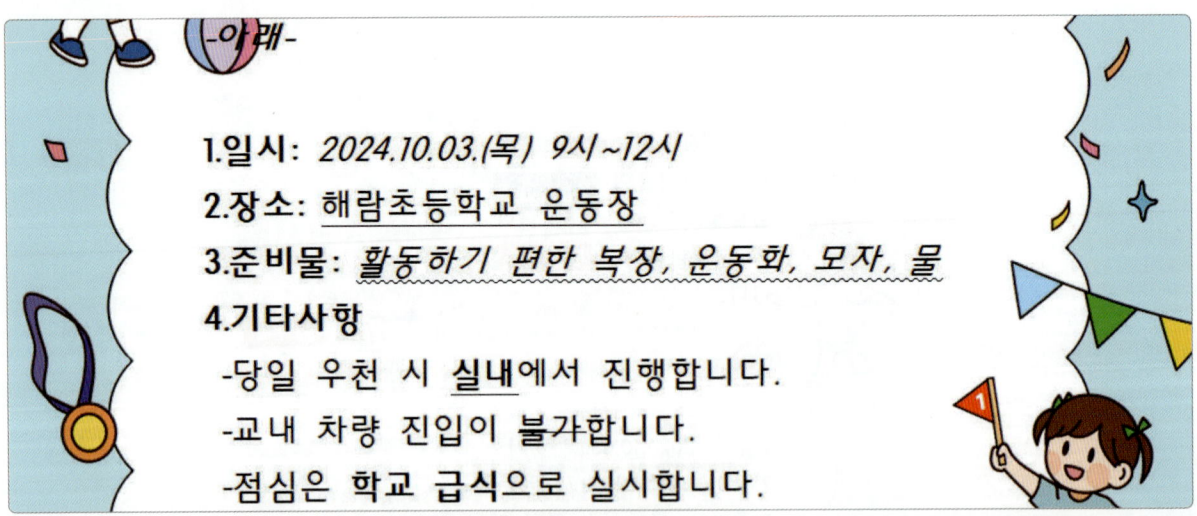

이해 쏙! TIP!

- [글자 모양]의 '속성'에 있는 다양한 기능을 함께 활용해 보세요.

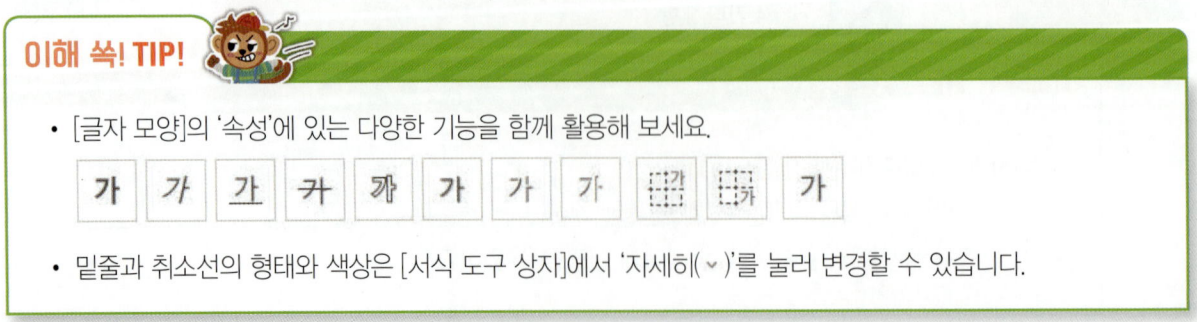

- 밑줄과 취소선의 형태와 색상은 [서식 도구 상자]에서 '자세히(˅)'를 눌러 변경할 수 있습니다.

Step 03 문단 모양 변경하기

변경할 글자에 블록을 설정하고 정렬 방식을 변경해 봅니다.

① '제23회 해람 한마음 운동회'를 드래그한 후 [서식] 탭-[문단 모양]을 클릭합니다. [문단 모양] 대화 상자가 실행되면 '정렬 방식'을 '가운데 정렬'로 지정하고 [설정]을 클릭합니다.

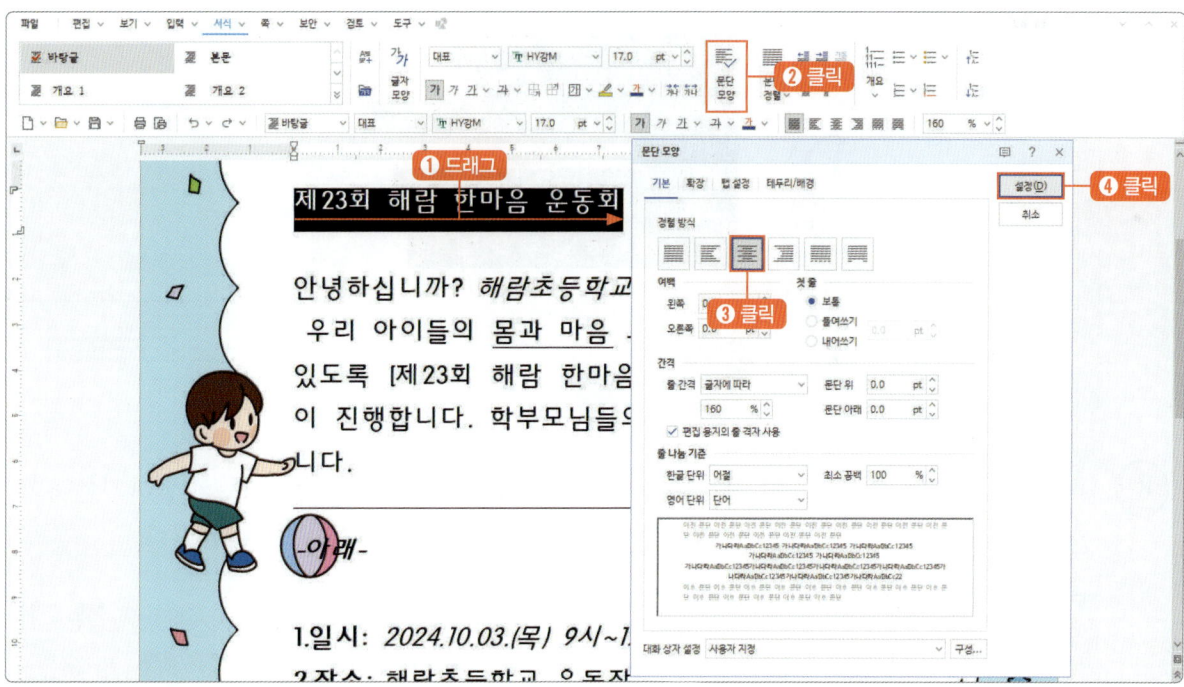

② '-아래-'를 드래그한 후 [서식] 탭-[문단 모양]을 클릭합니다. '정렬 방식'을 '배분 정렬'로 지정하고 [설정]을 클릭합니다.

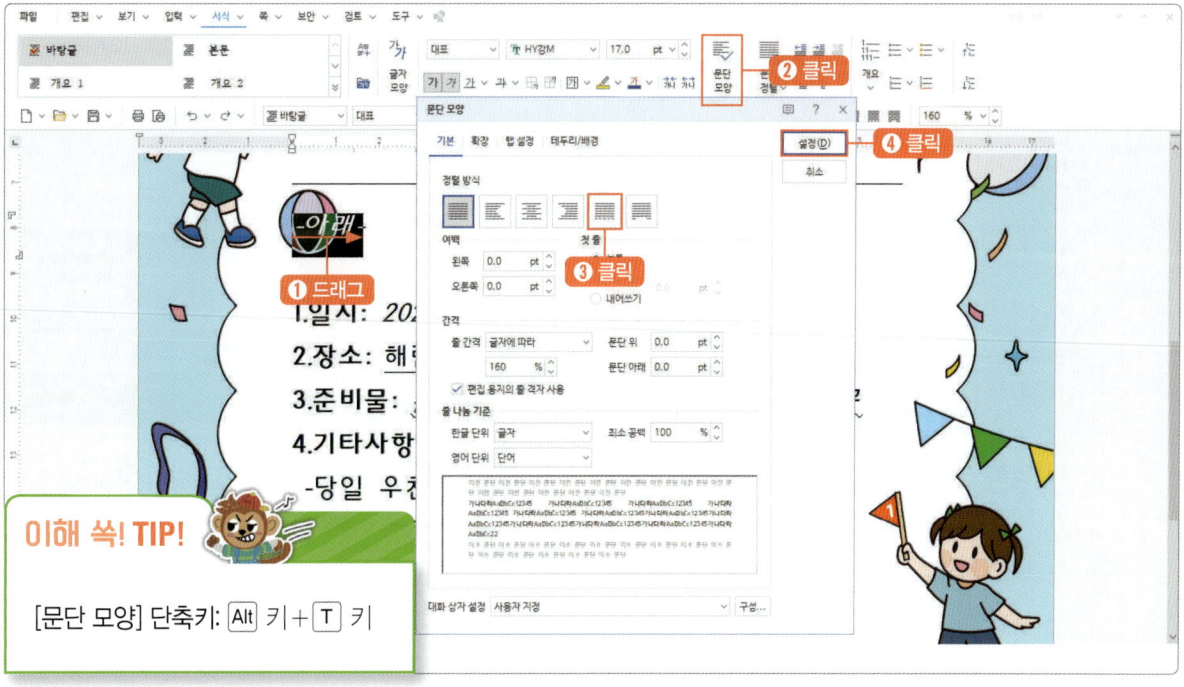

이해 쏙! TIP!

[문단 모양] 단축키: Alt 키 + T 키

③ '1.일시'부터 '실시합니다.'를 모두 드래그한 후 [서식] 탭-[문단 모양]을 클릭합니다. '정렬 방식'-'오른쪽 정렬'을 지정하고 [설정]을 클릭합니다.

④ [파일] 탭-[다른 이름으로 저장하기]를 클릭합니다. [다른 이름으로 저장하기] 대화 상자가 실행되면 저장 위치를 지정하고 '파일 이름'을 입력한 후 [저장]을 클릭합니다.

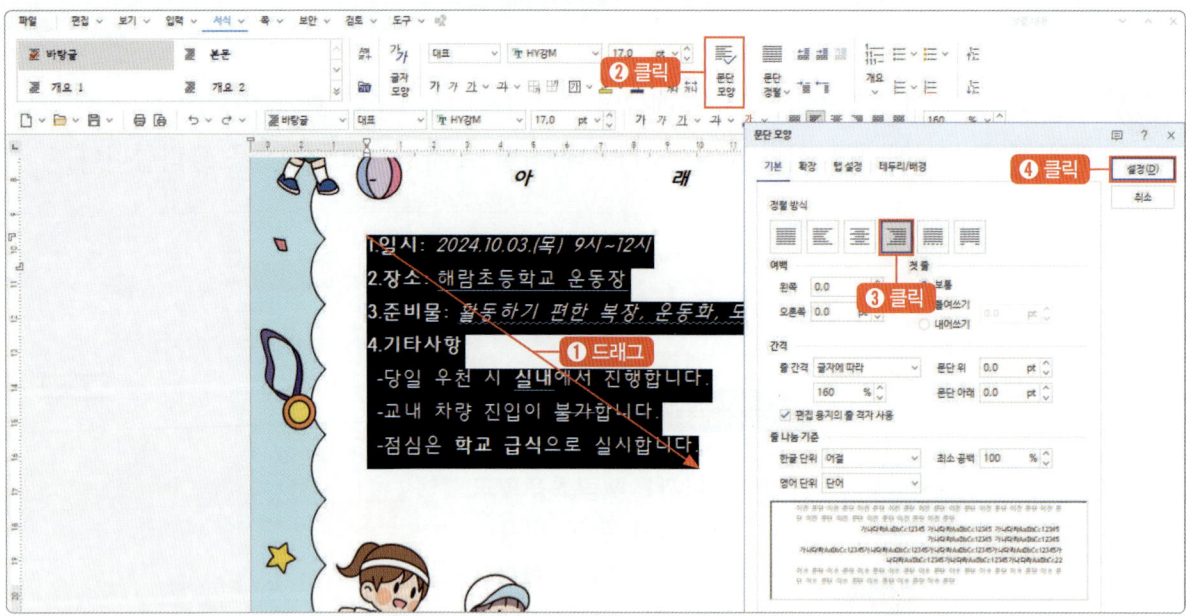

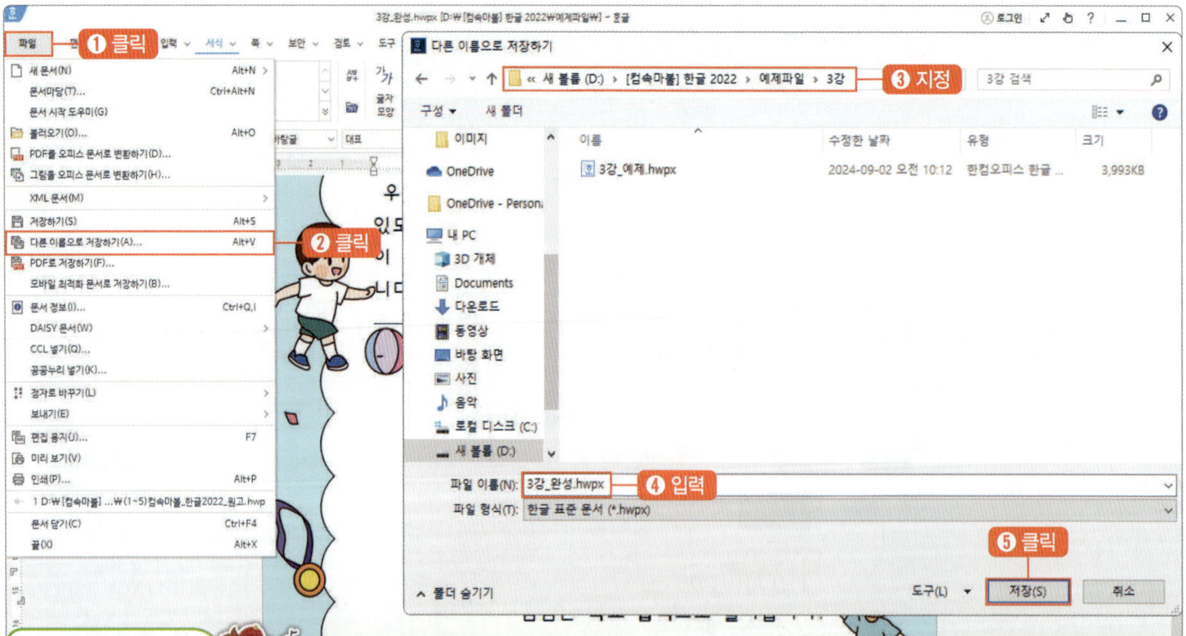

이해 쏙! TIP!

- **양쪽 정렬**: 양쪽을 가지런히 맞춰요.
- **가운데 정렬**: 글자들을 가운데로 모아줘요.
- **배분 정렬**: 문단의 글자 사이를 일정한 간격으로 벌려줘요.
- **나눔 정렬**: 단어, 띄어쓰기 단위 사이로 끊어서 일정한 간격으로 벌려줘요.
- **왼쪽 정렬**: 왼쪽으로 가지런히 맞춰요.
- **오른쪽 정렬**: 오른쪽으로 가지런히 맞춰요.

실력 UP! 한칸더 GO! GO!

1 파일을 불러온 후 정렬 기능을 사용하여 '걸음걸이'를 완성해 보세요.

예제 파일 : 3강_실력1(예제).hwpx   완성 파일 : 3강_실력1(완성).hwpx

 Hint
① '양재난조체M', '23pt',
   '보라(RGB: 157,92,187)', '진하게',
   '가운데 정렬'
② '양재블럭체', '28pt',
   '빨강(RGB: 255,0,0)', '나눔 정렬'
③ '양재백두체B', '20pt',
   '주황(RGB: 255,132,58)', '기울임',
   '배분 정렬'

2 파일을 불러온 후 글자 모양을 설정하여 '주의사항'을 완성해 보세요.

예제 파일 : 3강_실력2(예제).hwpx   완성 파일 : 3강_실력2(완성).hwpx

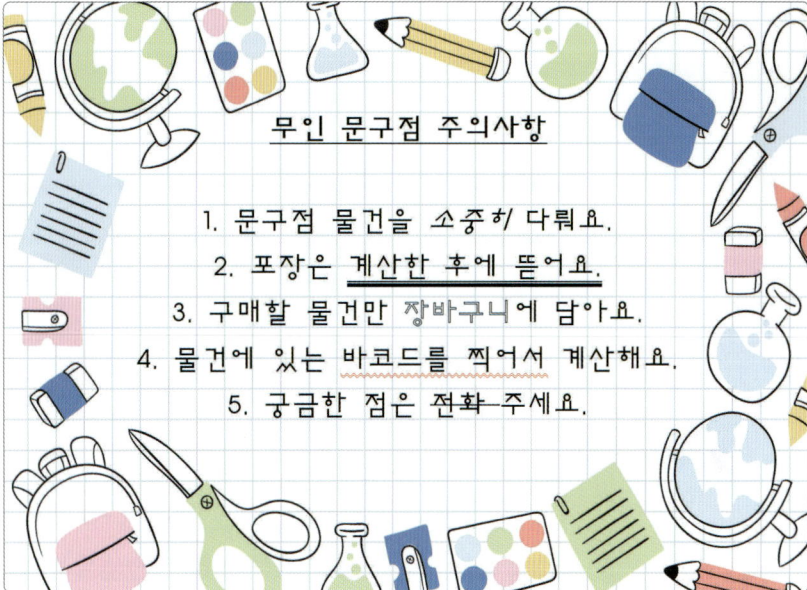

 **Hint**
① '가운데 정렬'
② '진하게', '기울임', '외곽선',
   '밑줄-얇고 굵은 이중선',
   '밑줄-이중 물결선', '취소선'

GAME 04 어떤 메뉴가 좋을까?

| 학습목표 |
- 영문을 입력할 수 있습니다.
- 글자 모양을 변경할 수 있습니다.
- 문단 탭 설정을 할 수 있습니다.

오늘의 도착지점

예제 파일 : 4강_예제.hwpx   완성 파일 : 4강_완성.hwpx

도착지 정보

식당에서 파는 음식의 종류와 가격을 적은 종이를 주로 메뉴판이라고 합니다. 메뉴판의 모양과 디자인은 각양각색으로 메뉴와 디자인에 따라 식당을 알리는 중요한 요소이기도 합니다. 식당에서 판매하는 음식 및 음료를 상상하여 메뉴판을 만들어 봅니다.

Step 01 영문 입력하기

불러온 문서에 영문을 입력하여 편집합니다.

① 한글 2022 프로그램을 실행한 후 [내 컴퓨터에서 불러오기]를 클릭하고 '4강_예제.hwpx'를 불러옵니다.

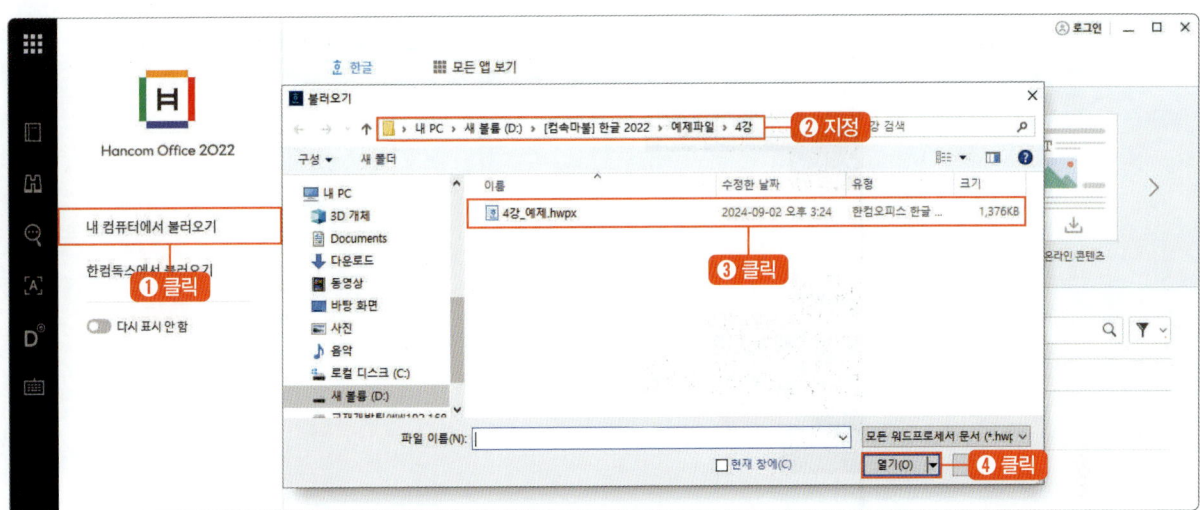

② 그림과 같이 영문으로 텍스트를 입력합니다.

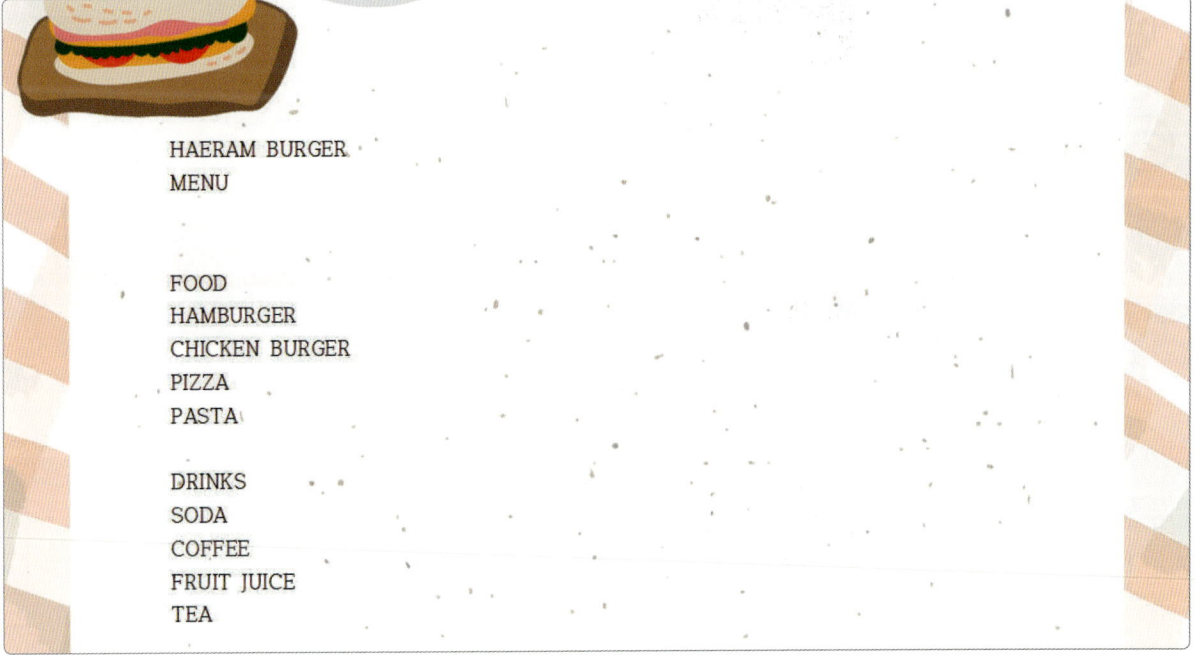

내가 원하는 메뉴의 이름을 추가해 보세요.

Step 02 글자 모양 변경하기

입력한 텍스트를 선택하여 글자 모양을 변경할 수 있습니다.

① 텍스트를 모두 드래그한 후 [서식 도구 모음]에서 '글꼴'-'HY센스L', '글꼴 크기'-'17pt'로 지정합니다.

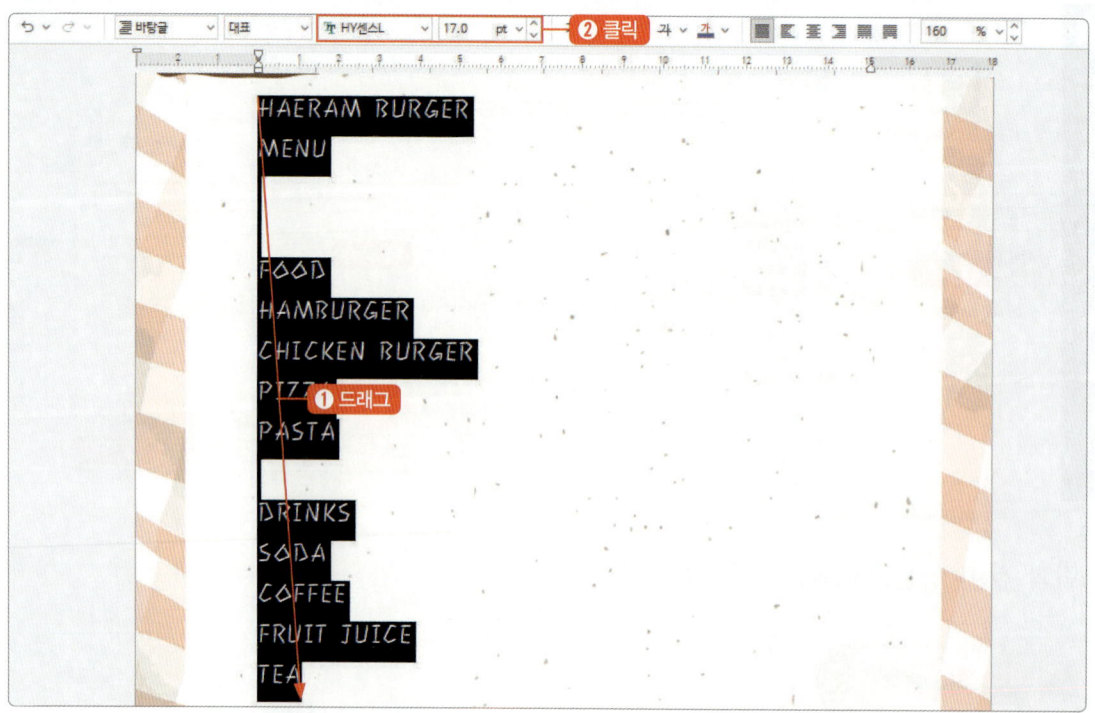

② 그림과 같이 글자마다 속성을 변경해 봅니다.

Step 03 탭 설정하기

탭 설정 등으로 문단 모양을 변경해 봅니다.

① 'HAMBURGER'~'PASTA'를 드래그 한 후 Alt 키 + T 키를 누릅니다. [문단 모양] 대화 상자가 실행되면 [탭 설정] 탭을 클릭하고 '탭 종류'-'오른쪽', '채울 모양'-'점선', '탭 위치'-'425.0pt'로 입력한 후 [추가]를 클릭한 후 [설정]을 클릭합니다.

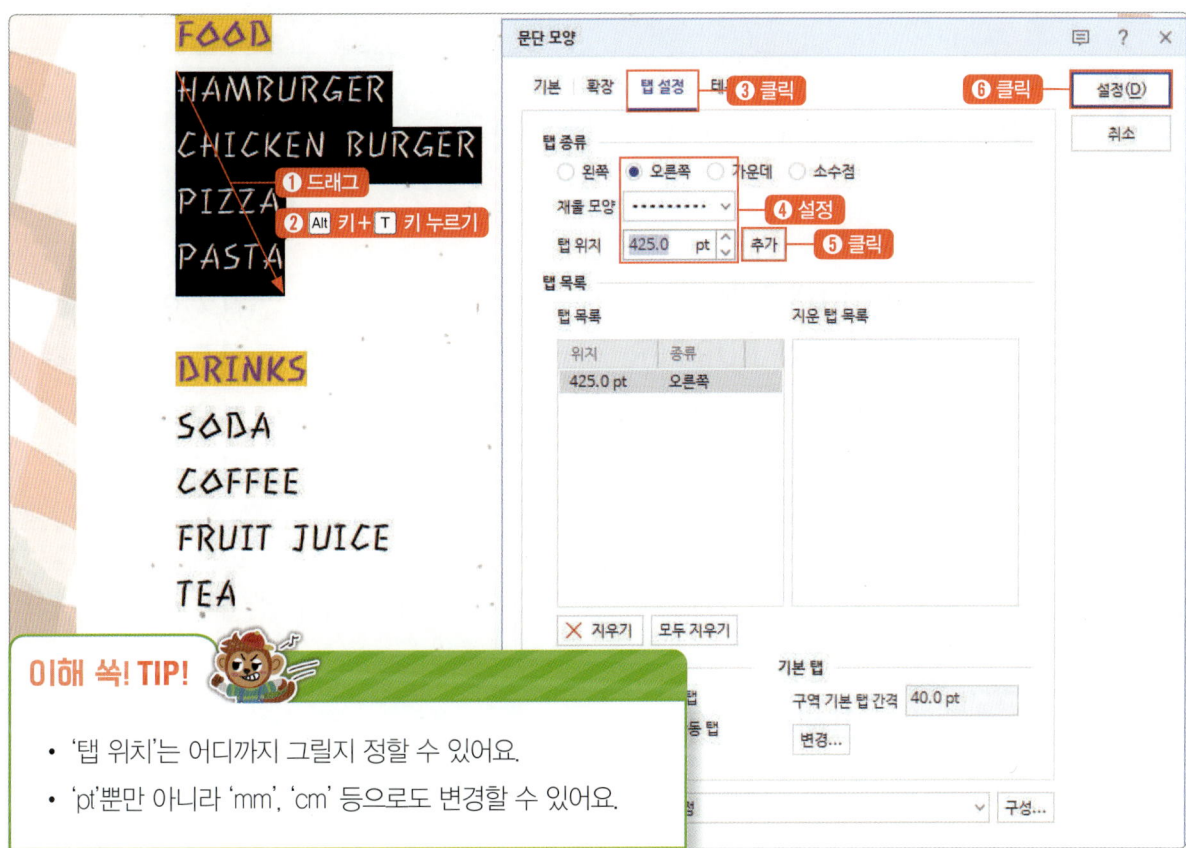

이해 쏙! TIP!
- '탭 위치'는 어디까지 그릴지 정할 수 있어요.
- 'pt'뿐만 아니라 'mm', 'cm' 등으로도 변경할 수 있어요.

② 'HAMBURGER' 뒤에 커서를 위치시킨 후 ⇥ 키를 누릅니다.

이해 쏙! TIP!
⇥ 키는 한글 2022 프로그램에서 한 번에 '8'칸을 띄워줘요.

③ ⇆ 키를 눌러 도착한 위치에 '12,000원'을 입력합니다.

④ ②~③과 같은 방법으로 그림과 같이 입력합니다.

⑤ ①~④와 같은 방법으로 그림과 같이 'SODA'~'TEA'에도 [탭 설정] 후 가격을 입력합니다.

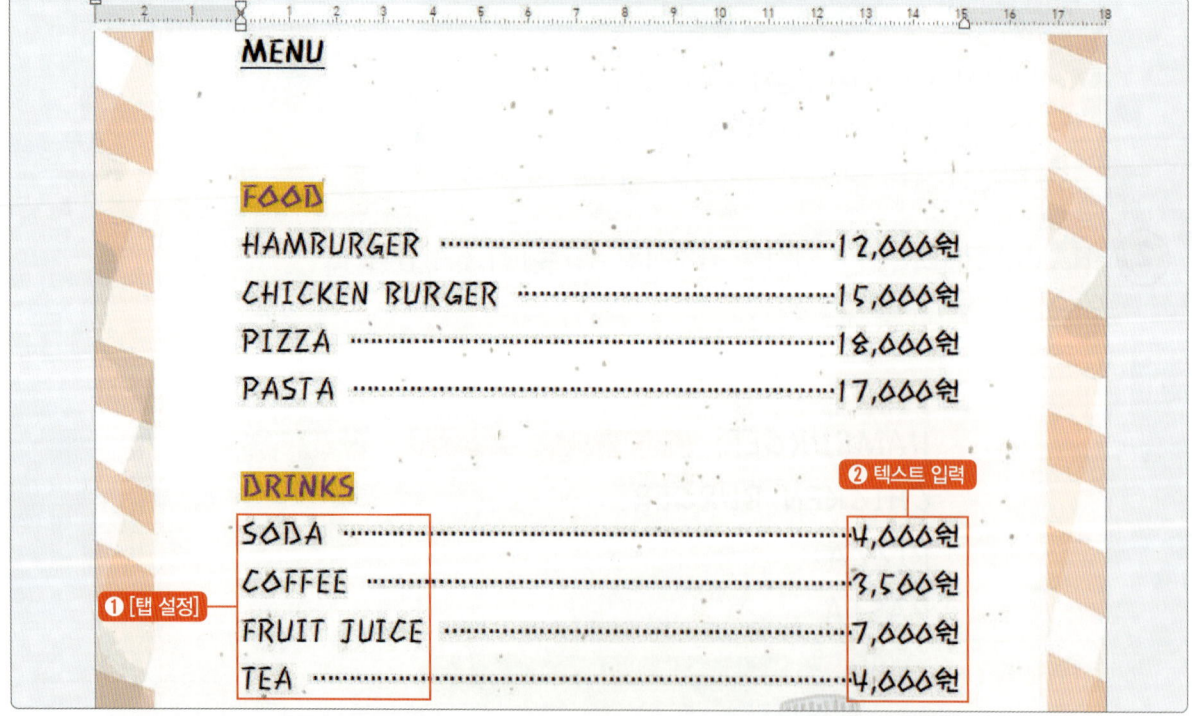

⑥ [다른 이름으로 저장하기]를 클릭하고 '파일 이름'을 입력하여 저장합니다.

1 파일을 불러온 후 영문을 입력하여 '문 안내판'을 완성해 보세요.

🔑 예제 파일 : 4강_실력1(예제).hwpx   🔑 완성 파일 : 4강_실력1(완성).hwpx

 **Hint**

① 'PUSH': 'HY견고딕', '64pt',
   '파랑(RGB: 0,0,255)', '가운데 정렬'
② 'PULL': 'HY견고딕', '64pt',
   '빨강(RGB: 255,0,0)', '가운데 정렬'

2 파일을 불러온 후 탭 설정을 하여 '책 목차'를 완성해 보세요.

🔑 예제 파일 : 4강_실력2(예제).hwpx   🔑 완성 파일 : 4강_실력2(완성).hwpx

 **Hint**

① '양재깨비체B', '43pt',
   '보라(RGB: 157,92,187)', '가운데 정렬'
② '한컴 바겐세일 M', '25pt', '임의의 색'
③ [탭 설정]: '오른쪽', '파선', '577pt'

GAME 05 쉿~ 비밀 메세지

| 학습목표 |
- 글자를 도형과 겹쳐 입력할 수 있습니다.
- 특수 문자를 입력할 수 있습니다.
- 덧말을 입력할 수 있습니다.

오늘의 도착지점

예제 파일 : 5강_예제.hwpx   완성 파일 : 5강_완성.hwpx

암호 설정하기

1. 자음 암호

ㄱ	ㄴ	ㄷ	ㄹ	ㅁ	ㅂ	ㅅ	ㅇ	ㅈ	ㅊ	ㅋ	ㅌ	ㅍ	ㅎ
Å	ℯ	£	¥	♂	♀	♠	♧	♬	∧	∂	▽	§	❄	☆

2. 모음 암호

ㅏ	ㅑ	ㅓ	ㅕ	ㅗ	ㅛ	ㅜ	ㅠ	ㅡ	ㅣ
★	○	●	◎	◇	◆	□	■	△	▲

3. 숫자 암호

0	1	2	3	4	5	6	7	8	9
▽	▼	→	▣	↑	☎	↔	≡	♤	♥

암호로 답장하기

도착지 정보

암호란 어떠한 내용을 주고 받는 사람끼리 제 3자가 판독할 수 없는 글자·숫자·부호 등으로 변경시킨 것을 이야기합니다. 서로만 알아 볼 수 있는 암호를 설정하고 질문에 어울리는 암호 답장을 입력해 봅니다.

Step 01 글자와 도형 겹치기

글자와 도형을 겹쳐 입력해 봅니다.

① 한글 2022 프로그램을 실행한 후 [내 컴퓨터에서 불러오기]–'5강_예제.hwpx'를 불러옵니다.

② '암'을 드래그 한 후 [입력] 탭–[입력 도우미]–[글자 겹치기]를 클릭합니다. [글자 겹치기] 대화상자가 실행되면 '겹치기 종류'에서 '원 문자'를 클릭한 후 [넣기]를 클릭합니다.

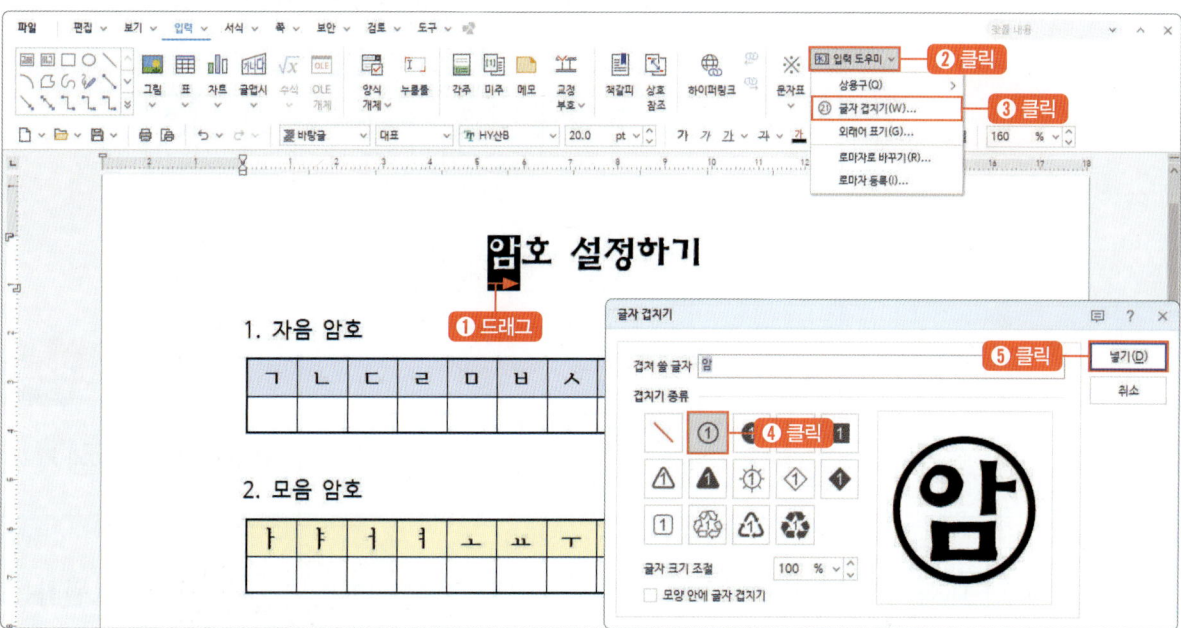

③ ②와 같은 방법으로 '호'를 드래그 한 후 [입력] 탭–[입력 도우미]–[글자 겹치기]를 클릭합니다. '겹치기 종류'에서 '사각형 문자'를 클릭한 후 [넣기]를 클릭합니다.

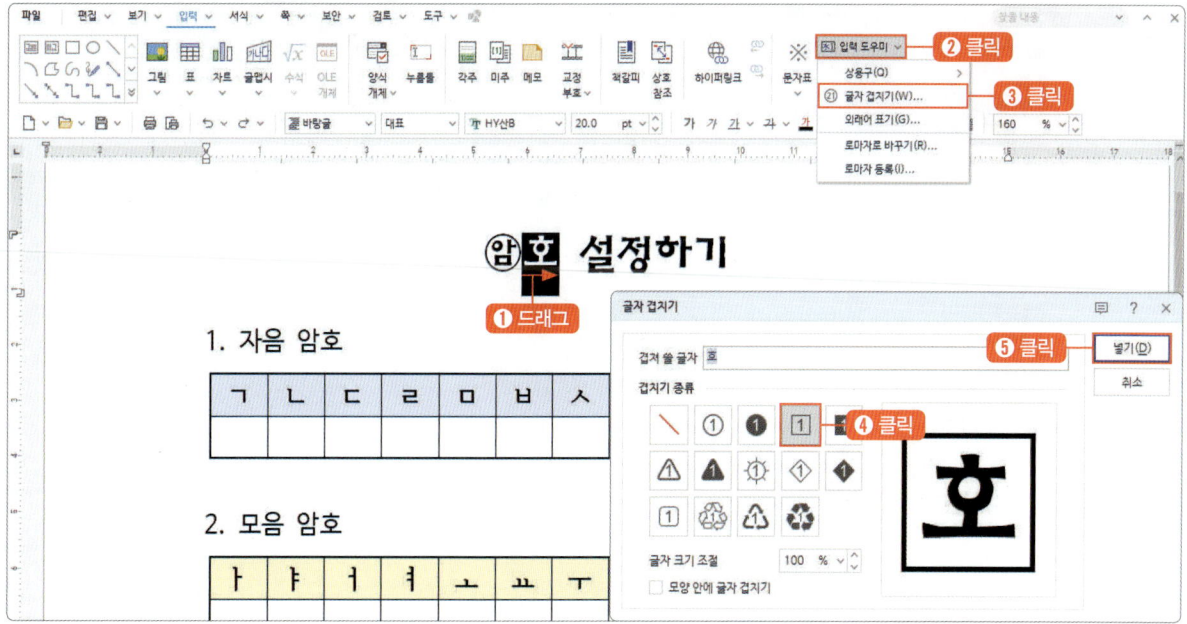

Step 02 특수 문자 입력하기

문자표에서 특수 문자를 선택하여 입력해 봅니다.

① 'ㄱ' 아래 칸에 커서를 위치시키고 [입력] 탭-[문자표]-[문자표]를 클릭합니다.

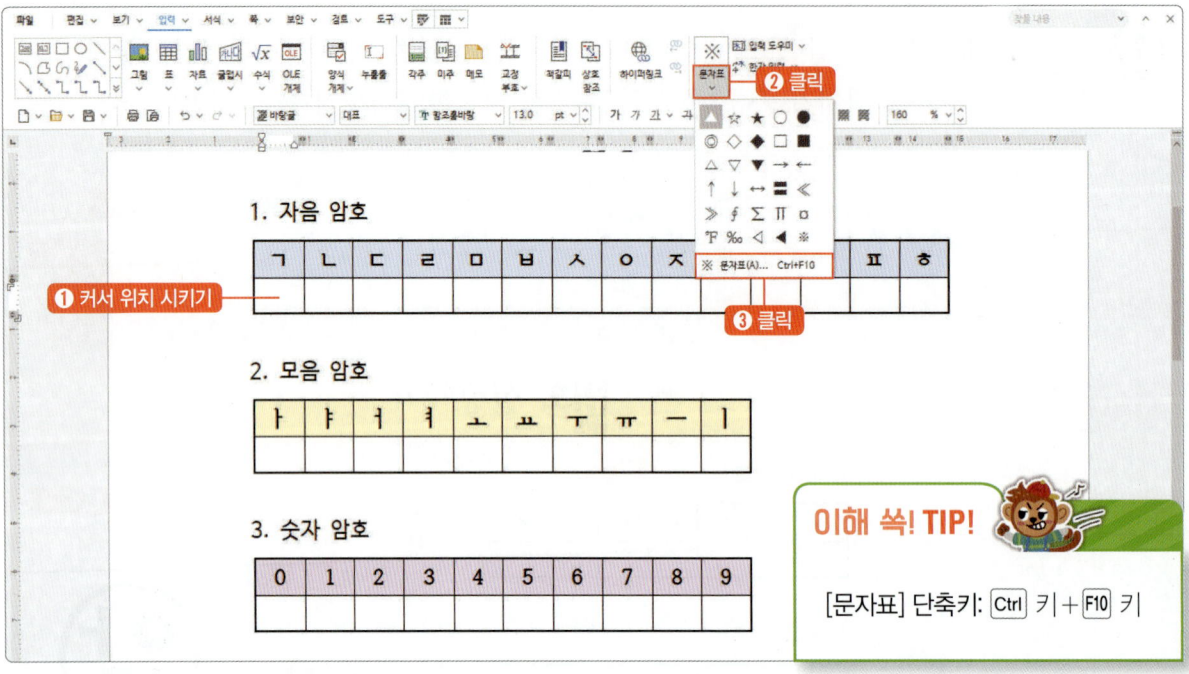

② [문자표] 대화 상자에서 [호글(HNC) 문자표] 탭-'전각 기호(일반)'을 클릭하고 원하는 문자를 선택한 후 [넣기]를 클릭합니다.

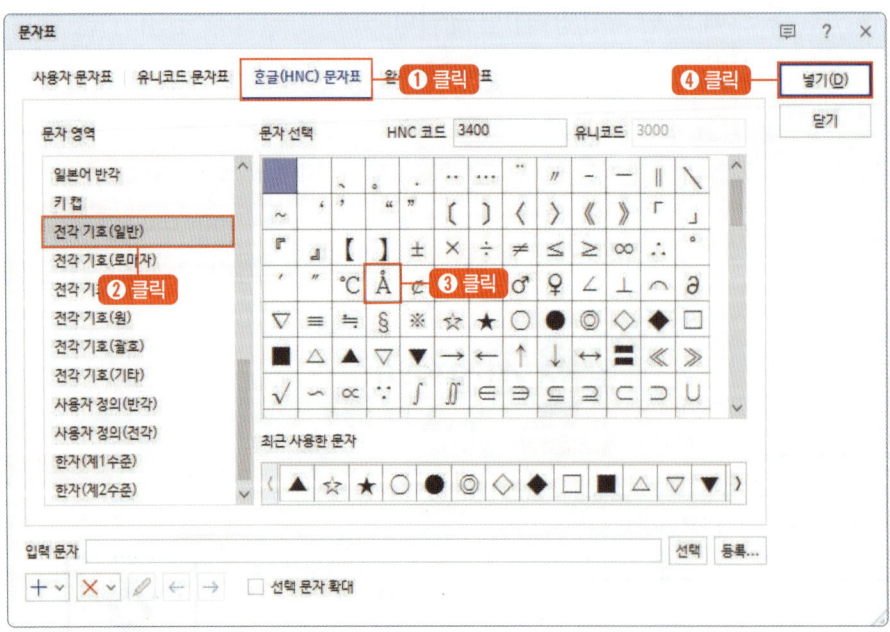

3 ①~②와 같은 방법으로 나머지 표에 전각 기호를 모두 입력합니다.

1. 자음 암호

ㄱ	ㄴ	ㄷ	ㄹ	ㅁ	ㅂ	ㅅ	ㅇ	ㅈ	ㅊ	ㅋ	ㅌ	ㅍ	ㅎ
Å	¢	£	¥	♂	♀	∠	♪	⌒	∂	▽	§	※	☆

2. 모음 암호

ㅏ	ㅑ	ㅓ	ㅕ	ㅗ	ㅛ	ㅜ	ㅠ	ㅡ	ㅣ
★	○	●	◎	◇	◆	□	■	△	▲

3. 숫자 암호

0	1	2	3	4	5	6	7	8	9
▽	▼	→	▣	↑	☎	↔	═	♤	♥

4 암호 표를 참고해 답장 내용에 어울리는 특수문자를 입력합니다.

이해 쏙! TIP!

파란색 메시지 창의 내용을 수정한 후 암호로 답해보아도 좋아요

Step 03 덧말 입력하기

단어에 덧말을 입력해 봅니다.

① '암호'를 드래그 한 후 [입력] 탭의 목록 단추(∨)를 클릭하고 [덧말 넣기]를 클릭합니다.

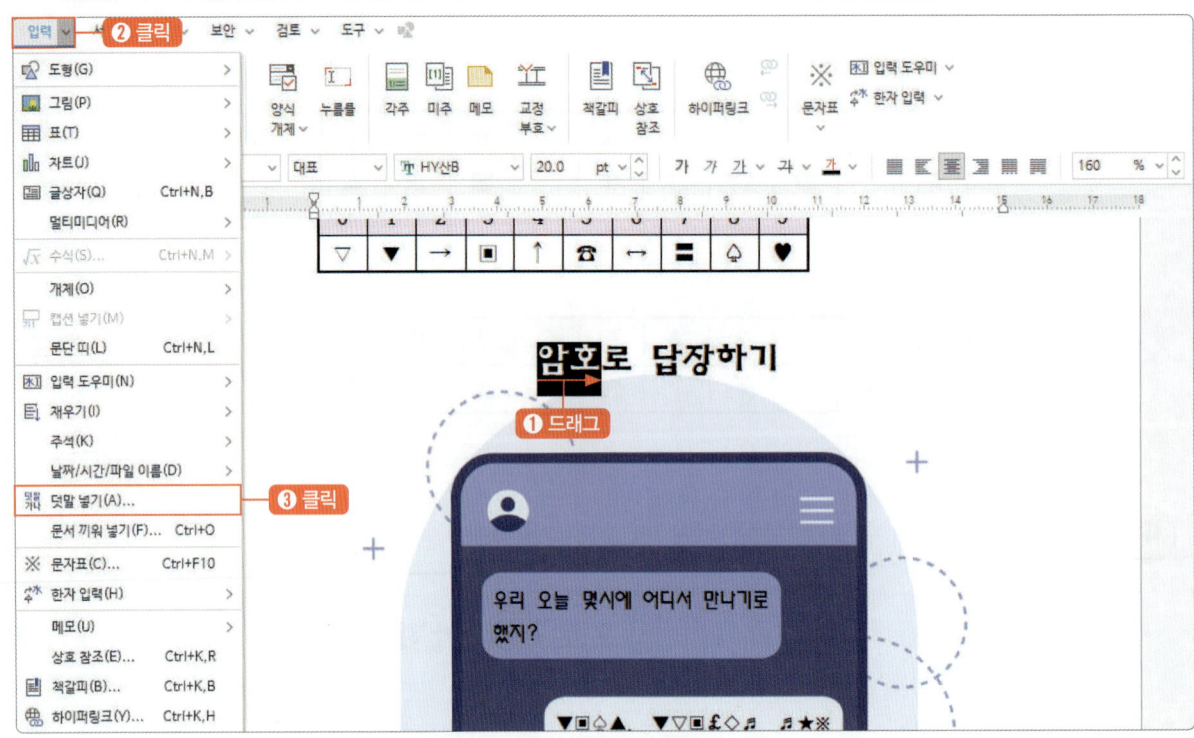

② [덧말 넣기] 대화 상자가 실행되면 '덧말'-'Secret CODE'를 입력하고, '덧말 위치'를 '위'로 지정한 후 [넣기]를 클릭합니다.

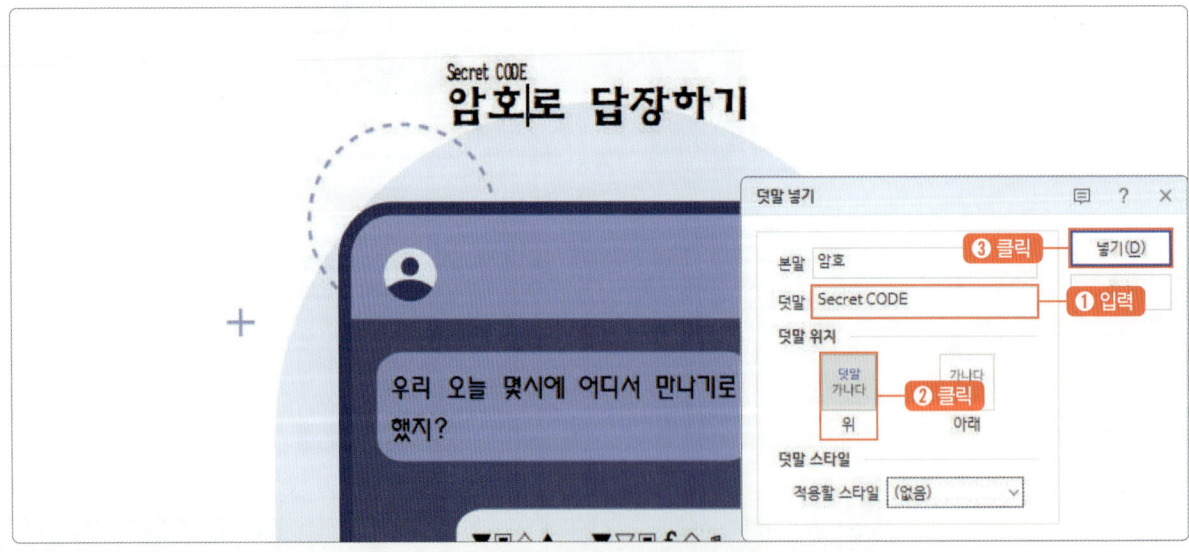

③ [다른 이름으로 저장하기]를 클릭하고 '파일 이름'을 입력하여 저장합니다.

1 파일을 불러온 후 특수문자를 입력하여 '이모티콘표'를 완성해 보세요.

 예제 파일 : 5강_실력1(예제).hwpx   완성 파일 : 5강_실력1(완성).hwpx

Hint

① 고양이: 유니코드 문자표-그리스어와 콥트어
② 강아지: 유니코드 문자표-도형기호, 여러 가지 기호, 음성 부호 확장
③ 돼지: 유니코드 문자표-일반 구두점, 위 첨자 및 아래 첨자, 여러 가지 기호
④ 쥐: 유니코드 문자표-국제 음성 부호 확장, 라틴, 일반 구두점, 위 첨자 및 아래 첨자
⑤ 오리: 유니코드 문자표-일반 구두점, 국제 음성 기호 확장

2 파일을 불러온 후 특수문자를 입력하여 '날씨 뉴스'를 완성해 보세요.

 예제 파일 : 5강_실력2(예제).hwpx   완성 파일 : 5강_실력2(완성).hwpx

Hint

① '한컴 솔잎 M', '61pt', '양각', '보라(RGB: 157,92,187)', '가운데 정렬'
② '굴림', '19pt', 유니코드 문자표-여러가지 기호

이해 쏙! TIP!

일부 글꼴에서는 입력한 문자표가 보이지 않을 수 있어요

GAME 05 쉿~ 비밀 메세지 _ **037**

국기게양일

| 학습목표 |
- 글머리표를 입력할 수 있습니다.
- 문단의 첫 글자를 장식할 수 있습니다.
- 문단 번호를 입력할 수 있습니다.

오늘의 도착지점

🔑 예제 파일 : 6강_예제.hwpx   🔑 완성 파일 : 6강_완성.hwpx

◆ 국기 게양일

대 한민국 국기에 관한 규정 제12조(국기의 게양일)에 따르면 '국기를 게양하여야 하는 날'과 '조기 게양일'(애도를 표시)은 다음과 같다.

1. 3월 1일: 3·1절
2. 6월 6일: 현충일(조기 게양)
3. 7월 17일: 제헌절
4. 8월 15일: 광복절
5. 10월 1일: 국군의 날
6. 10월 3일: 개천절
7. 10월 9일: 한글날
8. 국가장 기간: 조기 게양
9. 정부가 따로 지정하는 날
10. 지방자치단체가 조례 또는 지방의회의 의결로 정하는 경사스러운 날

◆ 국기 게양 방법

경 축일 또는 평일에는 깃봉과 깃면의 사이를 떼지 않고 게양한다. 그러나 조의를 표하는 날(현충일, 국가장 기간 등)에는 깃봉과 깃면의 사이를 깃면의 너비(세로)만큼 떼어 조기(弔旗)를 게양한다. 국기를 조기로 게양할 때에는 깃면을 깃봉까지 올린 후에 깃면 너비만큼 다시 내려서 달고, 강하할 때에도 깃면을 깃봉까지 올렸다가 내린다. 국기를 다른 기와 함께 게양할 경우 다른 기도 조기로 게양하여야 하며, 국기를 외국기와 함께 게양할 경우도 외국기를 조기로 게양하고 이 경우에는 사전에 해당국과 협의를 거치는 것이 관례로 되어 있다.

도착지 정보

국가적으로 중요한 날을 맞아 국기를 다는 일을 국기 게양이라고 합니다. 국기를 게양하는 것은 국민들이 나라의 특별한 날을 기억하고 기념하기 위한 일이기도 합니다. 어떤 날, 어떻게 국기를 게양하는지에 대해 알아 봅니다.

Step 01 글머리 표 입력하기

글머리표의 모양을 선택하여 글머리표를 입력해 봅니다.

① 한글 2022 프로그램을 실행한 후 [내 컴퓨터에서 불러오기]-'6강_예제.hwpx'를 불러옵니다.

② '국기 게양일'에 커서를 위치시키고 마우스 오른쪽 버튼을 클릭하여 [글머리표 및 문단 번호]를 클릭합니다. [글머리표 및 문단 번호] 대화 상자에서 [글머리표] 탭을 클릭한 후 '글머리표 모양'을 선택하고 [설정]을 클릭합니다.

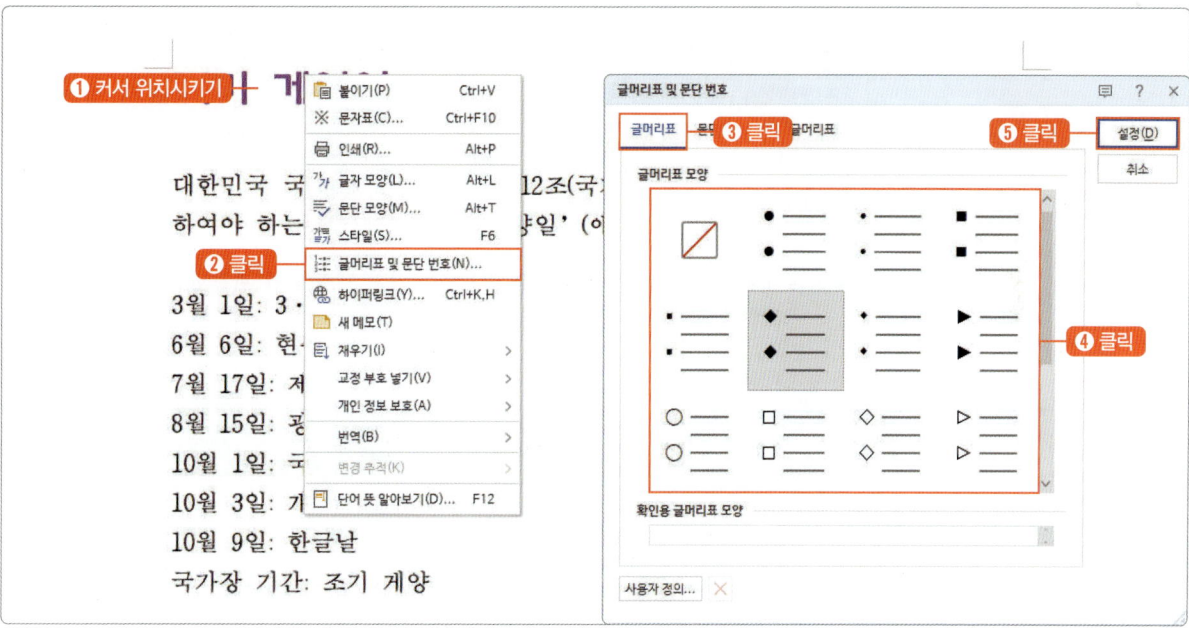

③ ②와 같은 방법으로 '국기 게양 방법'에 커서를 위치시킨 후 '글머리표'를 삽입합니다.

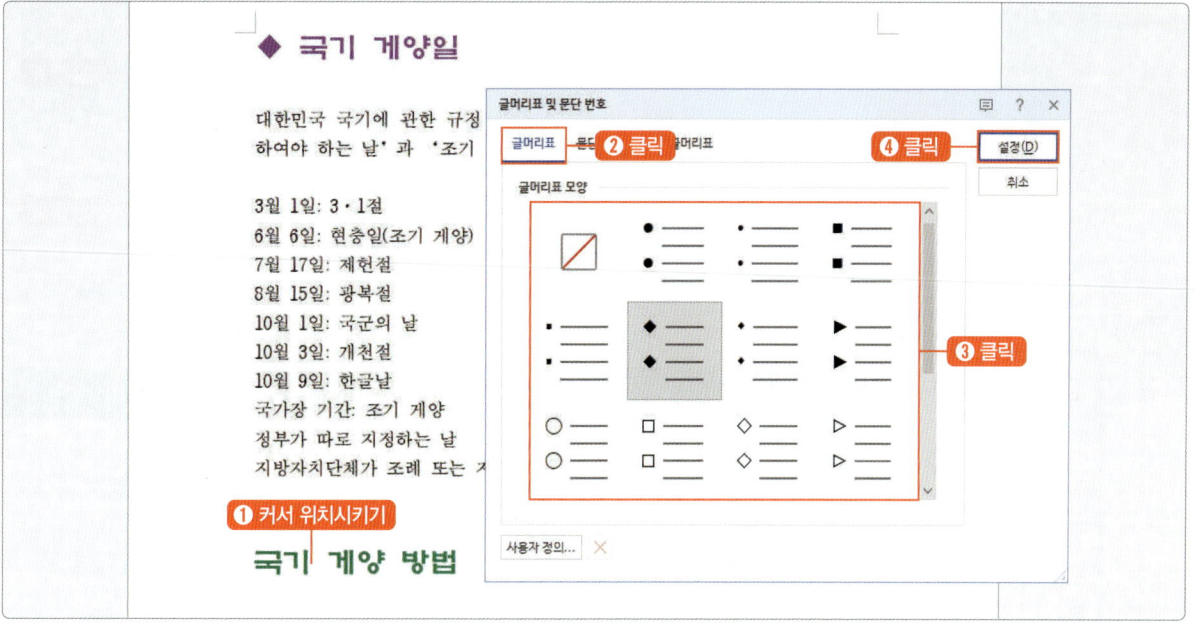

GAME 06 국기게양일 _ **039**

Step 02 문단 첫 글자 장식하기

문단의 첫 글자를 다양하게 설정하여 장식해 봅니다.

① 두 번째 문단('대한민국'~'같다.')에 커서를 위치시키고 [서식] 탭의 목록 단추(˅)를 누른 후 [문단 첫 글자 장식](갷)을 클릭합니다.

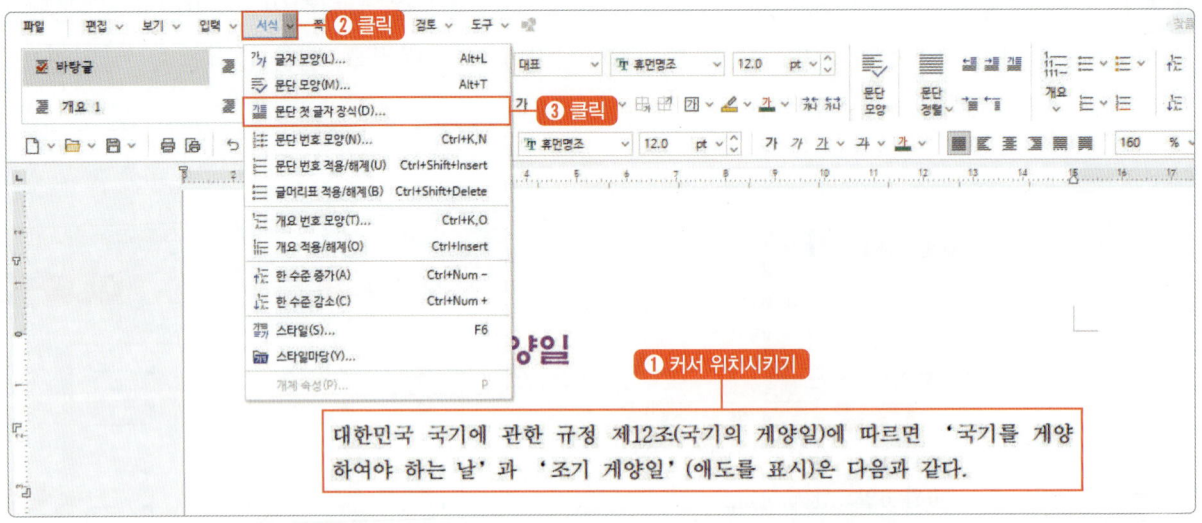

이해 쏙! TIP!

[문단 첫 글자 장식]은 적용할 문단의 어느 글자든 커서를 위치시키면 돼요.

② [문단 첫 글자 장식] 대화 상자가 실행되면 '모양'을 '3줄', '글꼴'을 '궁서', '면 색'을 '초록 80% 밝게'를 선택하고 [설정]을 클릭합니다.

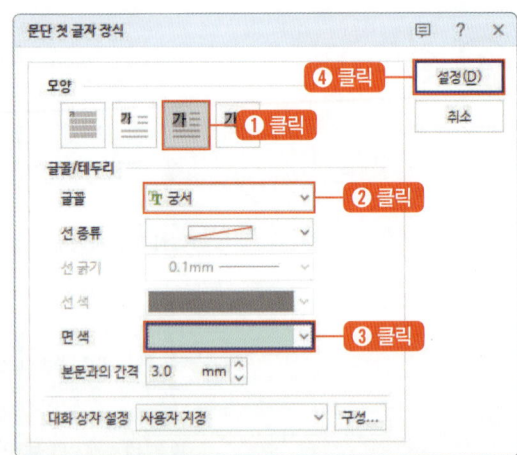

이해 쏙! TIP!

- 2줄(갷): 쪽 여백 안에서 첫 글자의 오른쪽으로 글자 2줄이 자리해요.
- 3줄(갷): 쪽 여백 안에서 첫 글자의 오른쪽으로 글자 3줄이 자리해요.
- 여백(갷): 쪽 여백 밖으로 문단의 첫 글자가 자리해요.

③ '경축일'로 시작하는 문단에 커서를 위치시키고 [서식] 탭의 [문단 첫 글자 장식](갈)을 클릭합니다.

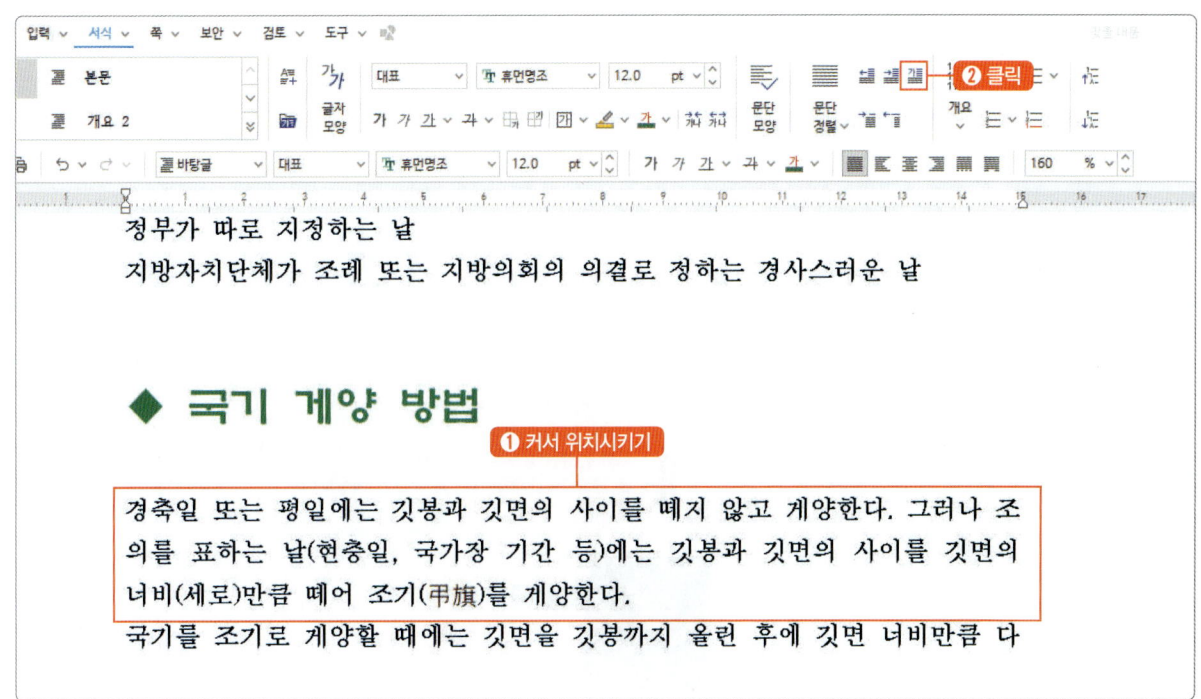

④ [문단 첫 글자 장식] 대화 상자가 실행되면 '모양'을 '3줄', '글꼴'을 '궁서', '면 색'을 '주황 80% 밝게'를 선택하고 [설정]을 클릭합니다.

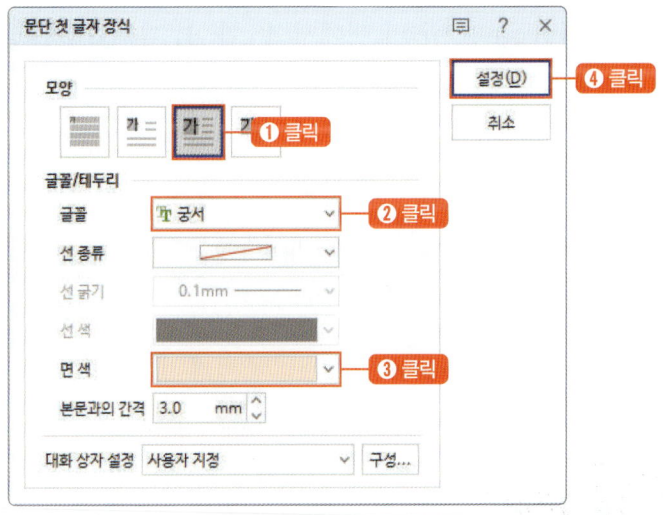

이해 쏙! TIP!

문단 첫 장식을 해제할 때는 [문단 첫 글자 장식]을 실행하여 '모양'을 '없음'으로 설정해요.

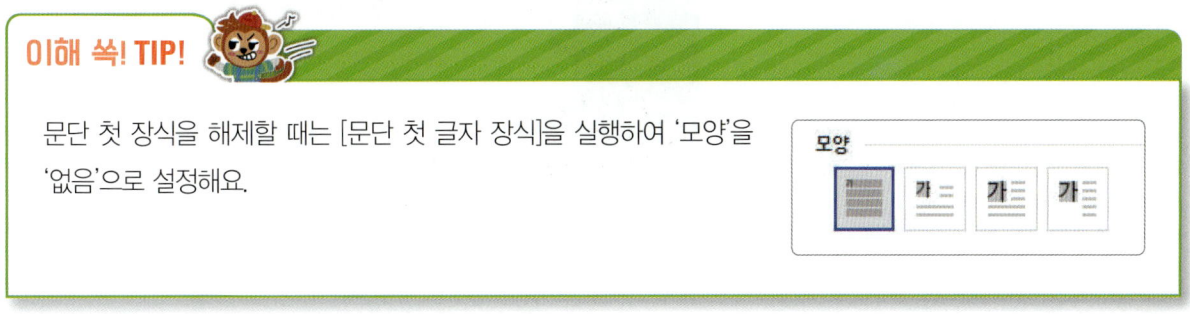

Step 03 문단 번호 입력하기

여러 개의 항목이 있는 문단의 머리에 자동으로 번호를 매깁니다.

① '3월'~'경사스러운 날'을 드래그한 후 [서식]탭에서 문단 번호 모양(☱)을 클릭합니다.

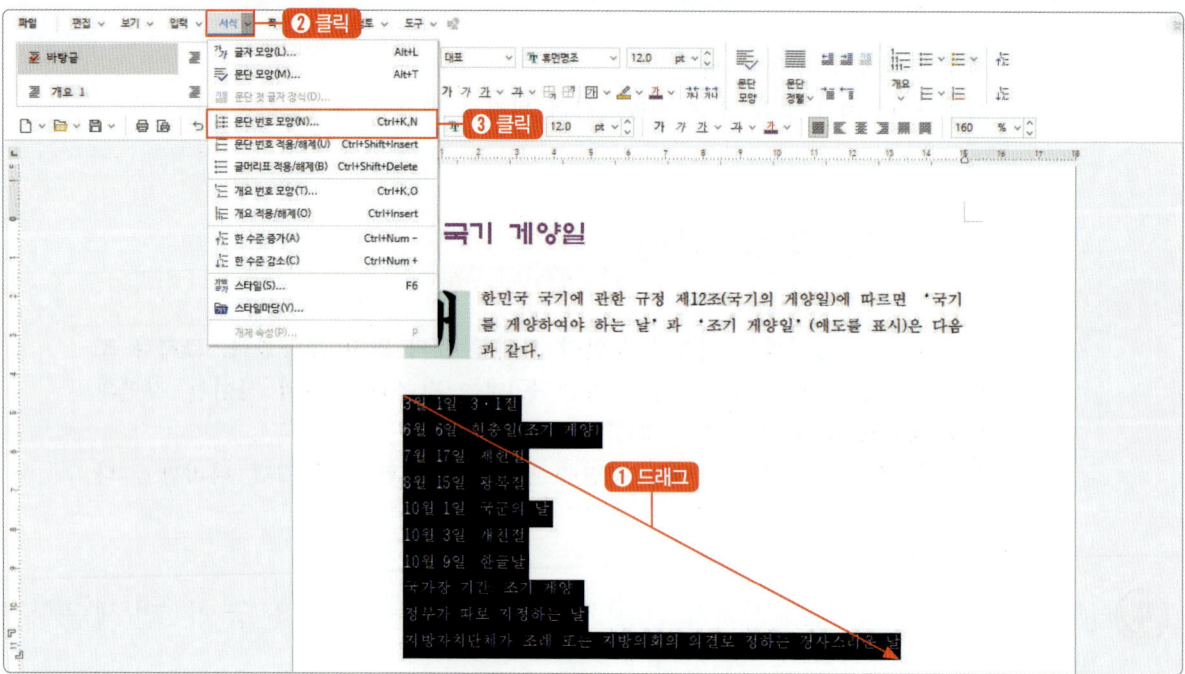

② [글머리표 및 문단 번호] 대화 상자가 실행되면 [문단 번호] 탭에서 '1. 가. 1) 가) (1) (가) ① ㉮'를 클릭하고 [설정]을 클릭합니다.

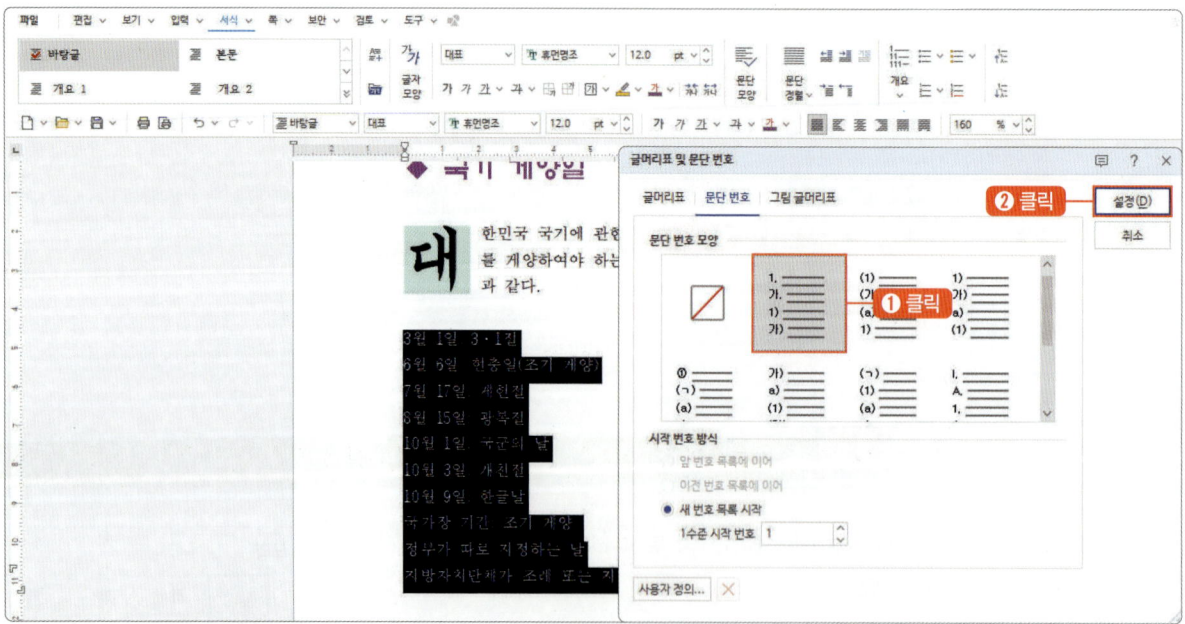

③ [다른 이름으로 저장하기]를 클릭하고 '파일 이름'을 입력하여 저장합니다.

실력 UP! 한 칸 더 GO! GO!

1 파일을 불러온 후 문단 첫 글자를 장식하여 '장터 안내문'을 완성해 보세요.

🔑 예제 파일 : 6강_실력1(예제).hwpx
🔑 완성 파일 : 6강_실력1(완성).hwpx

Hint
① '양재튼튼체B', '11pt'
② [문단 첫 글자 장식]: '2줄', '한컴소망체M', '임의의 색'

2 파일을 불러온 후 문단 번호 및 글머리표를 사용하여 '나 사용 설명서'를 완성해 보세요.

🔑 예제 파일 : 6강_실력2(예제).hwpx   🔑 완성 파일 : 6강_실력2(완성).hwpx

Hint
① '양재튼튼체B', '14pt', '진하게'
② [그림 글머리표]
③ [문단 번호]: ① (ㄱ) (a) 1) ㄱ) a)

이해 쏙! TIP!
나를 설명할 수 있는 나만의 '나 사용 설명서'를 작성해 보세요.

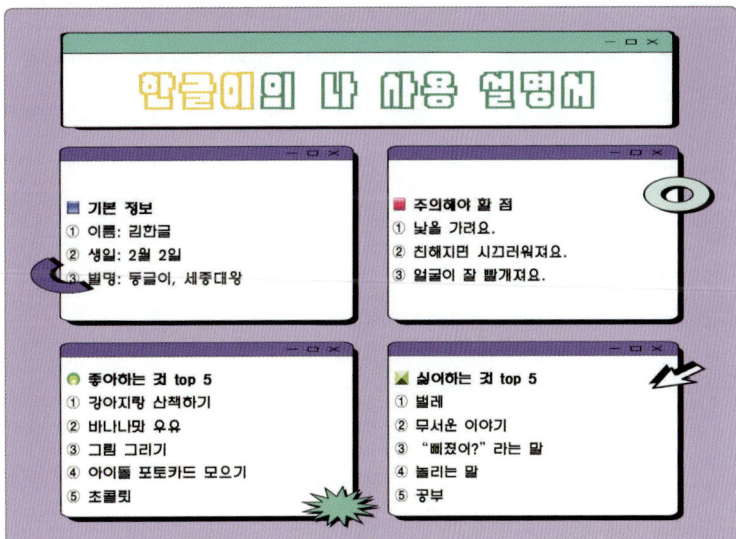

GAME 07 감사 편지를 써요

| 학습목표 |
- 편집 용지를 변경할 수 있습니다.
- 쪽 배경에 그림을 삽입할 수 있습니다.
- 쪽 여백을 설정할 수 있다.

오늘의 도착지점

🔑 예제 파일 : 7강_예제 폴더   🔑 완성 파일 : 7강_완성.hwpx

도착지 정보

편지는 어떤 상대에게 안부나 소식을 알리기 위해 적어 보내는 글을 말합니다. 편지는 목적과 내용 또는 사용한 도구에 따라 안부 편지, 위문 편지, 사과 편지, 전자 우편, 문자 메시지 등으로 나뉩니다. 고마운 사람에게 마음을 전하는 편지를 작성해 봅니다.

044 _ [컴속마을] 퀘스트 팡팡! 한글2022 어드벤처

Step 01 편집 용지 설정하기

빈 문서를 생성하고 편집 용지를 설정해 봅니다.

① 한글 2022 프로그램을 실행한 후 [새 문서]를 생성한 후 [쪽] 탭-[편집 용지]를 클릭합니다.

이해 쏙! TIP!
[편집 용지] 단축키: F7

② [편집 용지] 대화 상자가 실행되면 '종류'를 'B5(46배판) [182 x 257mm]'로 선택하고 [설정]을 클릭합니다.

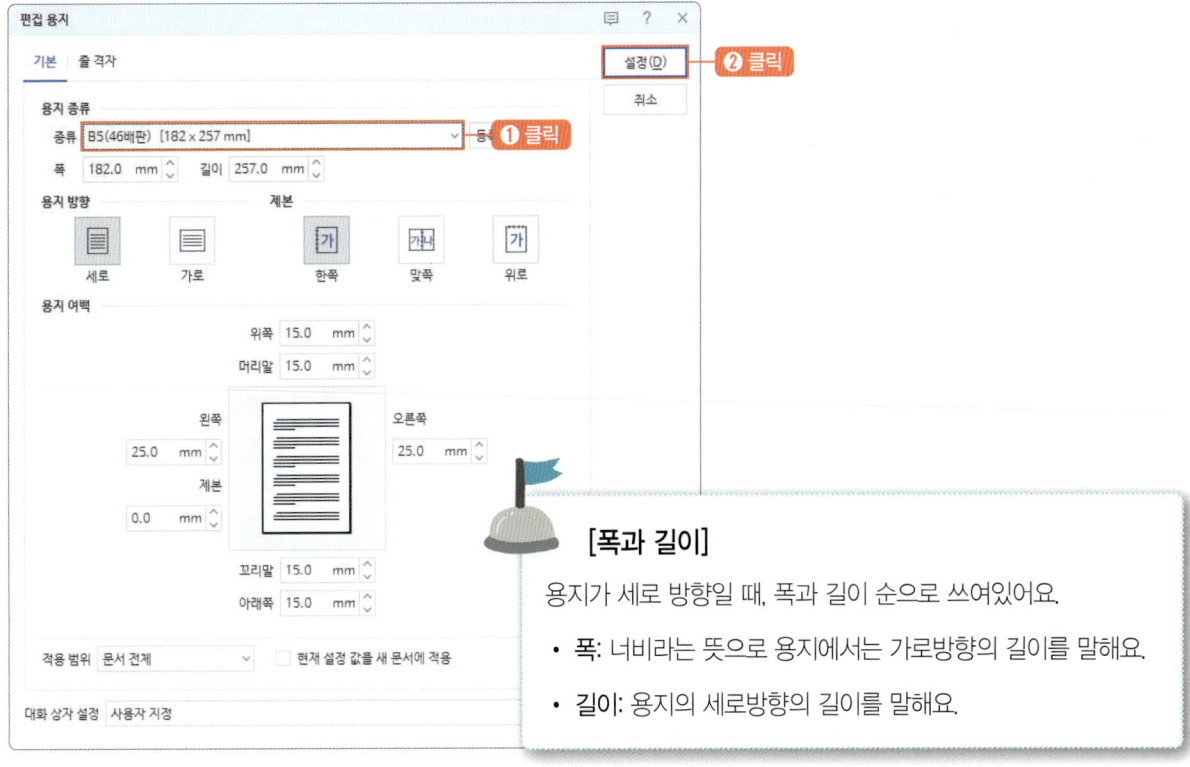

[폭과 길이]
용지가 세로 방향일 때, 폭과 길이 순으로 쓰여있어요.
- 폭: 너비라는 뜻으로 용지에서는 가로방향의 길이를 말해요.
- 길이: 용지의 세로방향의 길이를 말해요.

Step 02 쪽 배경 변경하기

쪽 배경에 그림을 삽입하여 변경해 봅니다.

① [쪽] 탭-[쪽 테두리/배경]을 클릭합니다.

② [쪽 테두리/배경] 대화 상자가 실행되면 [배경] 탭을 클릭하고 [그림]을 클릭합니다. [그림 선택]을 클릭하여 [그림 넣기] 대화 상자가 실행되면 배경에 삽입할 그림의 위치를 지정하고 파일을 선택한 후 [열기]를 클릭합니다. 그리고 [설정]을 클릭합니다.

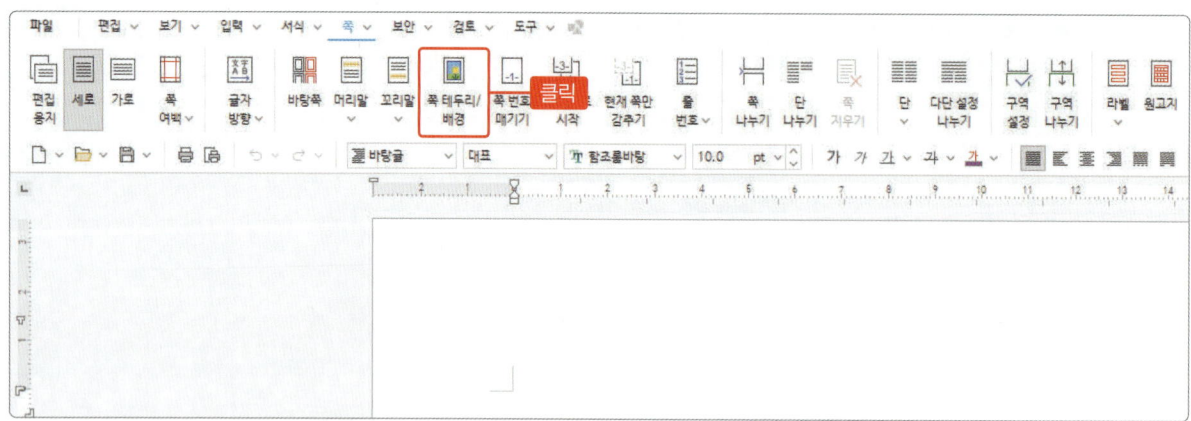

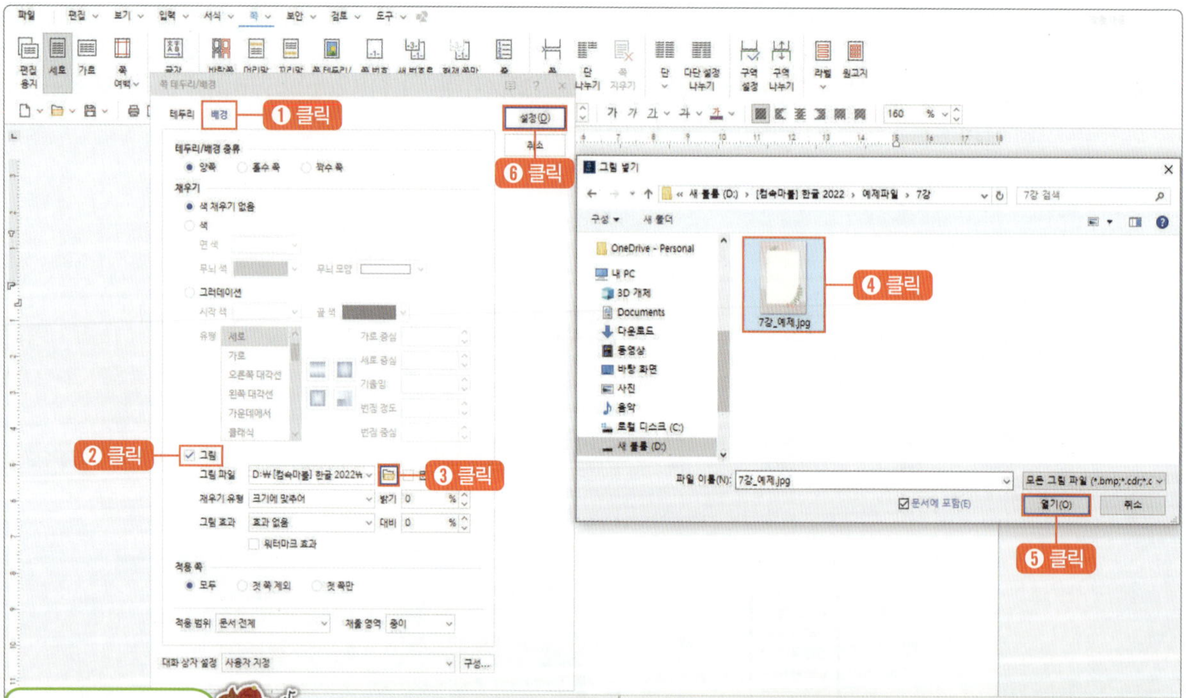

이해 쏙! TIP!

[문서에 포함]에 체크가 되어있으면 다른 곳에서 파일을 열어도 그림이 사라지지않고 파일 안에 함께 남아있어요.

Step 03 쪽 여백 변경하기

편집 용지의 쪽 여백을 변경해 봅니다.

① [쪽] 탭-[쪽 여백]을 클릭한 후 '쪽 여백 설정'을 클릭합니다.

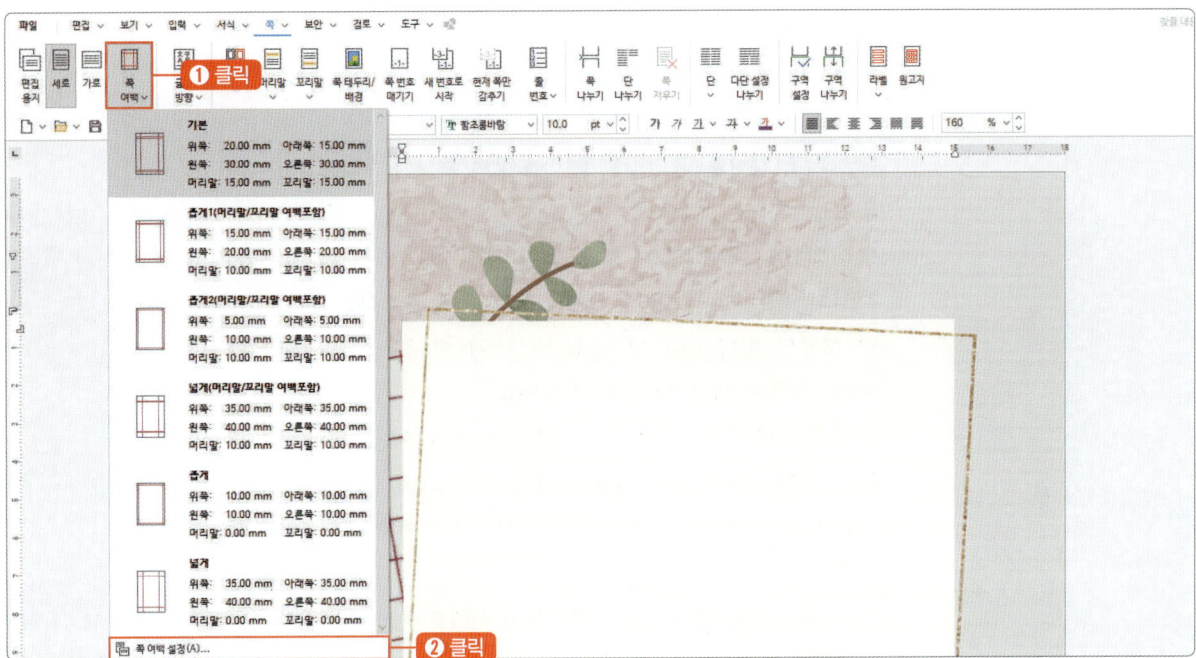

② [편집 용지] 대화 상자가 실행되면 그림과 같이 위쪽, 머리말, 왼쪽, 제본, 오른쪽, 꼬리말, 아래쪽의 여백을 설정합니다.

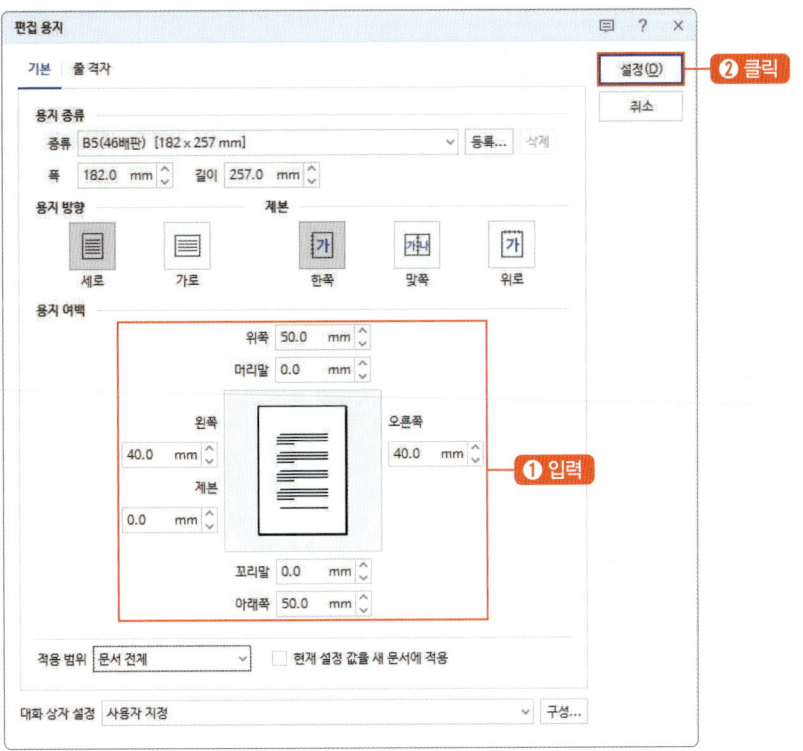

GAME 07 감사 편지를 써요 _ **047**

③ '글꼴'을 '양재난초체M', '글자 크기'를 '13.0 pt', '줄 간격'을 '180 %'로 설정한 후 고마운 사람에게 전하고 싶은 마음을 담아 감사 편지를 입력합니다.

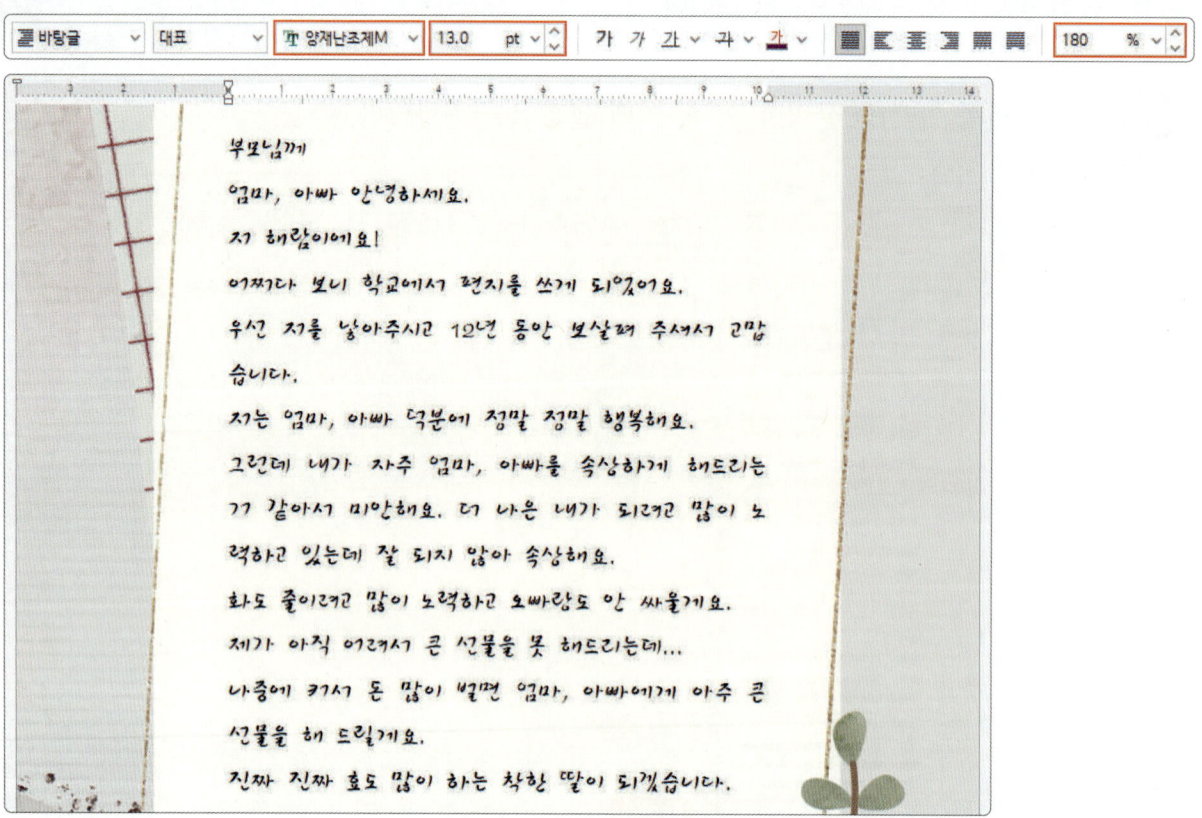

④ [파일] 탭-[다른 이름으로 저장하기]를 클릭합니다. [다른 이름으로 저장하기] 대화 상자가 실행되면 저장 위치를 지정하고 '파일 이름'을 입력한 후 [저장]을 클릭합니다.

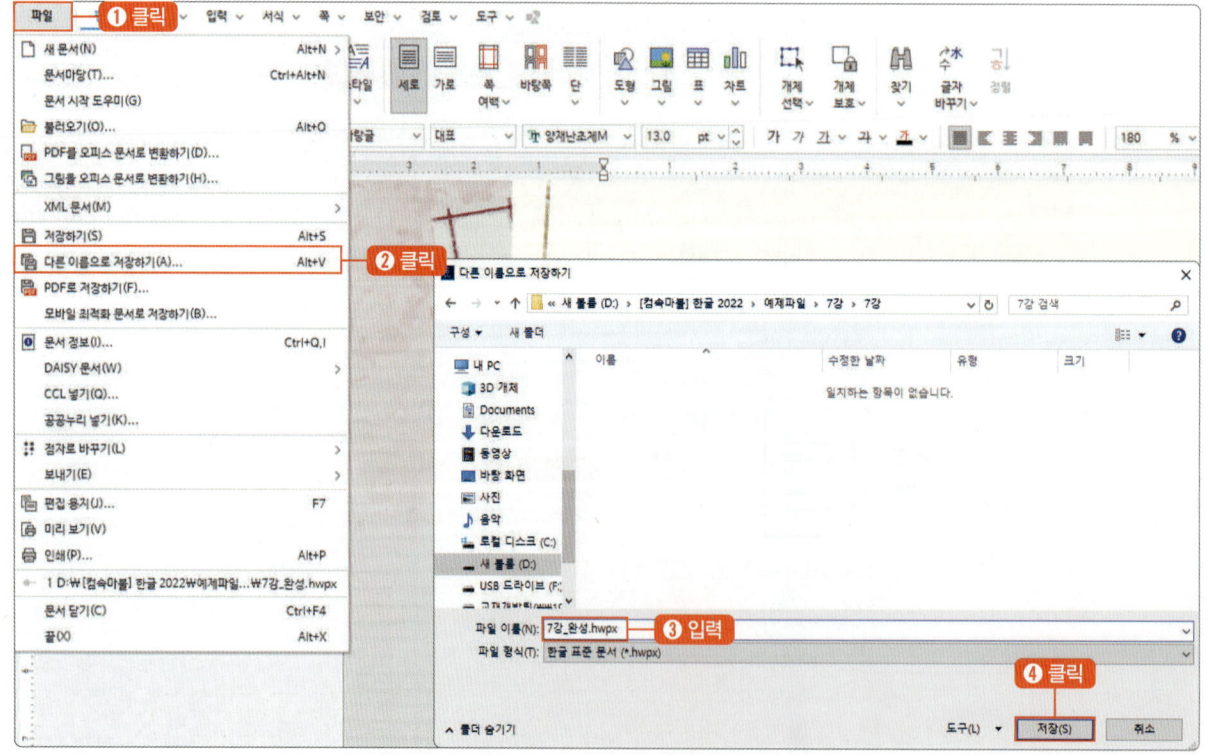

1 빈 문서를 생성하고 편집용지를 설정하여 '노트'를 완성해 보세요.

예제 파일 : 7강_실력 예제 폴더 완성 파일 : 7강_실력1(완성).hwpx

Hint

① [편집 용지]: 용지 종류-레터 [215.9 x 279.4mm]
② [쪽 테두리/배경]: 배경-'노트배경'

2 파일을 불러온 후 쪽 배경과 여백을 적용하여 '비밀편지'를 완성해 보세요.

예제 파일 : 7강_실력 예제 폴더 완성 파일 : 7강_실력2(완성).hwpx

Hint

① [쪽 테두리/배경]: '병'
② 여백: 위쪽(80.0mm), 머리말(0 mm), 왼쪽(35.0mm), 제본(0mm), 오른쪽(35.0mm),
꼬리말(0mm), 아래쪽(50.0mm)

GAME 08 노래 가사 바꾸기

| 학습목표 |
- 편집 용지의 방향을 변경할 수 있습니다.
- 쪽 배경에 그림을 삽입할 수 있습니다.
- 특정한 문자를 찾아 바꿀 수 있습니다.

오늘의 도착지점

예제 파일 : 8강_예제 폴더   완성 파일 : 8강_완성.hwpx

<슈슈송>

나 보고싶니(슈슈) 나 생각나니(슈슈)
I love you You love me (슈슈슈슈슈슈)
나 좋아하니(슈슈) 나 사랑하니(슈슈)
I love you You love me (슈슈슈슈슈슈)
나 떠나지마(슈슈) 언제까지나(슈슈)
좋아해 좋아해 (슈슈슈슈슈슈)
늘 행복해요(슈슈) 늘 즐거워요(슈슈)
사랑해 사랑해(슈슈 슈슈 사랑해)
때로는 짜증나고 때로는 힘들어도
너의 곁에 언제나 웃고 있는 날 생각해
때로는 슬퍼지고 때로는 외로워도
너의 곁에 언제나 함께하는 나를 생각해

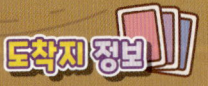

기존에 존재하는 노래를 바탕으로 멜로디는 그대로 두고 가사를 바꿔 부르는 것을 개사라고 합니다. 나의 생각이나 감정을 음악으로 표현할 때, 개사를 한다면 쉽고 재미있을 것입니다. 나만의 노래 가사를 만들어 봅니다.

Step 01 편집 용지의 방향 변경하기

빈 문서를 생성하고 편집 용지의 방향을 변경해 봅니다.

① 한글 2022 프로그램을 실행한 후 [새 문서]를 생성한 후 F7 키를 눌러 [편집 용지] 대화 상자에서 '용지 방향'을 '가로'로 설정합니다.

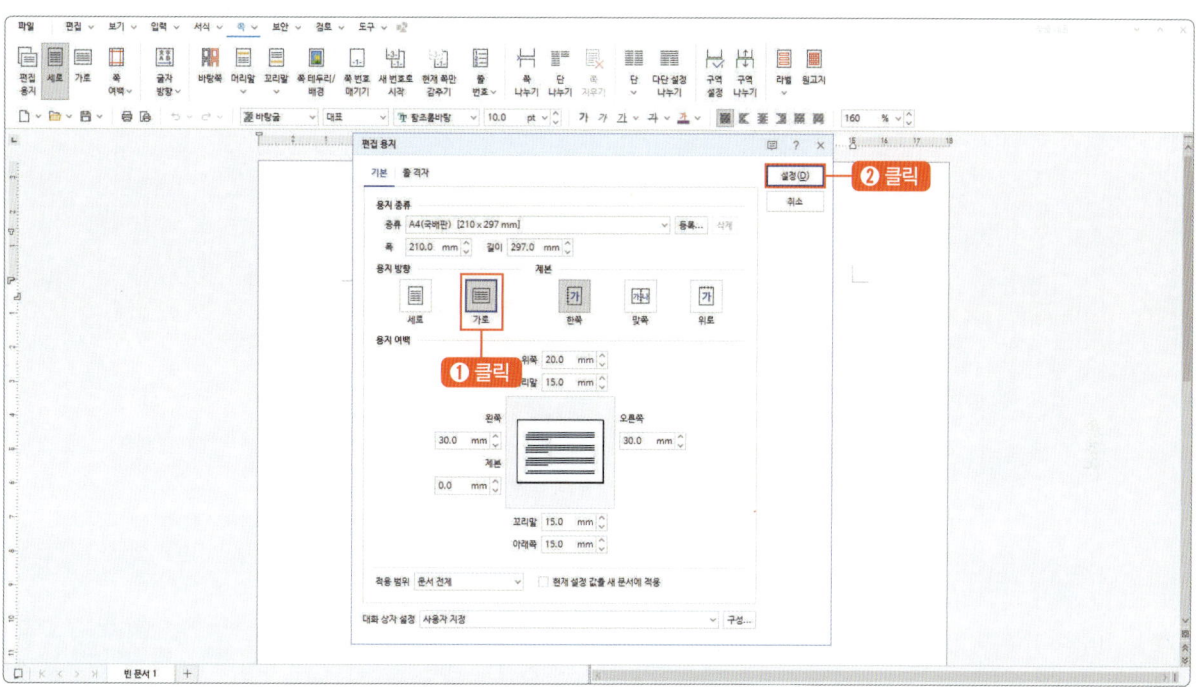

② 그림과 같이 '당근송'의 가사를 입력한 후 글꼴 서식을 변경합니다.

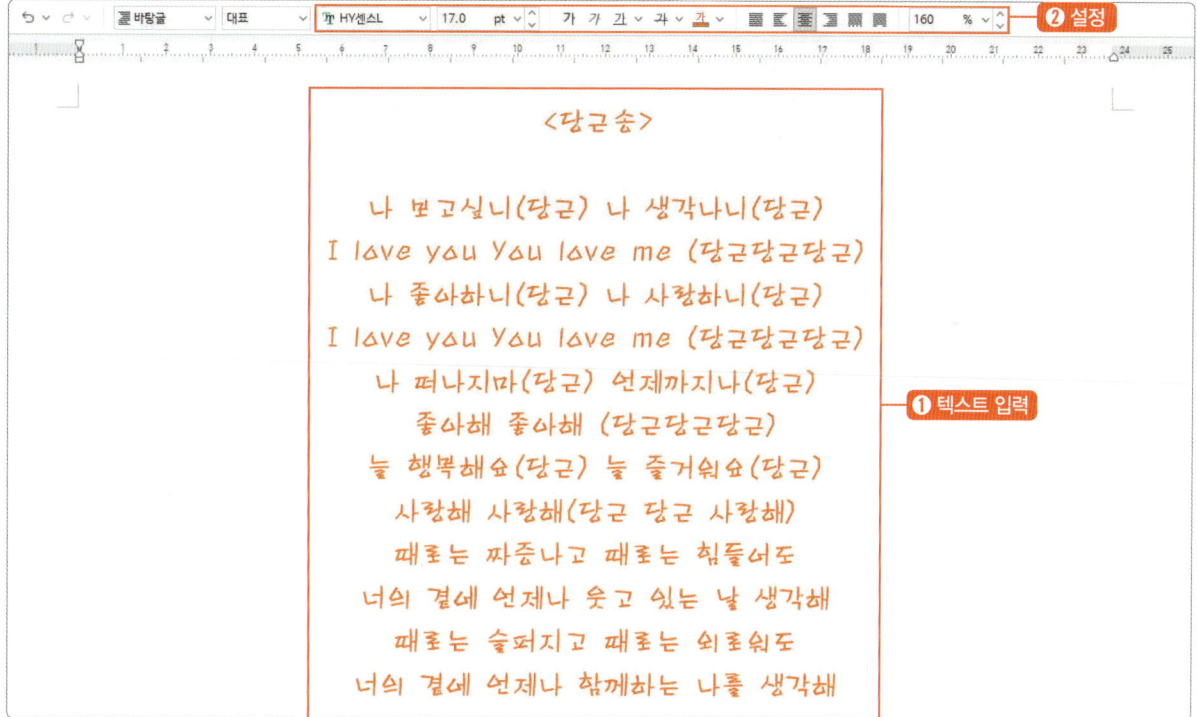

Step 02 쪽 배경 설정하기

쪽 배경에 그림을 삽입하여 변경해 봅니다.

① [쪽] 탭-[쪽 테두리/배경]을 클릭합니다.

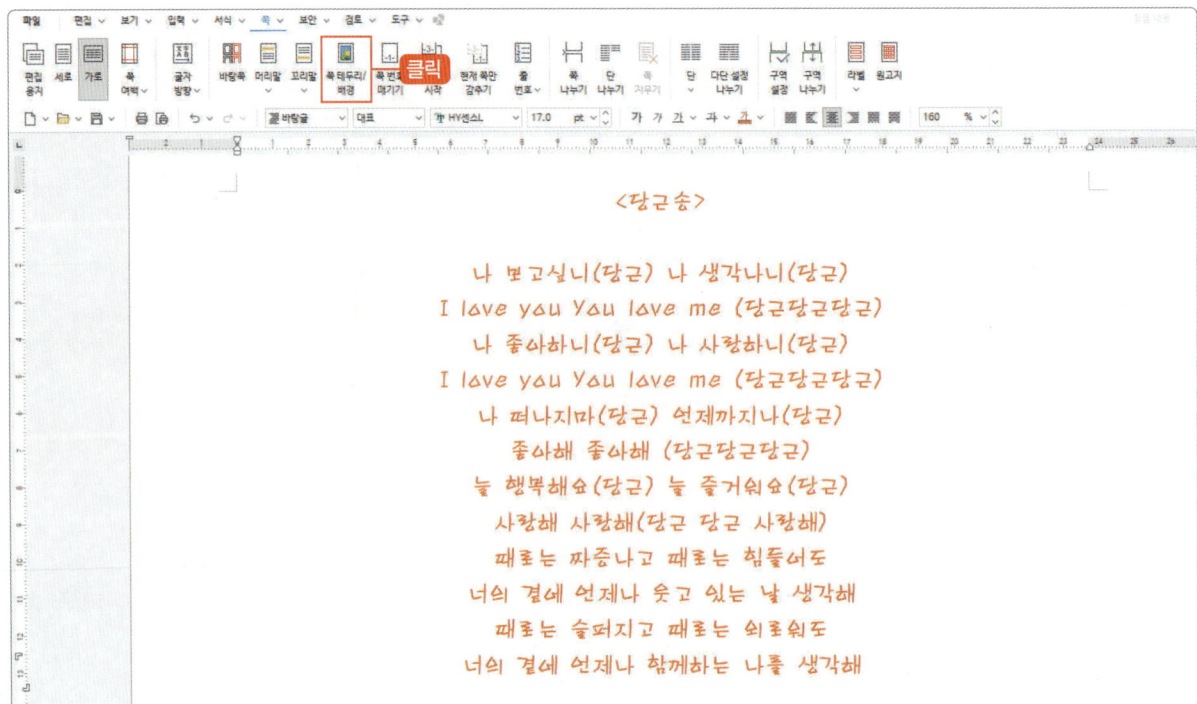

② [쪽 테두리/배경] 대화 상자가 실행되면 [배경] 탭-[그림]을 클릭한 후 [그림 선택]을 클릭합니다. 삽입할 그림을 클릭한 후 [열기]를 누르고 [설정]을 클릭합니다.

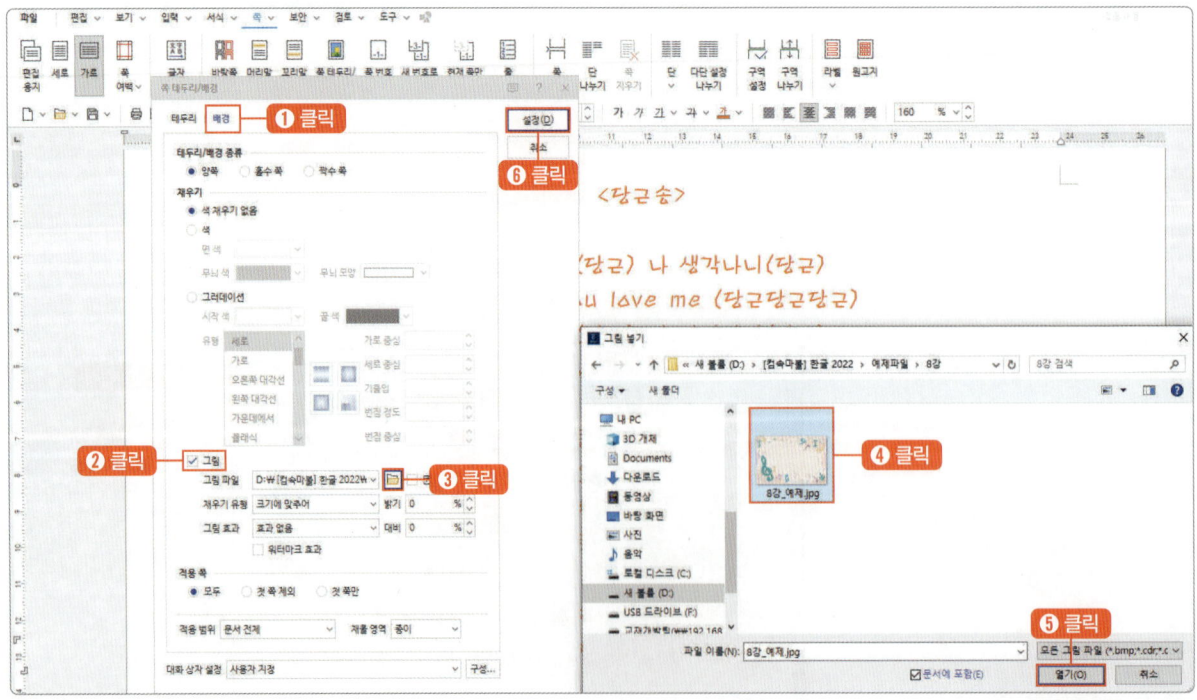

Step 03 찾아 바꾸기

특정한 낱말을 찾아 다른 글자로 변경해 봅니다.

① [편집] 탭-[찾기]-[찾기]를 클릭한 후 [찾기] 대화 상자가 실행되면 '찾을 방향'을 '문서 전체'로 선택하고, '찾을 내용'에 '당근'을 입력한 후 [모두 찾기]를 클릭합니다.

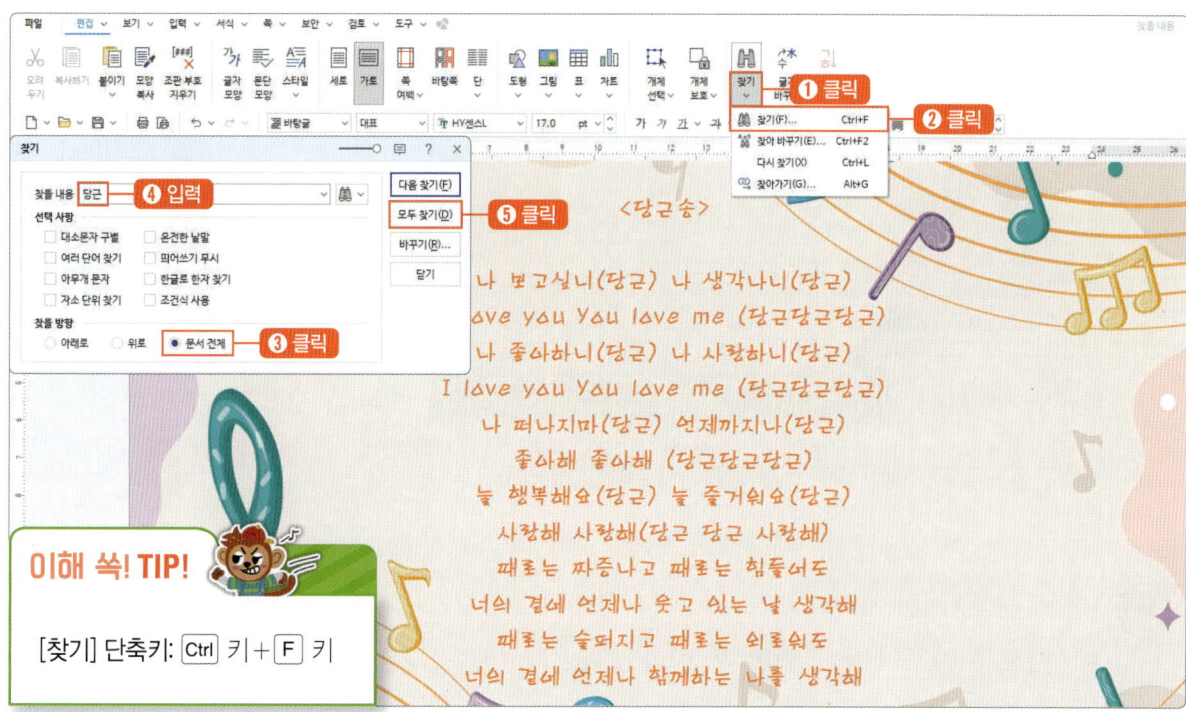

이해 쏙! TIP!

[찾기] 단축키: Ctrl 키 + F 키

② [모두 찾기]를 통해 선택된 '당근' 글자를 확인하고 [찾기] 대화 상자에서 [바꾸기]를 클릭합니다.

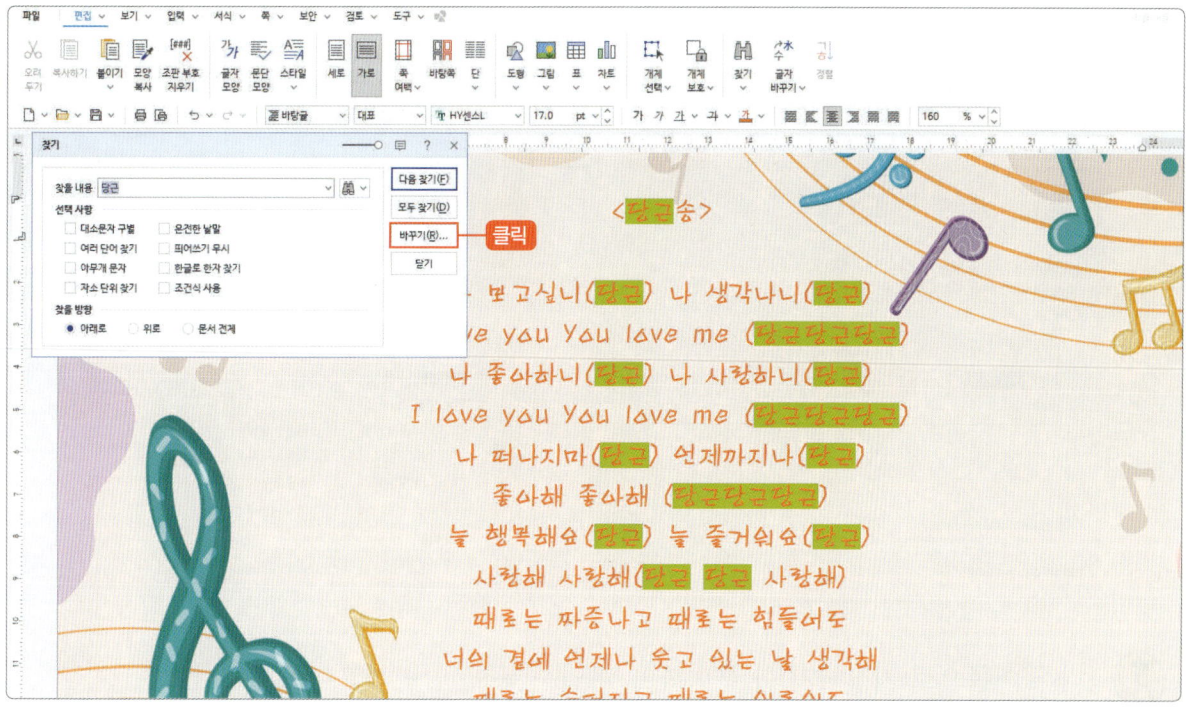

③ [찾아 바꾸기] 대화 상자가 실행되면 '바꿀 내용'에 '우유'를 입력한 후 [서식 찾기(🔍)]를 클릭한 후 [바꿀 글자 모양]을 클릭합니다.

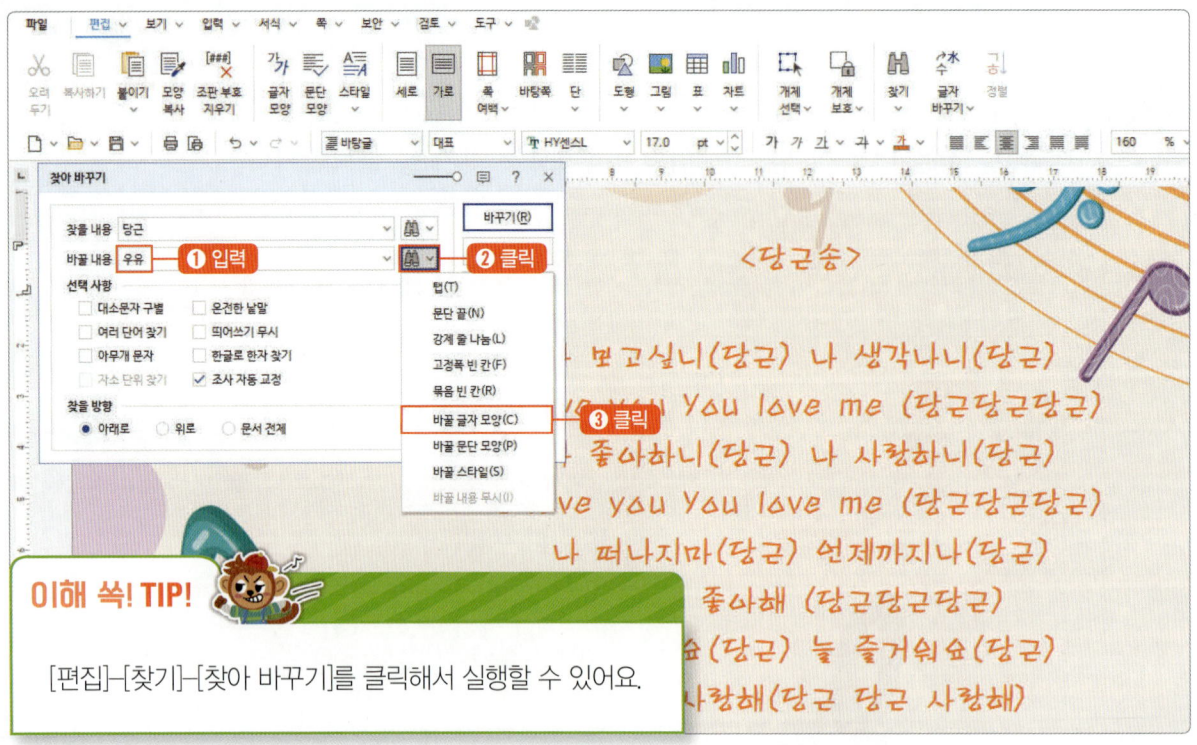

이해 쏙! TIP!
[편집]-[찾기]-[찾아 바꾸기]를 클릭해서 실행할 수 있어요.

④ [글자 모양] 대화 상자에서 '글자 색'을 지정한 후 [설정]을 클릭합니다. [찾아 바꾸기] 대화 상자에서 [모두 바꾸기]를 클릭한 후 변화된 내용과 색상을 확인합니다.

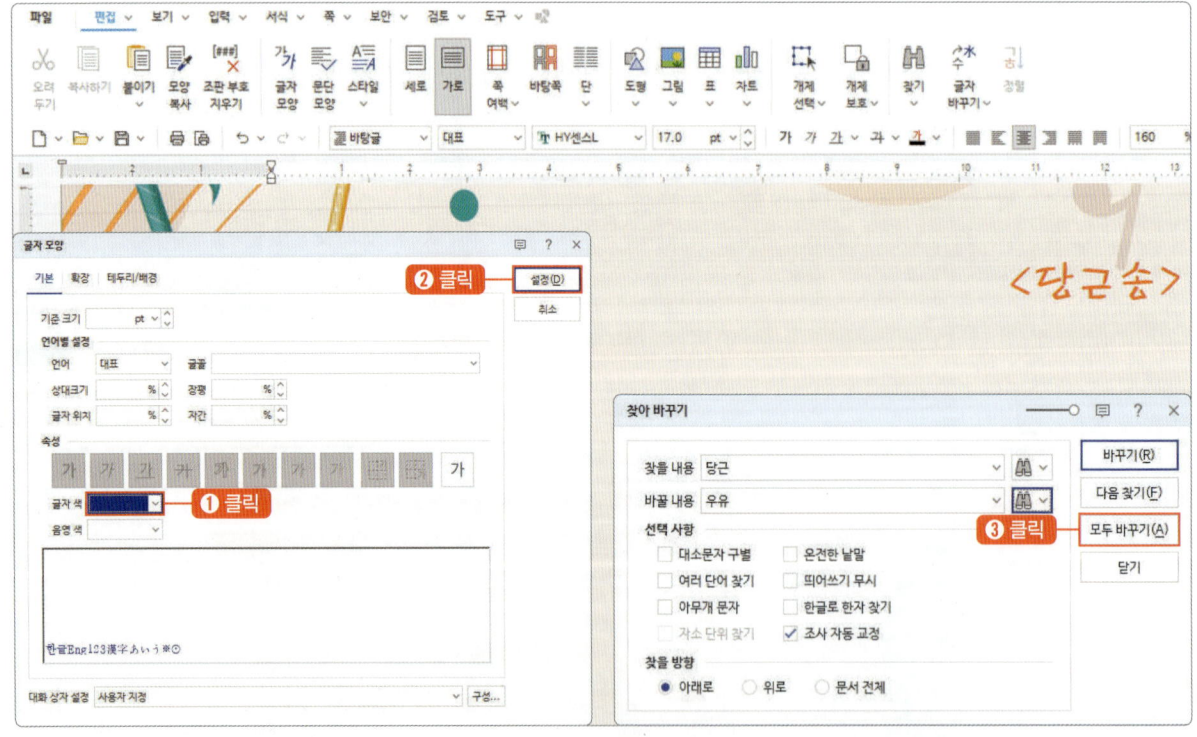

⑤ [다른 이름으로 저장하기]를 클릭하여 '파일 이름'을 입력하고 저장합니다.

실력 UP! 한 칸 더 GO! GO!

1 파일을 불러와 찾아 바꾸기로 '강아지들의 대화'를 완성해 보세요.

🔑 예제 파일 : 8강_실력1(예제).hwpx 🔑 완성 파일 : 8강_실력1(완성).hwpx

 Hint

① [편집 용지]: 방향–'가로'
② [찾아 바꾸기]: 찾을 내용–'야옹',
   바꿀 내용–'왈왈',
   글자 색–초록(RGB: 0,128,0)

2 파일을 불러와 찾아 바꾸기로 '사랑의 묘약 레시피'를 완성해 보세요.

🔑 예제 파일 : 8강_실력2(예제).hwpx 🔑 완성 파일 : 8강_실력2(완성).hwpx

 Hint

① [찾아 바꾸기]: 찾을 내용–'분노',
   바꿀 내용–'사랑♥',
   글꼴–HY엽서M,
   글자 색–빨강(RGB: 255,0,0)

GAME 09 단체복 디자이너

| 학습목표 |
- 글상자를 삽입하여 입력할 수 있습니다.
- 글맵시를 삽입할 수 있습니다.
- 그림을 삽입할 수 있습니다.

오늘의 도착지점

🔑 예제 파일 : 9강_예제 폴더　　🔑 완성 파일 : 9강_완성.hwpx

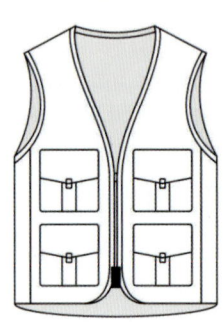

도착지 정보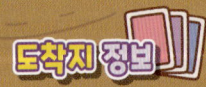

매년 6월 8일은 '세계 해양의 날'로, 바다의 소중함을 일깨우고 바다 환경 보호에 중요성을 알리기 위한 여러 행사를 진행합니다. 해변 청소의 일환으로 '쓰레기를 줍는 조깅(jogging)'인 '줍깅' 행사 단체복을 만들어 봅니다.

Step 01 글상자 삽입하고 입력하기

글상자를 삽입하고 텍스트를 입력해 봅니다.

① 한글 2022 프로그램을 실행한 후 [내 컴퓨터에서 불러오기]로 '9강_예제.hwpx'를 불러옵니다.

② [입력] 탭-[가로 글상자(▦)]를 클릭한 후 원하는 위치에 드래그하여 삽입합니다.

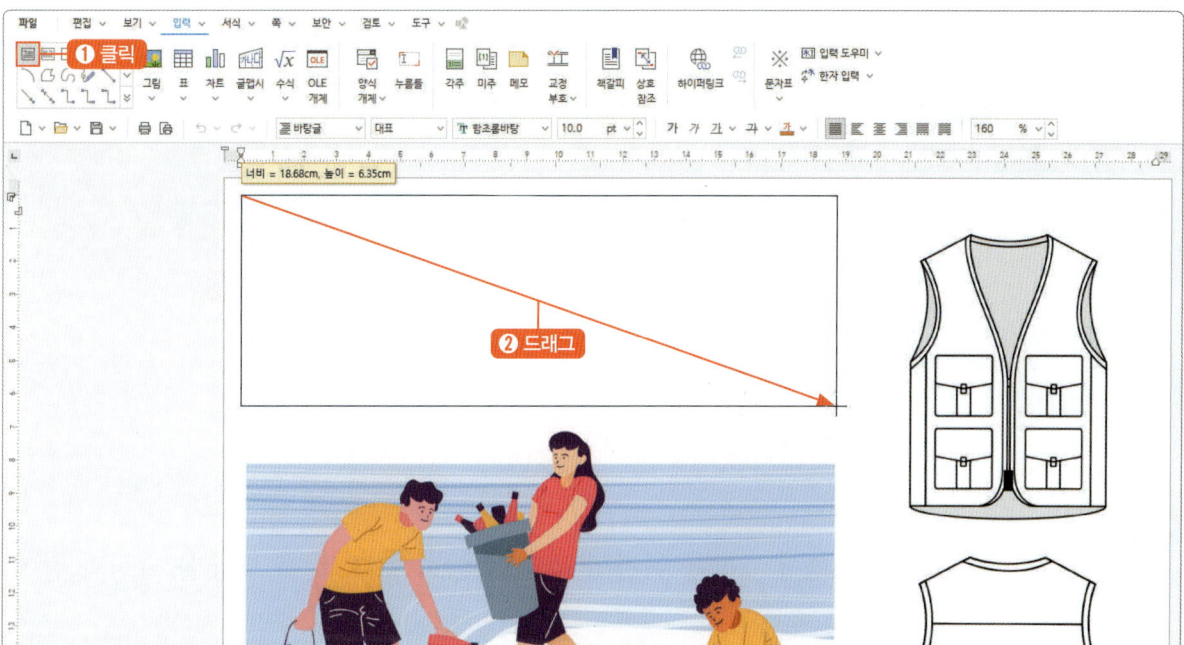

③ 삽입한 글상자를 선택하고 마우스 오른쪽 버튼을 클릭하여 바로가기 메뉴에서 [개체 속성]을 클릭합니다.

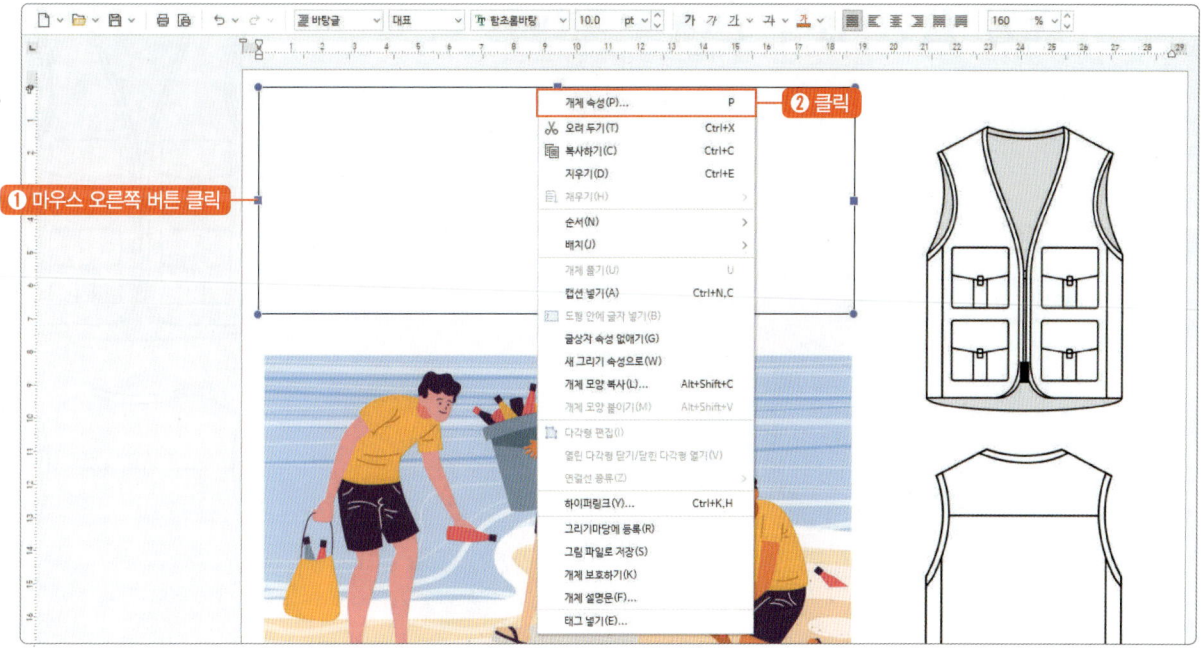

GAME 09 단체복 디자이너 _ **057**

④ [개체 속성] 대화 상자가 실행되면 [기본] 탭에서 '너비'를 '185.00 mm', '높이'를 '40.00 mm'를, [선] 탭에서 '종류'-'없음', [채우기] 탭에서 '색 채우기 없음'을 지정하고 [설정]을 클릭합니다.

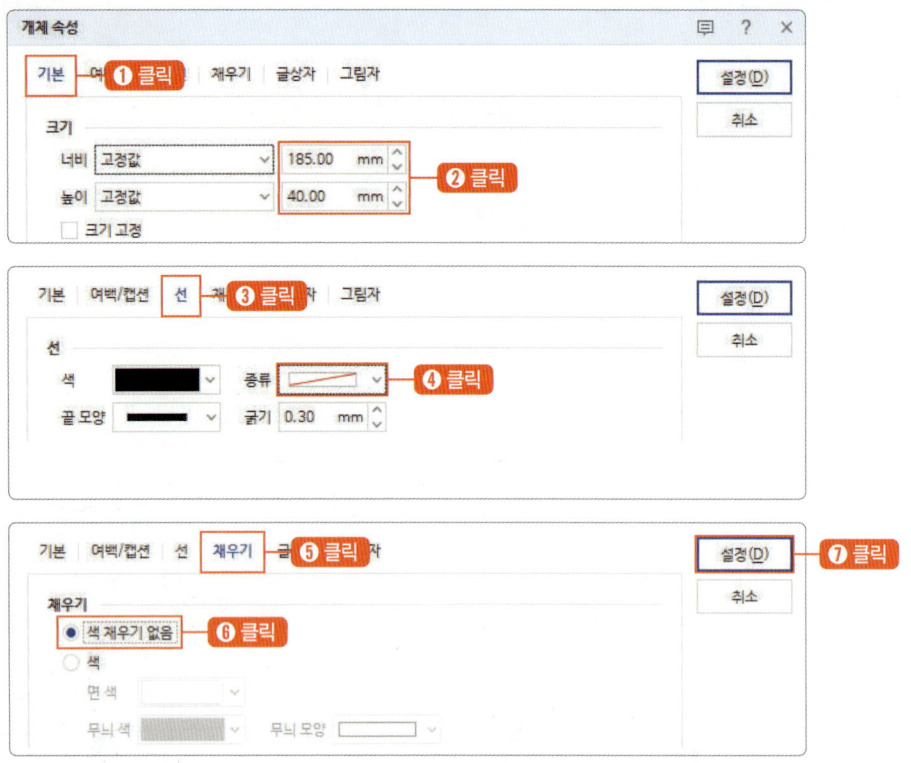

⑤ 글상자에 '해양 줍깅 행사 단체복 디자인 하기'를 입력한 후 '글자 모양'을 그림과 같이 변경합니다.

Step 02 글맵시 삽입하기

글맵시를 삽입하고 속성을 변경해 봅니다.

① [입력] 탭-[글맵시]의 목록 단추(⌄)를 클릭하고 '채우기-자주색 그러데이션, 회색 그림자, 직사각형 모양(가나다)'을 클릭합니다.

이해 쏙! TIP!
[글맵시]는 커서의 위치에 삽입되므로 삽입하기 전에 커서의 위치를 확인해요.

② [글맵시 만들기] 대화 상자가 실행되면 그림과 같이 내용을 입력하고, '글맵시 모양'을 '두 줄 원형(○)'으로, '글꼴'을 '한컴산뜻돋움'으로 지정하고 [설정]을 클릭합니다.

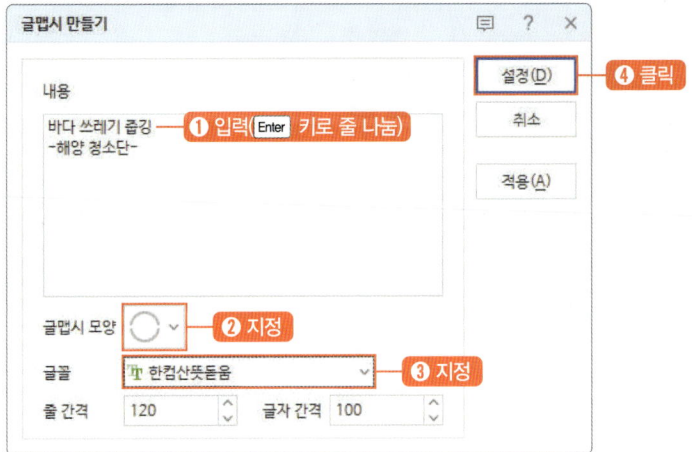

③ 삽입한 [글맵시]의 크기를 조절하여 원하는 위치에 배치합니다.

Step 03 그림 삽입하기

그림을 불러와서 삽입할 수 있습니다.

① [입력] 탭-[그림]을 클릭한 후 [그림 넣기] 대화 상자가 실행되면 '로고.png'를 불러옵니다.

② 원하는 위치에 드래그하여 그림을 삽입한 후 크기를 조절하여 배치합니다.

이해 쏙! TIP!

- 그림을 삽입할 때 드래그하지 않아도 자동으로 원래 그림 크기로 삽입될 수 있어요. 이 때, 그림의 크기가 클 경우 다음 페이지로 넘어갈 수 있으니 잘 확인하도록 해요.
- 원하는 위치에 그림이 올라가지 않을 때에는 [개체 속성]-[기본]-'위치'를 확인한 후 '글 앞으로(≡)'를 설정해봐요.

1 파일을 불러온 후 글맵시를 사용하여 '플리마켓 홍보물'을 완성해 보세요.

🔑 예제 파일 : 9강_실력1(예제).hwpx   🔑 완성 파일 : 9강_실력1(완성).hwpx

🎲 **Hint**
① [글맵시]: 'Flea Market',
  '채우기 – 하늘색 그러데이션,
   갈매기형 수장 모양',
  '위로 넓은 원통'
② [글상자]: 선–'없음',
  채우기–'채우기 없음',
  글자 색–'하양'

2 파일을 불러온 후 그림을 삽입하여 '초보운전 차량'을 완성해 보세요.

🔑 예제 파일 : 9강_실력 예제 폴더   🔑 완성 파일 : 9강_실력2(완성).hwpx

🎲 **Hint**
① [글맵시]: '초보임당', 'HY바다M',
  채우기–'하양', '위로 넓은 원통'
② [그림]: '신사임당'

GAME 09 단체복 디자이너 _ **061**

GAME 10 아쿠아리움

| 학습목표 |
- 쪽의 테두리와 배경을 설정할 수 있습니다.
- 그리기 조각을 삽입할 수 있습니다.
- 직선을 삽입하고 속성을 변경할 수 있습니다.

오늘의 도착지점

예제 파일 : 10강_예제.hwpx   완성 파일 : 10강_완성.hwpx

해람 Aquarium

숨겨진 보물을 찾아라~ 바다탐험대!

———————————

운영기간: 2025. 10. 11 ~
소요시간: 2시간(120분)
프로그램: 아쿠아리움 가이드+
공연 관람

도착지 정보

수족관을 뜻하는 아쿠아리움은 수중 생물에 대한 사육·연구·보호하는 목적으로 만들어졌습니다. 바닷물에 사는 해수어부터 냇물, 계곡 같은 민물에 사는 담수어까지 모두 만날 수 있는 아쿠아리움의 안내 포스터를 만들어 봅니다.

Step 01 쪽 테두리/배경 설정하기

쪽의 테두리와 배경을 설정해 봅니다.

① 한글 2022 프로그램을 실행한 후 [내 컴퓨터에서 불러오기]로 '10강_예제.hwpx'를 불러옵니다.

② [쪽] 탭의 [쪽 테두리/배경]을 클릭한 후 [쪽 테두리/배경] 대화 상자가 실행되면 [테두리] 탭에서 '종류', '굵기', '색'을 선택한 후 모두(□)를 클릭하여 설정합니다.

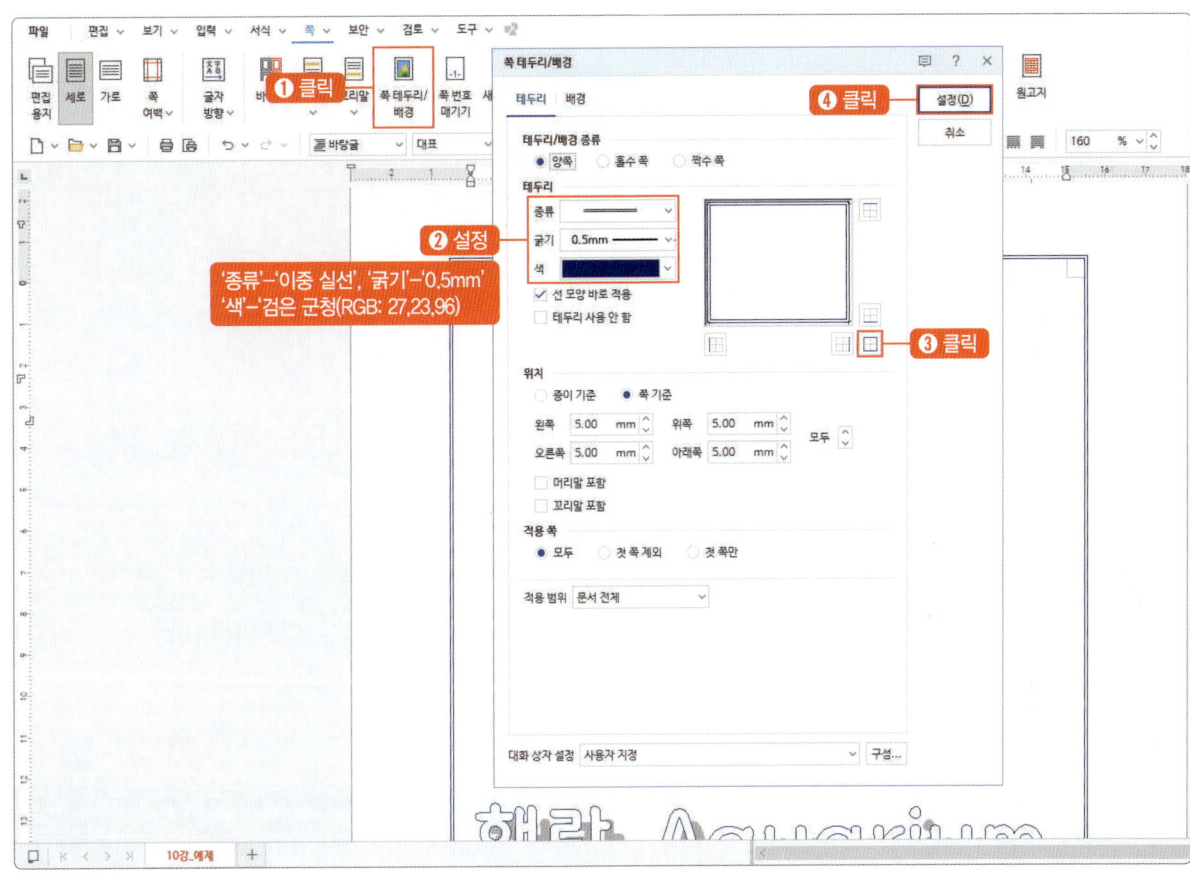

③ [쪽 테두리/배경] 대화 상자를 다시 실행한 후 [배경] 탭에서 '색'을 클릭하고 '면 색'-'하늘색 (RGB: 97,130,214) 80% 밝게'로 설정합니다.

Step 02 그리기 조각 삽입하기

그리기마당을 이용하여 그리기 조각을 삽입해 봅니다.

① 1줄 1칸에 커서를 위치시킨 후 [입력] 탭-[그림]의 목록 단추(˅)를 클릭하여 [그리기마당(M)]을 클릭합니다. 이어서 [그리기마당] 대화 상자가 실행되면 [클립아트 다운로드]를 클릭합니다.

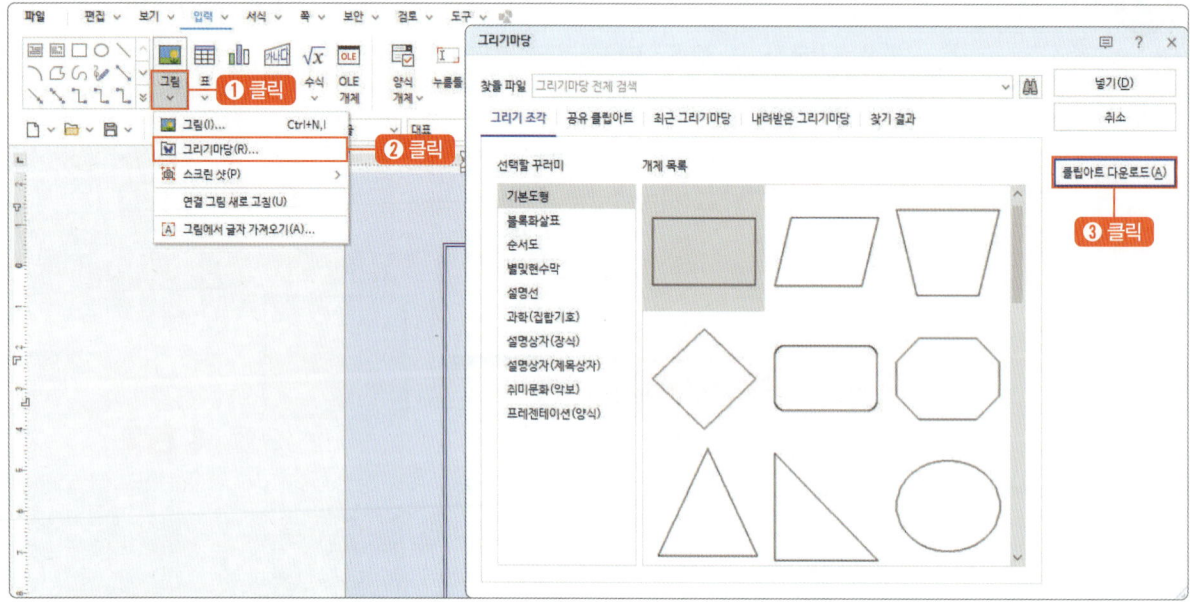

② [한컴 애셋] 대화 상자가 실행되면 [그리기 조각] 탭을 클릭하고 [필터]를 누른 후 아래 목록 중 '동물'을 클릭합니다. 이어서 사용할 그리기 조각의 체크 박스를 클릭합니다.

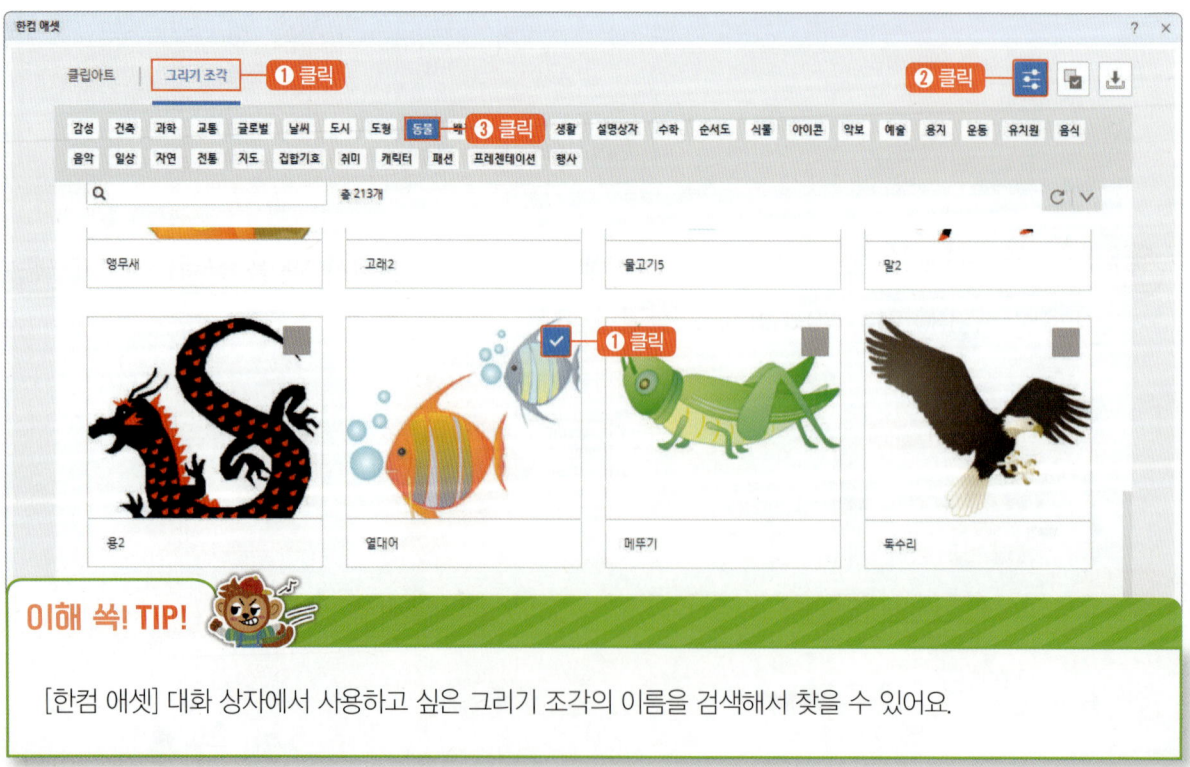

이해 쏙! TIP!

[한컴 애셋] 대화 상자에서 사용하고 싶은 그리기 조각의 이름을 검색해서 찾을 수 있어요.

③ 계속해서 추가하고 싶은 그리기 조각의 체크박스를 선택한 후 [내려받기]를 클릭하고 [확인]을 클릭합니다. 모두 내려받은 후 [한컴 애셋] 창에서 [닫기]를 클릭합니다.

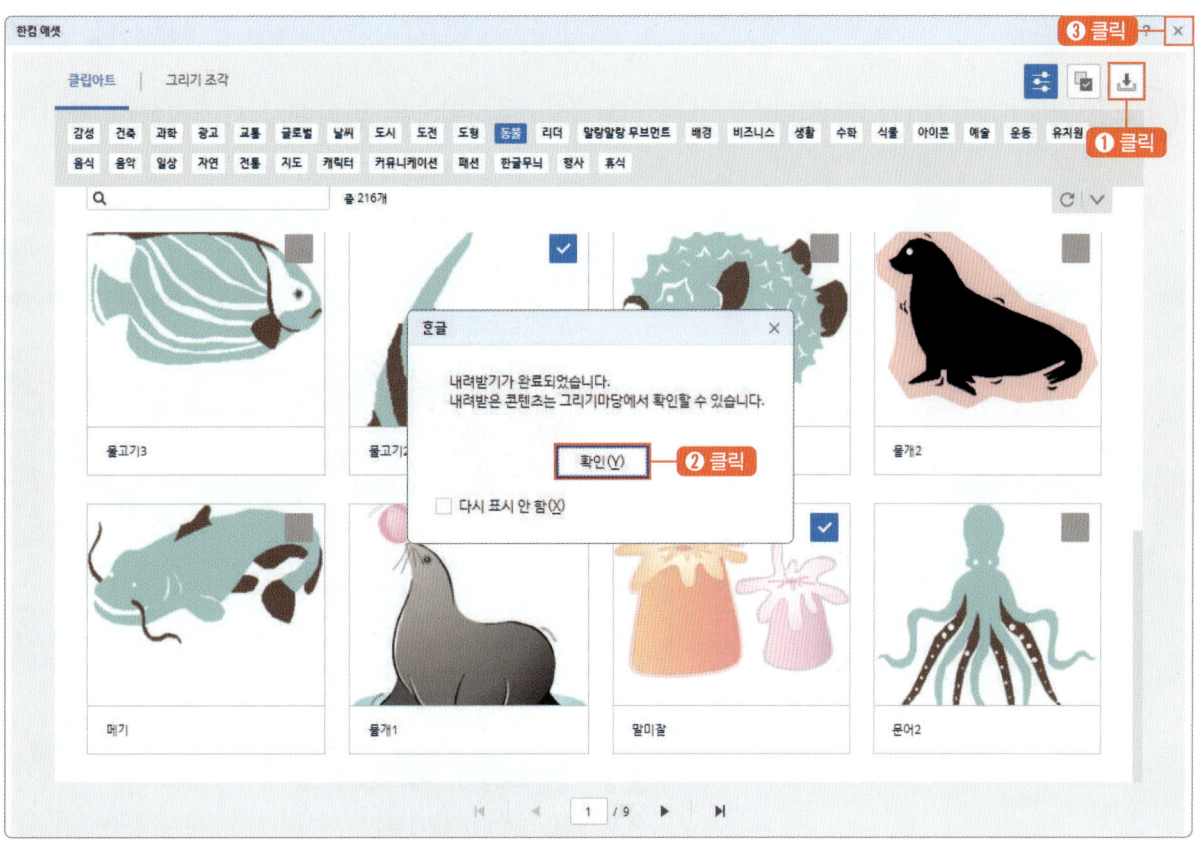

④ [그리기마당] 대화 상자에서 [내려받은 그리기마당] 탭을 클릭하고 '열대어' 그리기 조각을 선택한 후 원하는 위치에 드래그하여 그리기 조각을 삽입합니다.

⑤ ④와 같이 내려받은 다른 '그리기 조각'도 위치와 크기를 조절하여 삽입합니다.

Step 03 직선 삽입하기

그리기 개체를 이용하여 직선을 삽입해 봅니다.

① [입력] 탭-[그리기 개체]의 '직선(＼)'을 클릭하고 원하는 위치에서 드래그하여 직선을 삽입합니다.

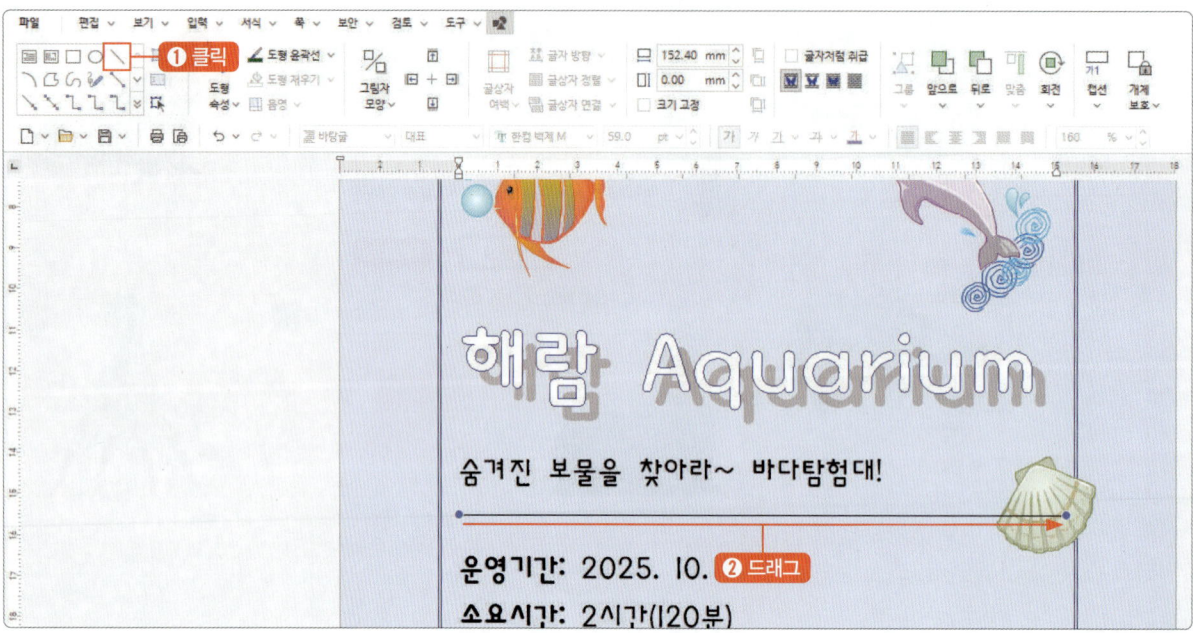

② 삽입한 '직선'을 더블 클릭한 후 [개체 속성] 대화 상자에서 [선] 탭을 클릭합니다. '색'-'초록(RGB: 0,255,0)', '종류'-'파선', '굵기'-'1.00 mm'로 지정한 후 [설정]을 클릭합니다.

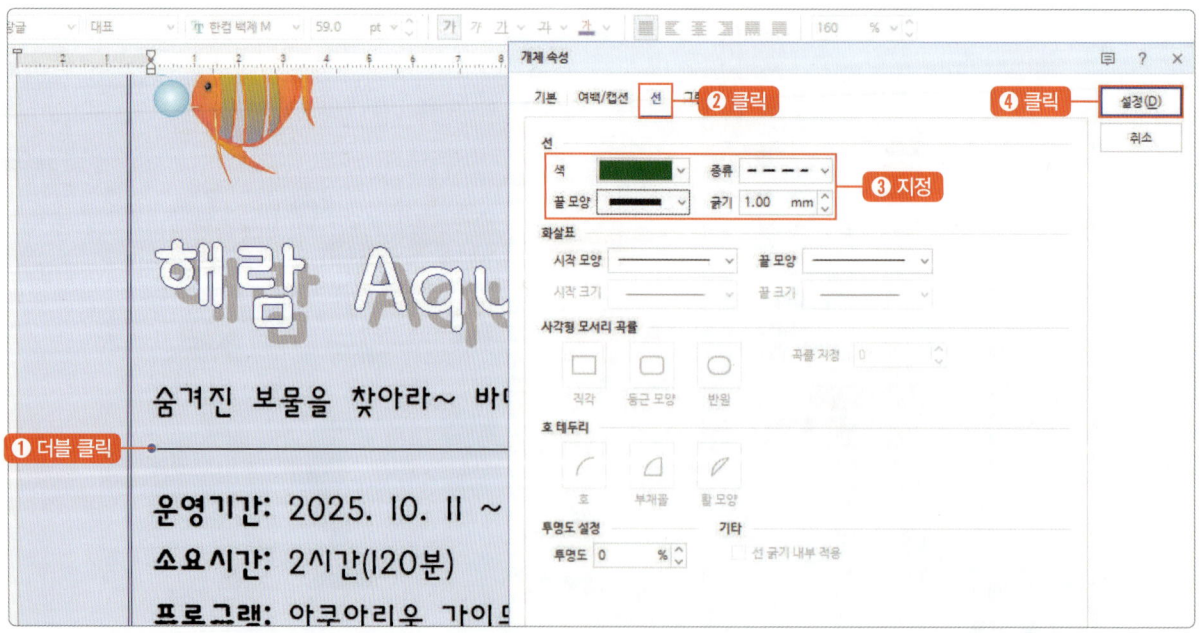

③ [다른 이름으로 저장하기]를 클릭하여 '파일 이름'을 입력하고 저장합니다.

1 파일을 불러와 그리기마당을 이용하여 '네컷만화'를 완성해 보세요.

 예제 파일 : 10강_실력1(예제).hwpx  완성 파일 : 10강_실력1(완성).hwpx

Hint
① [쪽 테두리]: '이중 실선', '0.5mm'
② [그리기 마당]: '임의의 그리기 조각'

이해 쏙! TIP!
다양한 그리기 조각을 사용하여 나만의 네컷을 꾸며보세요.

2 파일을 불러와 그리기마당을 이용하여 '물건 맞추기'를 완성해 보세요.

예제 파일 : 10강_실력2(예제).hwpx   완성 파일 : 10강_실력2(완성).hwpx

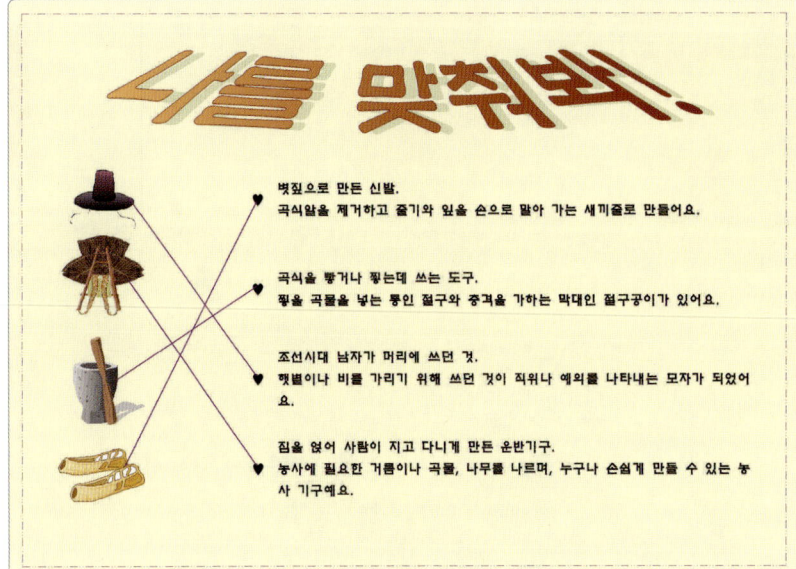

Hint
① [그리기 마당]: '갓', '짚신', '지게', '절구'
② [직선]: '보라(RGB: 128,0,128)', '실선', '0.5mm'

GAME 10 아쿠아리움 _ **067**

이번주 전단지

| 학습목표 |
- 그리기 도구로 직사각형을 삽입할 수 있습니다.
- 삽입한 도형에 글자를 넣을 수 있습니다.
- 그리기 도구로 다양한 도형을 삽입할 수 있습니다.

오늘의 도착지점

예제 파일 : 11강_예제.hwpx   완성 파일 : 11강_완성.hwpx

도착지 정보

마트나 가게, 백화점 등 물건을 파는 곳에서는 자신들이 판매하는 상품을 소비자에게 널리 알리는 활동합니다. 물건의 저렴한 가격이나 합리적인 구성을 보고 구매를 촉진시키기 위해 마트 전단지를 직접 만들어 봅니다.

Step 01 직사각형 그리기

그리기 도구를 사용하여 여러 가지 직사각형을 그려 봅니다.

① 한글 2022 프로그램을 실행한 후 [내 컴퓨터에서 불러오기]로 '11강_예제.hwpx'를 불러옵니다.

② [입력] 탭의 그리기 도구에서 '직사각형(□)'을 클릭한 후 드래그하며 도형을 삽입합니다.

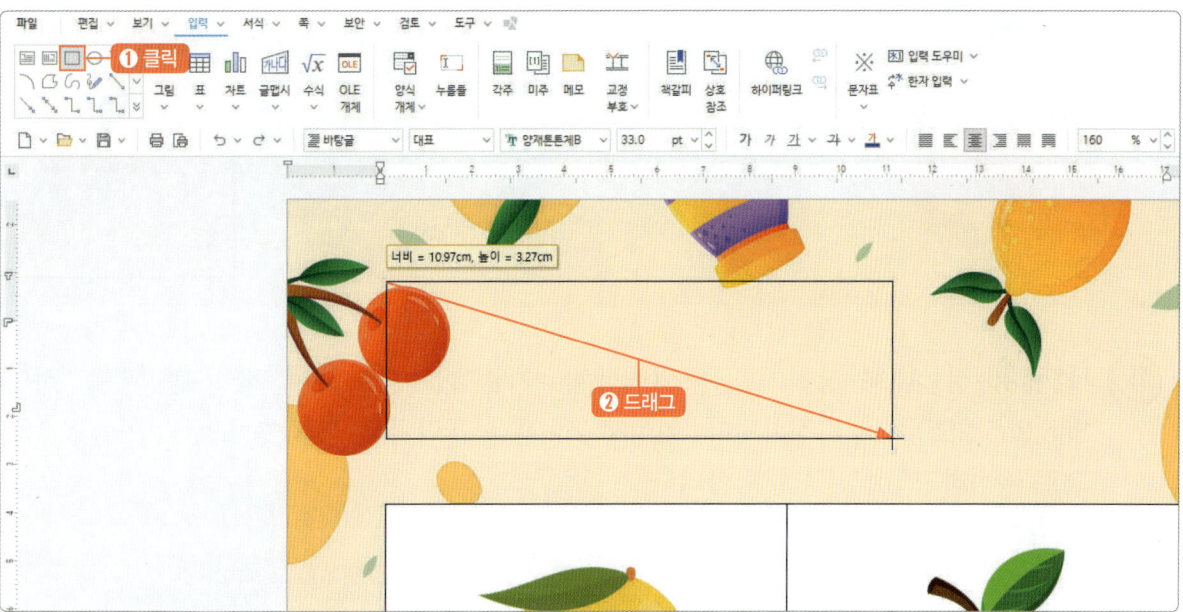

③ 삽입한 '직사각형'을 더블 클릭하여 [개체 속성] 대화 상자를 실행한 후 [선] 탭에서 '종류'를 '없음'으로 선택합니다. 그 다음 [채우기] 탭에서 '색'-'면 색'을 '초록(RGB: 40,155,110) 80% 밝게'로 지정합니다.

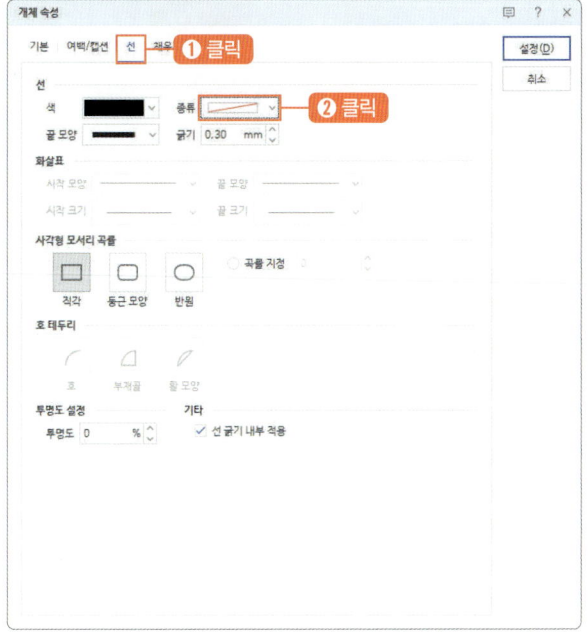
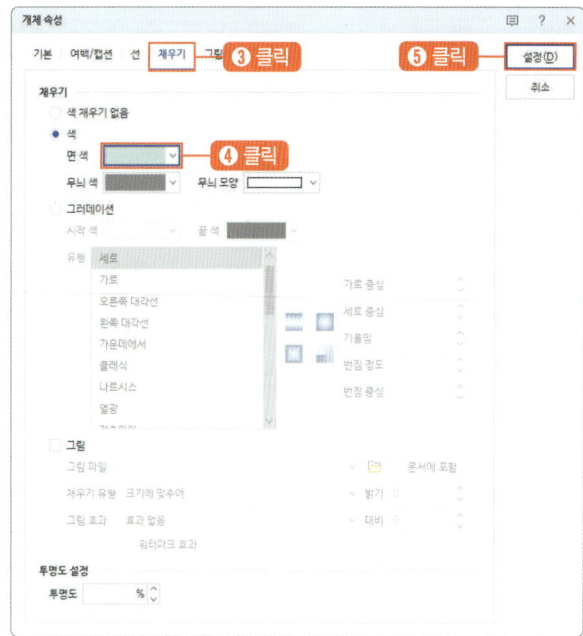

③ [입력] 탭의 그리기 도구에서 '직사각형'을 클릭하여 드래그하며 삽입합니다. 이어서 '기본 도구 상자'에서 [도형 속성]을 클릭합니다.

④ [개체 속성] 대화 상자가 실행되면 [채우기] 탭을 클릭하여 '색'–'면 색'을 '하양(RGB: 255,255,255)'으로 지정합니다. 이어서 '선' 탭을 클릭한 후 '사각형 모서리 곡률'을 '둥근 모양'으로 지정하고 [설정]을 클릭합니다.

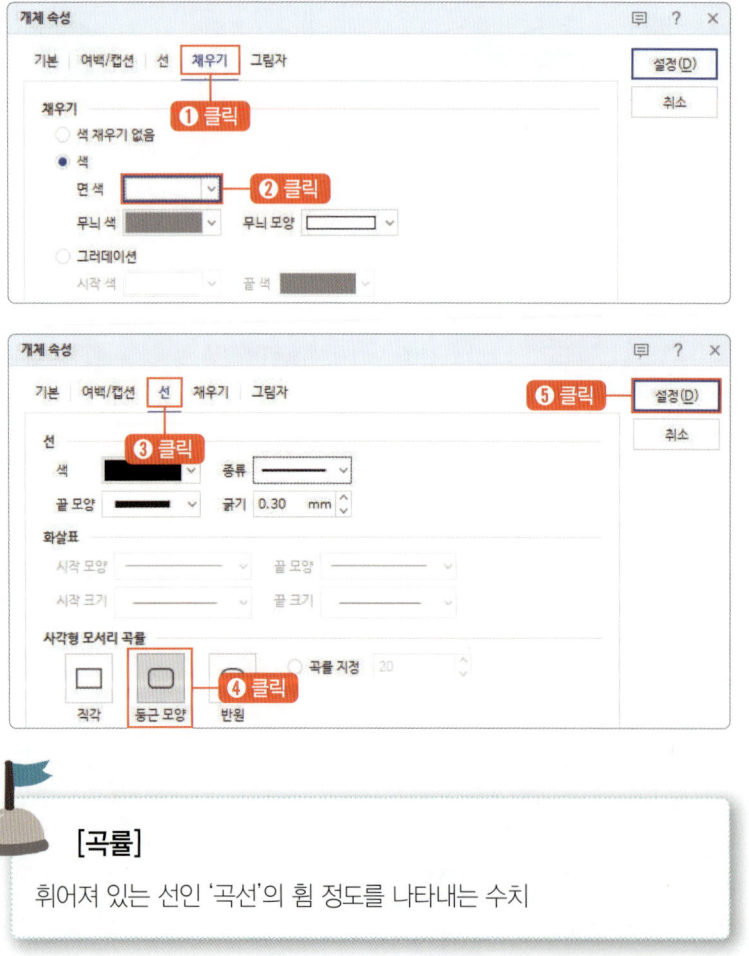

[곡률]
휘어져 있는 선인 '곡선'의 휨 정도를 나타내는 수치

Step 02 도형에 글자 넣기

삽입한 도형에 글자를 넣어 봅니다.

① 삽입한 첫 번째 도형 위에서 마우스 오른쪽 버튼을 클릭하여 바로가기 메뉴를 실행한 후 [도형에 글자 넣기]를 클릭합니다.

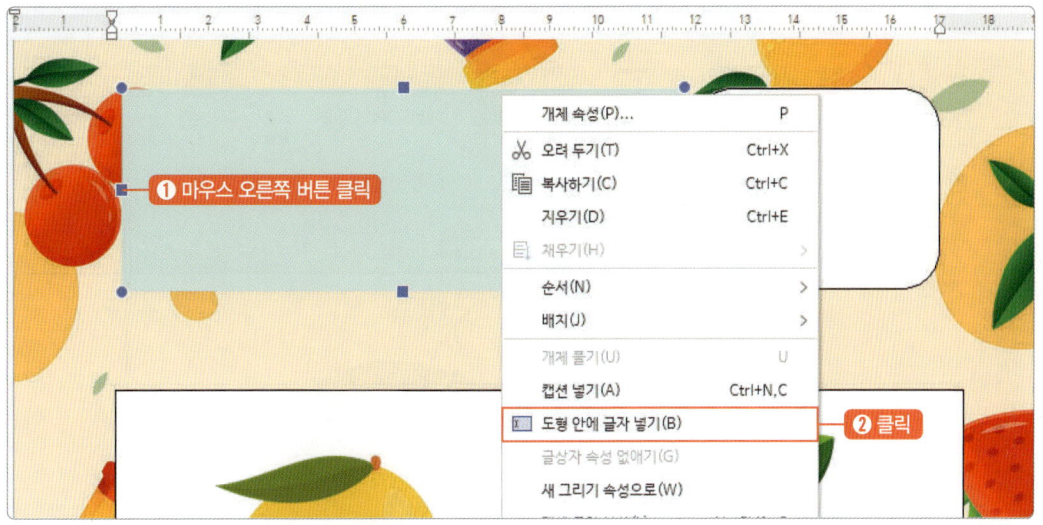

② 도형 안에 커서가 삽입되면 그림과 같이 '해람 할인마트'를 입력한 후 '글자 모양'과 '정렬'을 지정합니다.

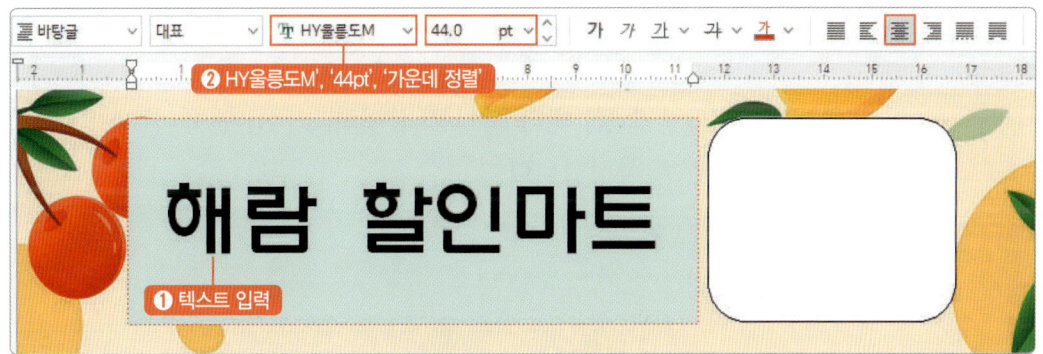

③ ①~②와 같은 방법으로 작은 도형 안에 글자를 넣은 후 '글자 모양'과 '정렬'을 지정합니다.

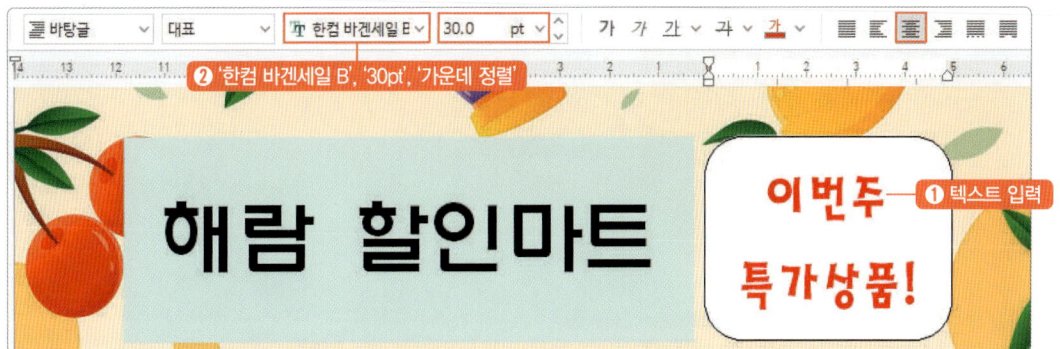

Step 03 원과 호 그리기

그리기 도구를 사용하여 원과 호를 그려넣습니다.

① [입력] 탭의 그리기 도구에서 '타원(○)'을 클릭한 후 Shift 키를 누른 상태에서 드래그하며 삽입합니다.

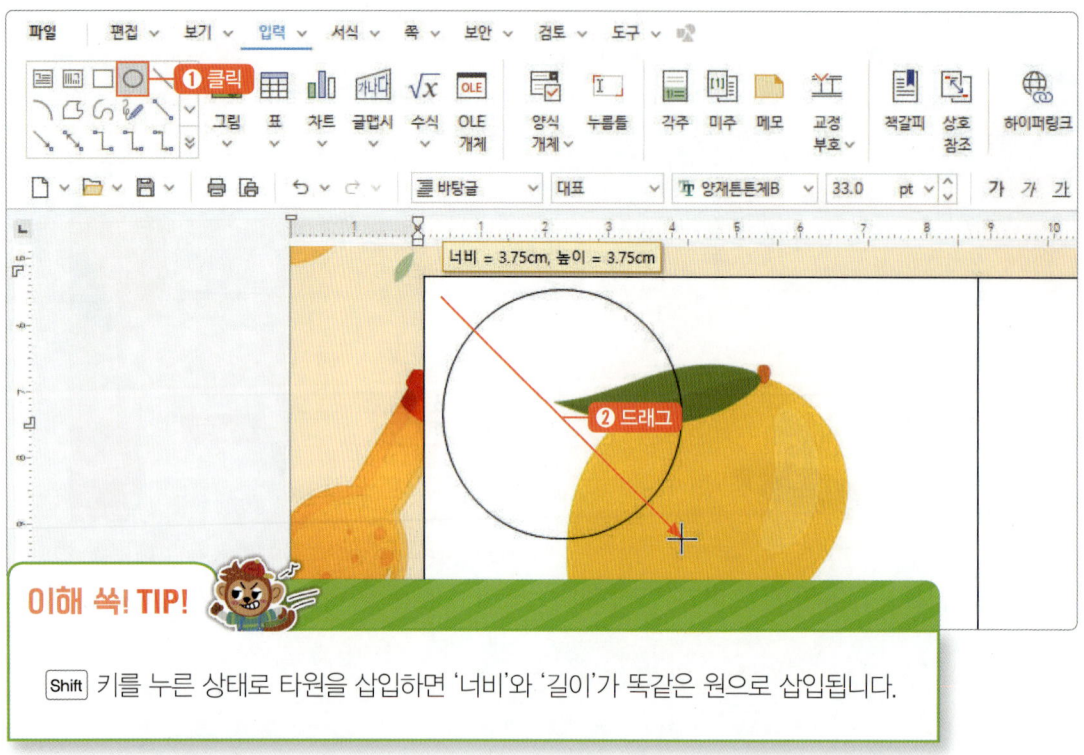

이해 쏙! TIP!
Shift 키를 누른 상태로 타원을 삽입하면 '너비'와 '길이'가 똑같은 원으로 삽입됩니다.

② 이어서 개체를 더블 클릭하여 [개체 속성] 대화 상자를 실행하고 [선] 탭에서 '색'을 '빨강(RGB: 255,0,0)'으로, '굵기'를 '1.00mm'로 설정합니다.

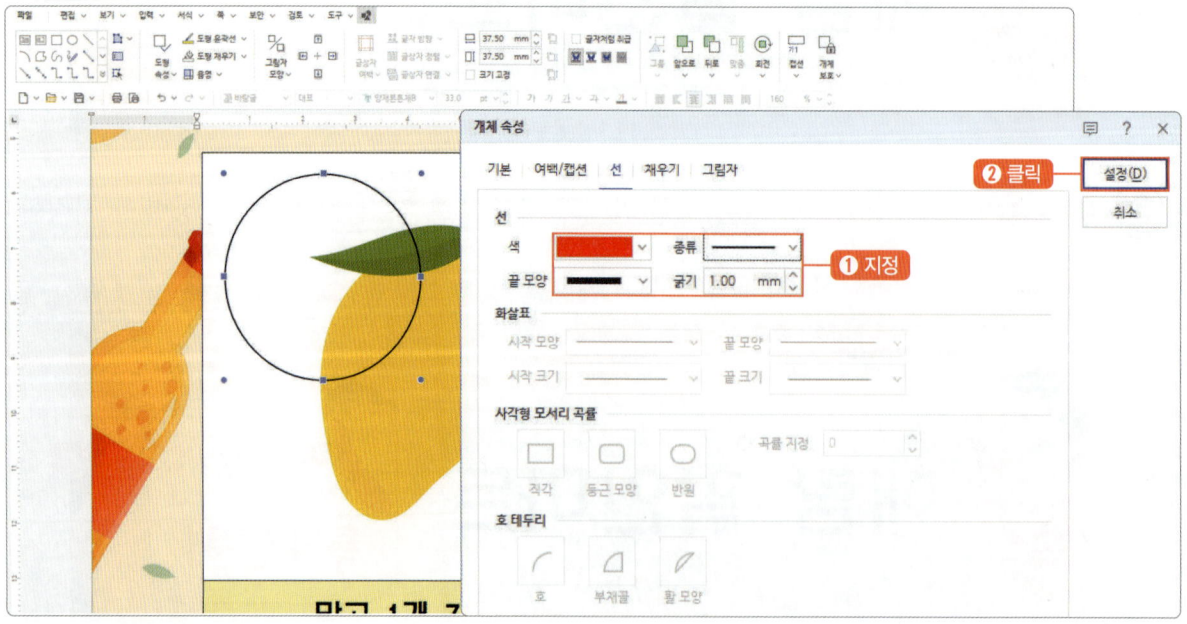

072 _ [컴속마불] 퀘스트 팡팡! 한글2022 어드벤처

③ 그림과 같이 삽입한 원을 클릭한 후 [도형에 글자 넣기]를 선택합니다. 텍스트를 입력하고 '글자 모양'을 지정합니다.

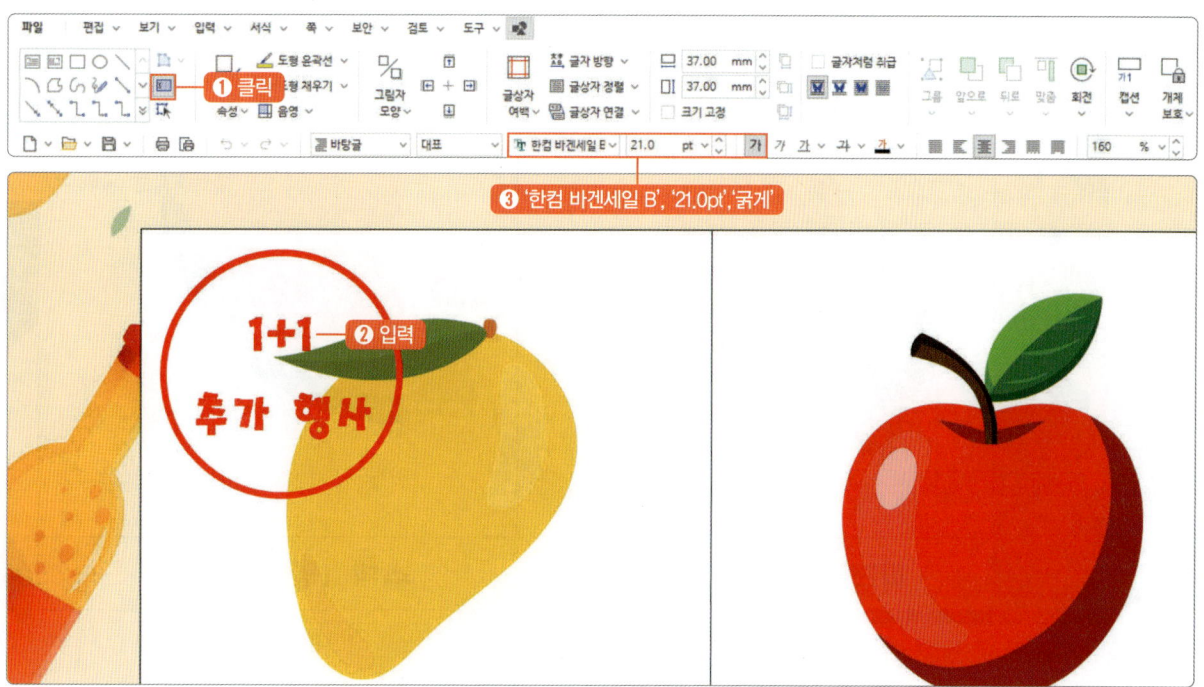

④ 표 안에 [입력] 탭의 그리기 도구-호(⌒)를 클릭한 후 드래그하며 삽입합니다. 이어서 [개체 속성] 대화 상자에서 [선] 탭의 '색'-'초록(RGB: 0,128,0)', '굵기'-'5.00mm'로, [채우기] 탭의 '면 색'-'빨강(RGB: 255,0,0)'으로 설정합니다.

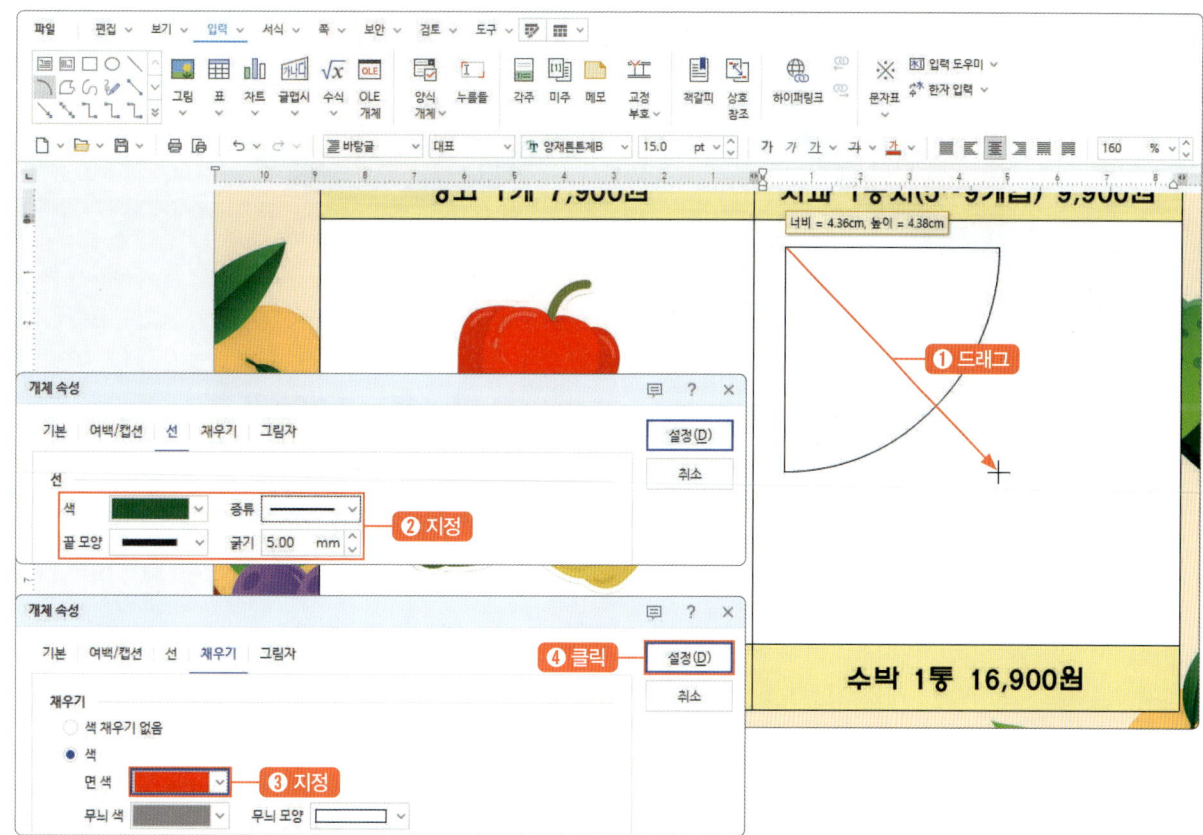

GAME 11 이번주 전단지 _ **073**

⑤ 개체를 선택한 후 [도형] 탭의 '기본 도구 상자'에서 [회전]-'개체 회전'을 클릭합니다.

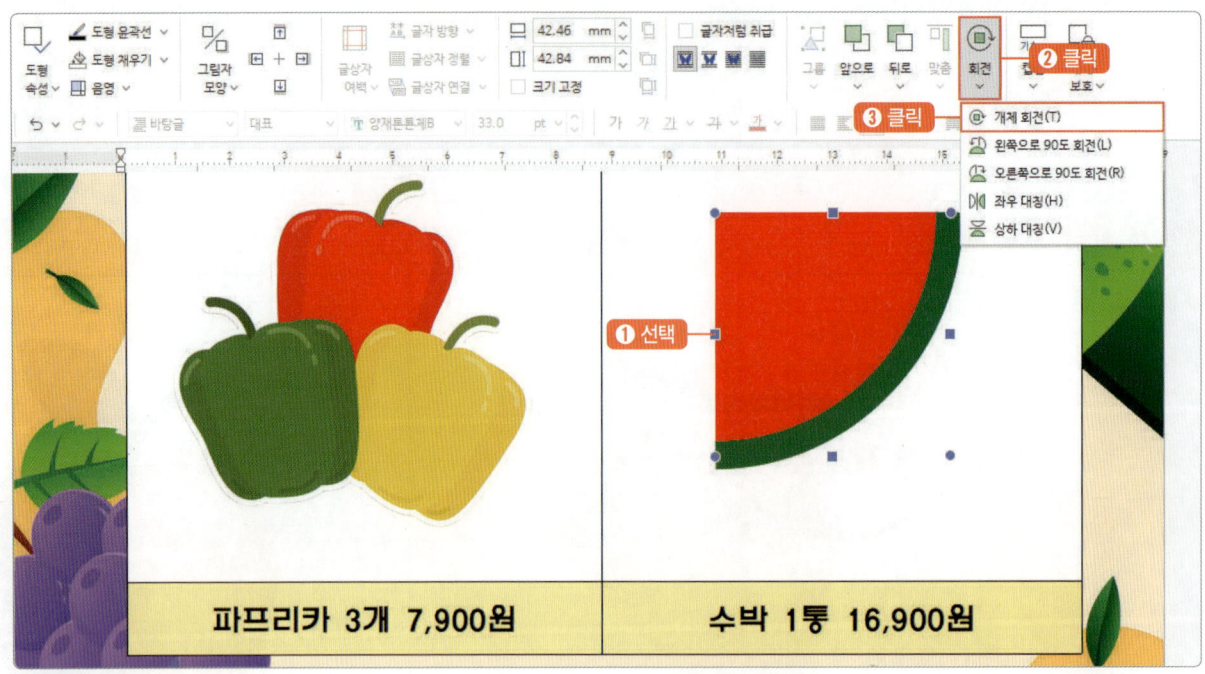

⑥ 조절점에 마우스 커서를 올린 후 회전(↻)모양으로 바뀌면 원하는 방향으로 드래그하여 도형을 회전합니다.

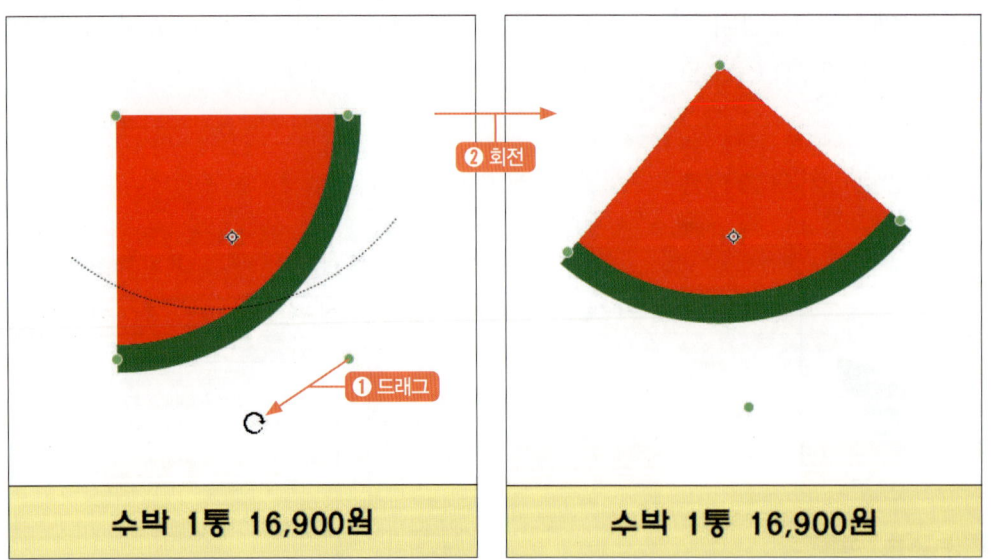

⑦ [파일] 탭에서 [다른 이름으로 저장하기]를 클릭한 후 '파일 이름'을 입력하고 저장합니다.

1 파일을 불러와 도형을 이용하여 '생쥐'를 완성해 보세요.

예제 파일 : 11강_실력1(예제).hwpx 완성 파일 : 11강_실력1(완성).hwpx

Hint

① [그리기 도구]: '다각형'
② [그리기 도구]: '직선'
③ [그리기 도구]: '타원'

2 파일을 불러와 도형을 이용하여 '기차'를 완성해 보세요.

예제 파일 : 11강_실력2(예제).hwpx 완성 파일 : 11강_실력2(완성).hwpx

Hint

① [그리기 도구]: '직사각형'
② [그리기 도구]: '다각형'
③ [그리기 도구]: '타원'

GAME 12 근대 5종 경기

| 학습목표 |
- 글자처럼 취급하여 그림을 삽입할 수 있습니다.
- 여러 가지 방법으로 그림을 배치할 수 있습니다.
- 그림에 효과를 적용할 수 있습니다.

오늘의 도착지점

🔑 예제 파일 : 12강_예제 폴더   🔑 완성 파일 : 12강_완성.hwpx

도착지 정보

'근대 5종 경기'는 하루동안 5종 경기를 순서대로 진행하는 경기로, 전쟁 중 명령을 전하기 위해 적진을 돌파하던 영웅담을 바탕으로 구성되어 가장 올림픽스러운 경기라고도 불립니다. 근대 5종 경기의 종류에 대해 사진과 함께 알아보는 문서를 만들어 봅니다.

076 _ [컴속마블] 퀘스트 팡팡! 한글2022 어드벤쳐

Step 01 글자처럼 취급하여 그림 삽입하기

그림을 삽입한 후 크기를 지정하고 글자처럼 취급하여 배치해 봅니다.

① 한글 2022 프로그램을 실행한 후 [내 컴퓨터에서 불러오기]로 '12강_예제.hwpx'를 불러옵니다.

② 16줄 1칸에 커서를 위치시킨 후 [입력] 탭-[그림]을 클릭합니다. [그림 넣기] 대화 상자가 실행되면 위치를 지정하고 '펜싱.png'을 클릭한 후 '글자처럼 취급'을 클릭하고 [열기]를 클릭합니다.

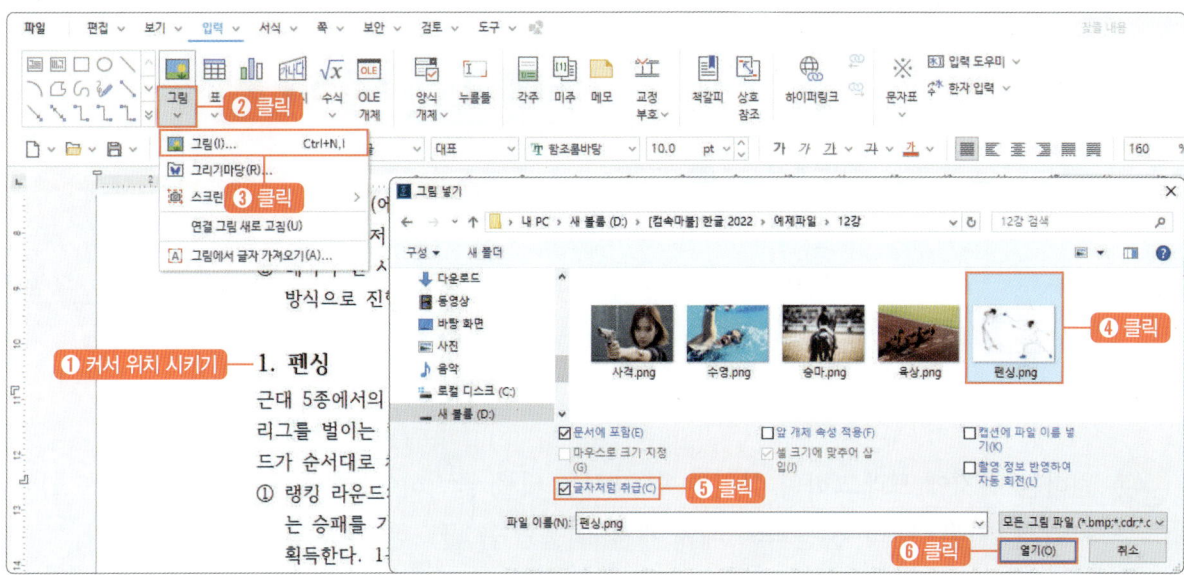

③ 삽입된 그림을 더블 클릭하여 [개체 속성] 대화 상자가 실행되면 [기본] 탭에서 '너비'를 '30mm', '높이'를 '20mm'로 입력한 후 [설정]을 클릭합니다.

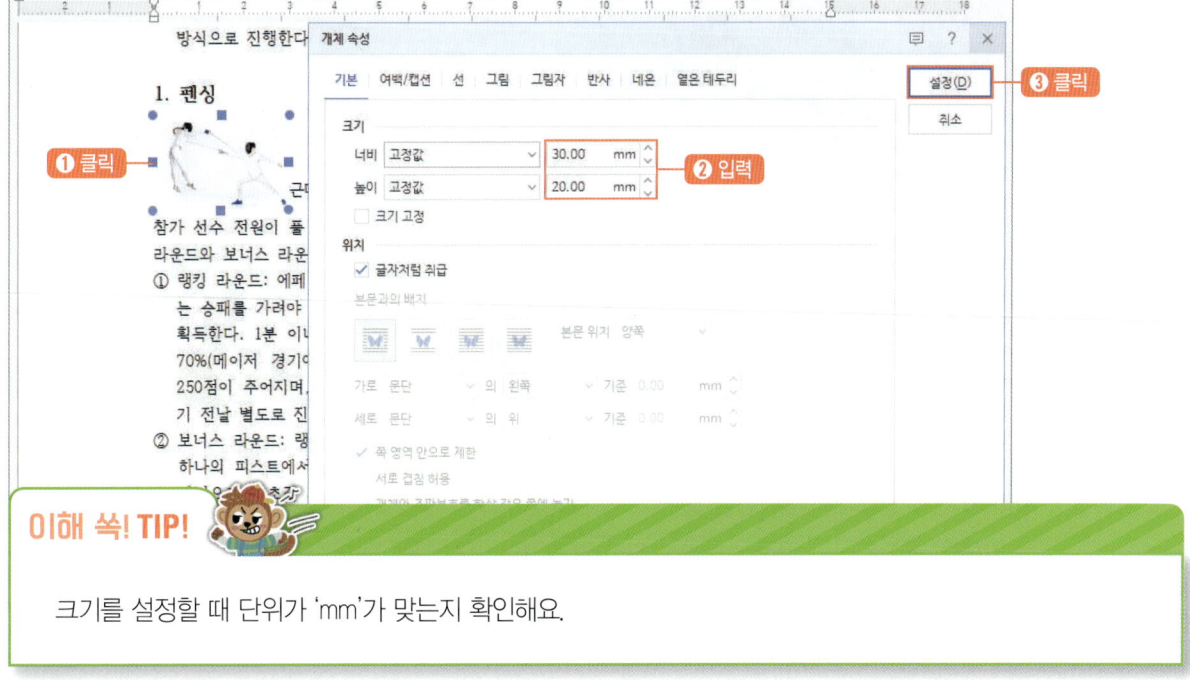

이해 쏙! TIP!

크기를 설정할 때 단위가 'mm'가 맞는지 확인해요.

Step 02 그림을 삽입하고 본문에 배치하기

그림을 삽입한 후 여러 가지 방법으로 본문에 배치해 봅니다.

① '2. 수영' 문단에 위치한 후 [입력] 탭-[그림]을 클릭합니다. [그림 넣기] 대화 상자에서 '수영.png'를 클릭하고 '글자처럼 취급'을 해제한 후 '마우스로 크기 지정'을 체크합니다.

② 원하는 위치에 드래그하며 삽입한 후 그림을 더블 클릭하여 [개체 속성] 대화상자를 실행합니다. 이어서 [기본] 탭의 '본문과의 배치'에서 '어울림'을 클릭한 후 [설정]을 클릭합니다.

이해 쏙! TIP!

- 어울림(📄): 개체와 글자가 같은 줄을 사용하며 서로 자리를 침범하지 않고 어울리도록 배치해요.
- 자리 차지(📄): 개체의 높이만큼 줄을 차지하고 있어 그림 옆으로 글자가 자리할 수 없어요.
- 글 앞으로(📄): 입력한 글에 영향을 주지 않고 그림이 글자 위에 자리해요.
- 글 뒤로(📄): 입력한 글에 영향을 주지 않고 그림이 글자 아래로 자리해요.

③ '3. 승마'로 스크롤을 내린 후 ❶과 같은 방법으로 '승마.png'를 삽입한 후 이어서 [기본] 탭의 '본문과의 배치'에서 '자리 차지'를 클릭한 후 [설정]을 클릭합니다.

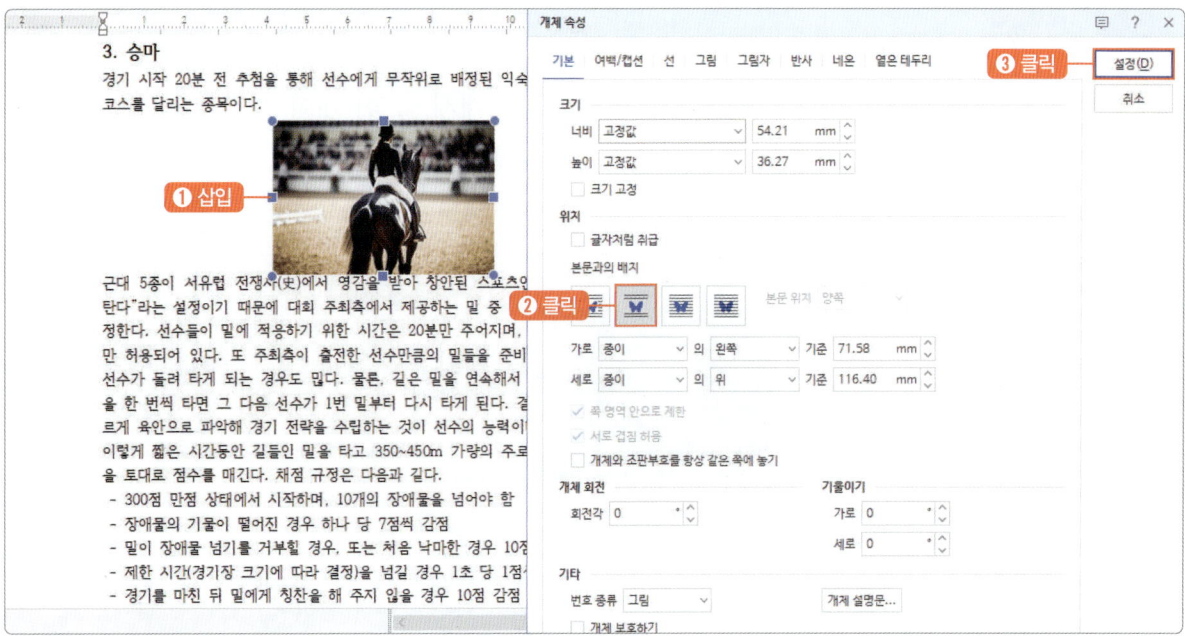

④ '4. 레이저 런'에서 '육상.png', '사격.png'를 삽입한 후 두 그림을 모두 선택합니다. 이어서 [그림] 탭의 '기본 도구 상자'에서 '너비'를 '150mm', '길이'를 '60mm'로 입력한 후 '글 뒤로'를 클릭합니다.

GAME 12 근대 5종 경기 _ 079

Step 03 그림 효과 지정하기

삽입한 그림의 효과를 지정해 봅니다.

1 앞서 삽입한 '수영.png' 그림을 더블 클릭한 후 [개체 속성] 대화 상자에서 [그림] 탭을 클릭합니다. '그림 효과'의 '회색조'를 지정한 후 [설정]을 클릭합니다.

2 '육상.png'과 '사격.png' 그림을 모두 선택한 후 [그림] 탭의 '기본 도구 상자'에서 [밝기]를 클릭합니다. '밝게' 중 '50%'를 선택하여 그림 효과를 지정합니다.

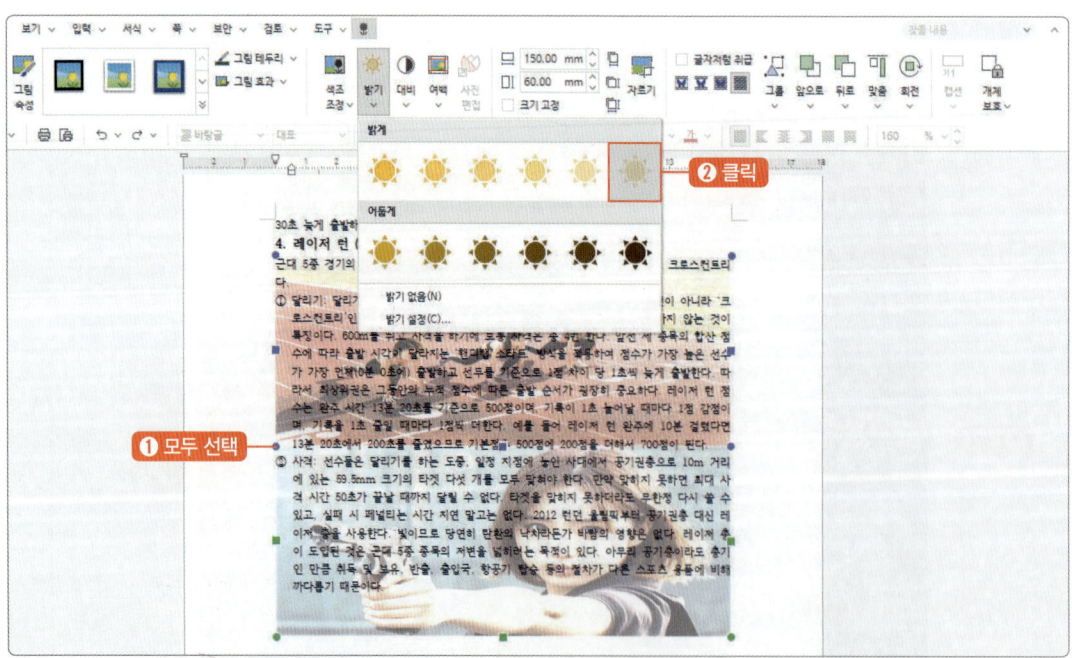

3 [다른 이름으로 저장하기]를 클릭하여 '파일 이름'을 입력하고 저장합니다.

1 파일을 불러와 그림을 삽입하여 '음식 안내서'를 완성해 보세요.

🔑 예제 파일 : 12강_실력 예제 폴더
🔑 완성 파일 : 12강_실력1(완성).hwpx

 Hint

① [그림]: '채소', '우유', '과일', '계란', '패스트푸드', '탄산음료', '사탕', '아이스크림'
② [그림 배치]: '어울림', '글 뒤로'

2 파일을 불러와 그림을 삽입하여 '선글라스 쓴 친구들'을 완성해 보세요.

🔑 예제 파일 : 12강_실력 예제 폴더
🔑 완성 파일 : 12강_실력2(완성).hwpx

 Hint

① [그림]: '어린이들', '선글라스1'~'선글라스4'
② [그림 효과]: '밝기', '대조', '회색조' 등

GAME 13 국가유산 알아보기

| 학습목표 |
- 다단을 나누어 설정할 수 있습니다.
- 텍스트를 복사하여 입력할 수 있습니다.
- 단을 나눌 수 있습니다.

오늘의 도착지점

🔑 예제 파일 : 13강_예제.hwpx   🔑 완성 파일 : 13강_완성.hwpx

국가유산 알아보기

문화유산: 서울 숭례문

자연유산: 충주 탄금대

무형유산: 종묘제례악

조선시대 한양도성의 정문으로 남쪽에 있다고 해서 남대문이라고도 불렀다. 현재 서울에 남아 있는 목조 건물 중 가장 오래된 것으로 태조 5년(1396)에 짓기 시작하여 태조 7년(1398)에 완성하였다. 이 건물은 세종 30년(1448)에 고쳐 지은 것인데 1961~1963년 해체·수리 때 성종 10년(1479)에도 큰 공사가 있었다는 사실이 밝혀졌다. 이후, 2008년 2월 10일 숭례문 방화 화재로 누각 2층 지붕이 붕괴되고 1층 지붕도 일부 소실되는 등 큰 피해를 입었으며, 5년 2개월에 걸친 복원공사 끝에 2013년 5월 4일 준공되어 일반에 공개되고 있다.

충주 탄금대는 우리나라 3대 악성 중 하나인 우륵이 가야금을 연주하던 곳이라 하여 탄금대란 명칭이 붙은 곳이며 임진왜란 때 신립장군이 소서행장과 맞서 싸우다 패전하자 투신한 곳으로 역사적 가치가 큰 명소이다.

남한강이 절벽을 따라 휘감아 돌고 울창한 송림이 우거져 있어 경관이 아름답고, 대에서 조망되는 남한강과 계명산, 남산 및 충주 시가지와 넓은 평야지대가 그림같이 펼쳐져 절경을 자아내고 있는 곳이다.

종묘제례악은 조선시대 역대 왕과 왕비의 신위를 모신 사당(종묘)에서 제사(종묘제례)를 지낼 때 무용과 노래와 악기를 사용하여 연주하는 음악을 가리키며, '종묘악'이라고도 한다.
종묘제례악은 조선시대의 기악연주와 노래·춤이 어우러진 궁중음악의 정수로서 우리의 문화적 전통과 특성이 잘 나타나 있으면서도 외국에서는 볼 수 없는 독특한 멋과 아름다움을 지니고 있다.
종묘제례악과 종묘제례는 우리문화의 정수로 그 독창성과 우수성을 세계적으로 인정 받아 2001년 5월 18일 유네스코 「인류구전 및 무형유산 걸작」으로 선정되었고, 2008년 유네스코 인류무형유산 대표목록으로 등재되었다.

도착지 정보

국가유산은 오래 전부터 만들어지거나 유지되어왔으며 가치가 뛰어난 것으로, 국가유산이 만들어진 시기나 이유에 따라 조상들의 지혜나 생활을 알 수 있었습니다. 나라에서는 모양이나 내용에 따라 구분하여 소중히 여기고 법으로 보호하고 있습니다. 국가유산을 알리는 문서를 만들어 봅니다.

Step 01 다단 설정 나누기

한 페이지에 여러 개의 단으로 나누어 봅시다.

① 한글 2022 프로그램을 실행한 후 [내 컴퓨터에서 불러오기]-'13강_예제.hwpx'를 불러옵니다.

② [쪽] 탭-[단]의 목록 단추(∨)를 클릭하여 [다단 설정]을 클릭합니다.

③ [단 설정] 대화 상자가 실행되면 '자주 쓰이는 모양'을 '셋'을 클릭하고 '구분선 넣기'를 체크하여 '종류'를 '점선', 굵기를 '0.12 mm', '색'을 '검정'을 지정한 후 [설정]을 클릭합니다.

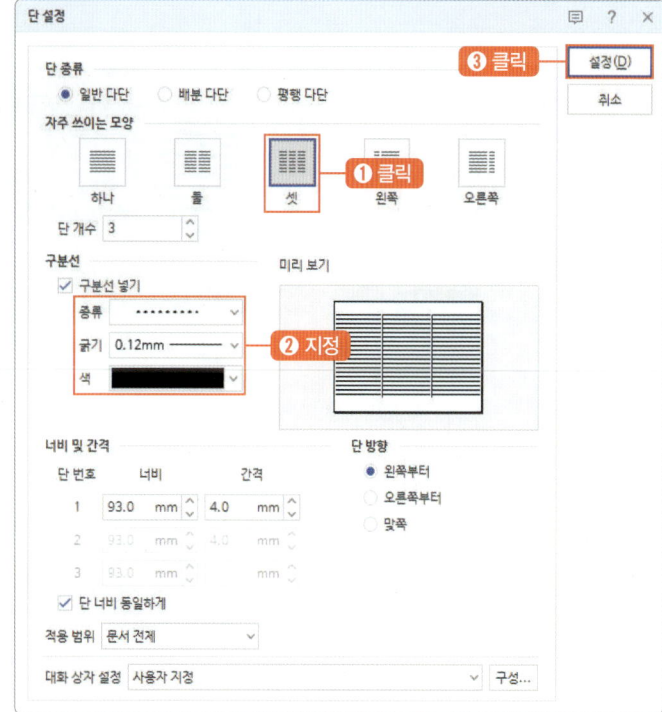

이해 쏙! TIP!

'자주 쓰이는 모양' 외에도 '단 개수'를 직접 입력하면 원하는 모양을 사용할 수 있어요.

Step 02 텍스트를 복사하여 입력하기

인터넷에서 정보를 검색하고 텍스트를 복사하여 입력합니다.

① 국가유산포털(https://www.heritage.go.kr) 사이트에 접속한 후 [국가유산 검색]을 클릭하고 '숭례문'을 검색합니다.

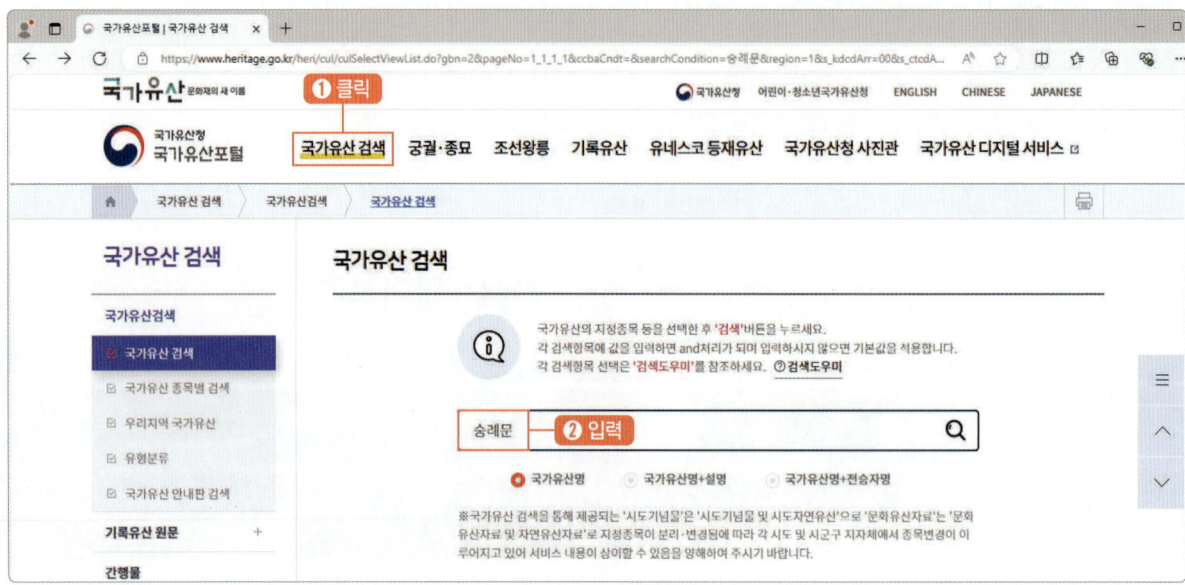

② 검색된 '서울 숭례문'을 클릭하여 상세 페이지에서 국가유산 설명에서 필요한 부분을 드래그한 후 마우스 오른쪽 버튼을 클릭하여 [복사]를 클릭합니다.

③ 숭례문 그림 옆에 커서를 위치시킨 후 마우스 오른쪽 버튼을 클릭하여 [붙이기]를 클릭합니다. [HTML 문서 붙이기] 창이 실행되면 '텍스트 형식으로 붙이기'를 클릭하고 [확인]을 클릭합니다.

이해 쏙! TIP!

- '텍스트 형식으로 붙이기'를 선택하면 문서에 설정되어 있는 기본 텍스트 형식(함초롬바탕, 10pt)으로 입력돼요.
- '원본 형식 유지'를 선택하면 복사한 위치에서의 글자 모양(색상, 크기)와 비슷하게 입력돼요.

④ ①~③과 같은 방법으로 '충주 탄금대', '종묘제례악'의 정보도 검색하여 복사한 후 붙여 넣습니다.

GAME 13 국가유산 알아보기 _ **085**

Step 03 단 나누기

다음 단으로 커서를 이동해 봅니다.

① 첫 번째 단의 마지막 글자('~있다.') 뒤에 커서를 위치시키고 [쪽] 탭-[단 나누기]를 클릭합니다.

이해 쏙! TIP!

[단 나누기] 단축키: Ctrl 키 + Shift 키 + Enter 키

② 동일한 방법으로 두 번째 단의 마지막 글자 뒤에서 [단 나누기]를 클릭합니다. 그 다음 그림 윗줄에 각각 텍스트를 입력하고 '글꼴 크기'-'12pt', '굵게'를 설정합니다.

③ [다른 이름으로 저장하기]를 클릭한 후 '파일 이름'을 입력하여 저장합니다.

실력 UP! 한칸더 GO! GO!

1 파일을 불러온 후 다단을 사용하여 '야시장 안내문'을 완성해 보세요.

🔑 예제 파일 : 13강_실력1(예제).hwpx   🔑 완성 파일 : 13강_실력1(완성).hwpx

Hint
① [다단 설정]: '둘', '원형 점선', '0.12mm'
② [단 나누기]

2 파일을 불러온 후 다단을 사용하여 '가나다 속담'을 완성해 보세요.

🔑 예제 파일 : 13강_실력2(예제).hwpx   🔑 완성 파일 : 13강_실력2(완성).hwpx

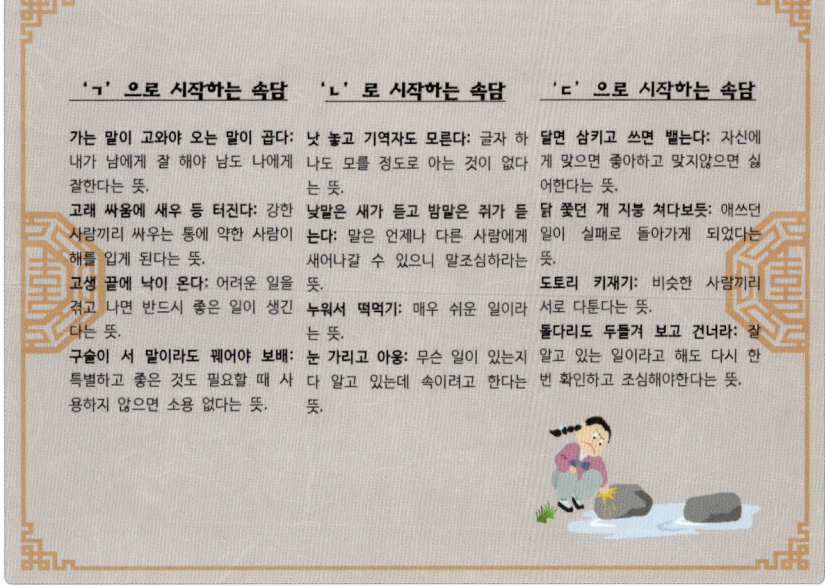

Hint
① [다단 설정]: '셋'
② [밑줄]: '실선'
③ [그리기 조각]: '돌다리도두들겨보고 건너라'

GAME 13 국가유산 알아보기 _ **087**

GAME 14 애국가

| 학습목표 |
- 각주와 미주를 삽입할 수 있습니다.
- 한컴 사전을 사용할 수 있습니다.
- 문서에 메모를 설정할 수 있습니다.

오늘의 도착지점

예제 파일 : 14강_예제.hwpx   완성 파일 : 14강_완성.hwpx

도착지 정보

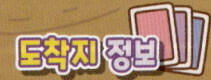

애국가는 우리나라 국가로 제목처럼 나라를 사랑하는 마음을 담은 노래입니다. 1절 가사는 우리나라가 영원히 발전하기를 바라는 마음을, 2절은 우리의 뜻이 항상 변함없이 푸르기를, 3절은 꿈과 희망이 한결같기를 바라며, 4절은 나라를 사랑하자는 마음이 담겨있습니다. 가사 속 단어의 뜻을 알아 봅니다.

Step 01 각주와 미주 삽입하기

본문에서 언급한 내용의 보충 사항을 각주와 미주로 삽입해 봅니다.

① 한글 2022 프로그램을 실행한 후 [내 컴퓨터에서 불러오기]-'14강_예제.hwpx'를 불러옵니다.

② '백두산' 글자 뒤에 커서를 위치시킨 후 [입력] 탭의 [각주]를 클릭합니다.

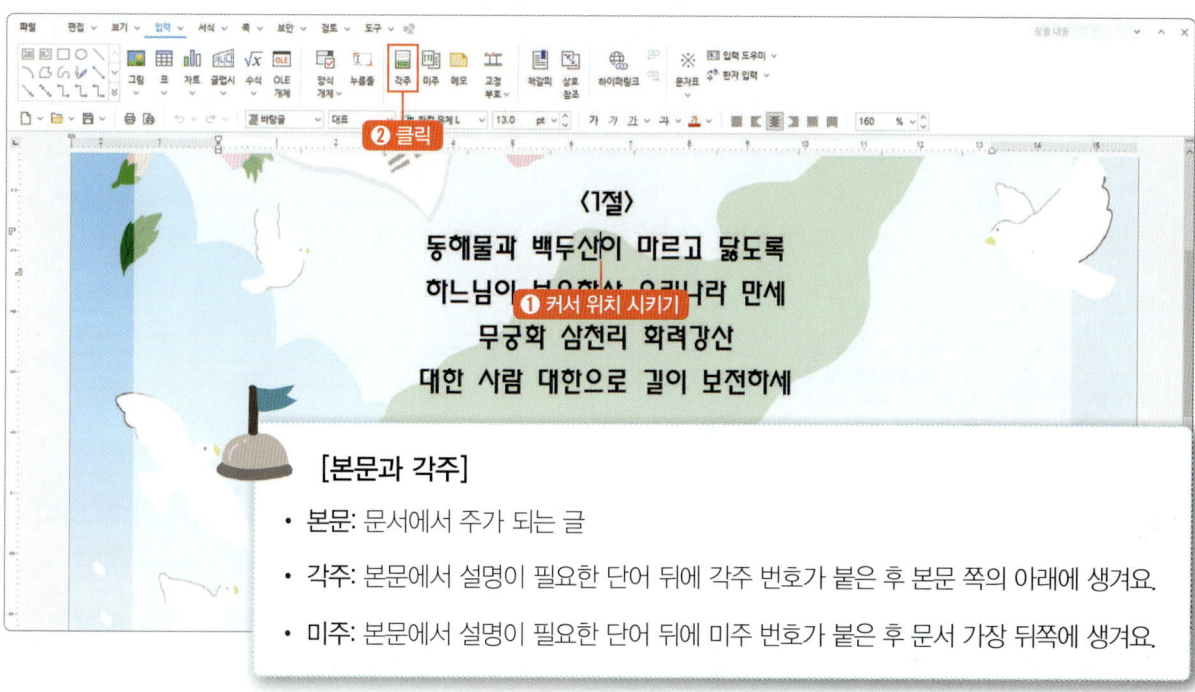

[본문과 각주]
- 본문: 문서에서 주가 되는 글
- 각주: 본문에서 설명이 필요한 단어 뒤에 각주 번호가 붙은 후 본문 쪽의 아래에 생겨요.
- 미주: 본문에서 설명이 필요한 단어 뒤에 미주 번호가 붙은 후 문서 가장 뒤쪽에 생겨요.

③ 각주 번호가 삽입되면 [주석] 탭의 [번호 모양]을 클릭하여 '①, ②, ③(A)'를 선택한 후 그림과 같이 내용을 입력합니다.

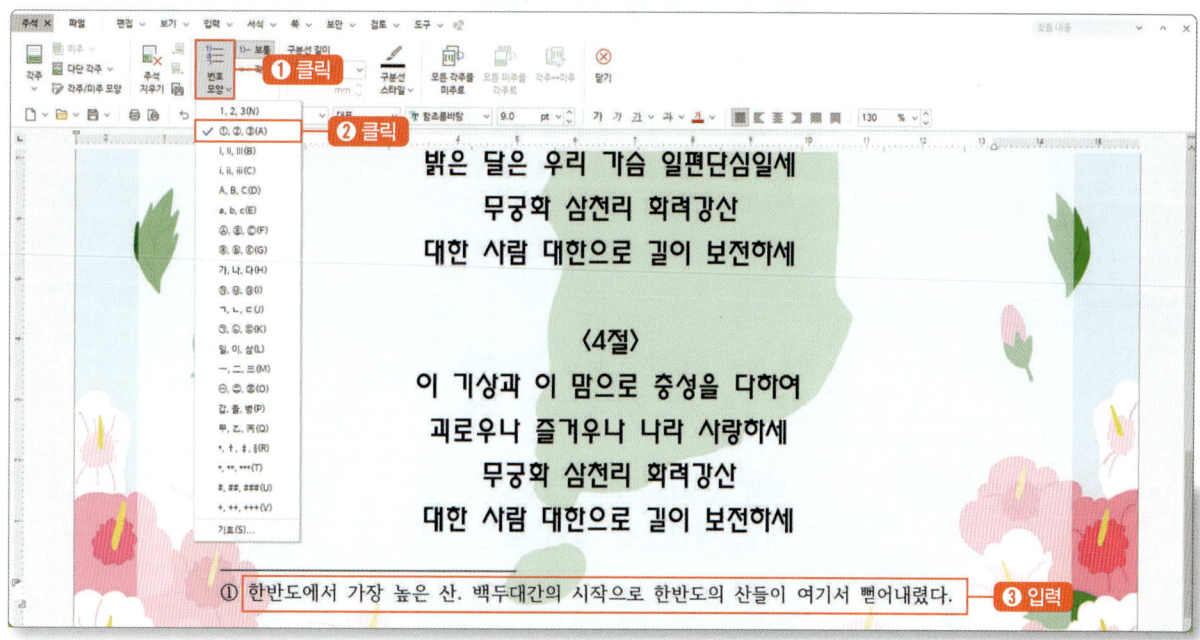

④ ❷번과 같이 '철갑', '공활', '일편단심'에 [각주]를 삽입하고 내용을 입력합니다.

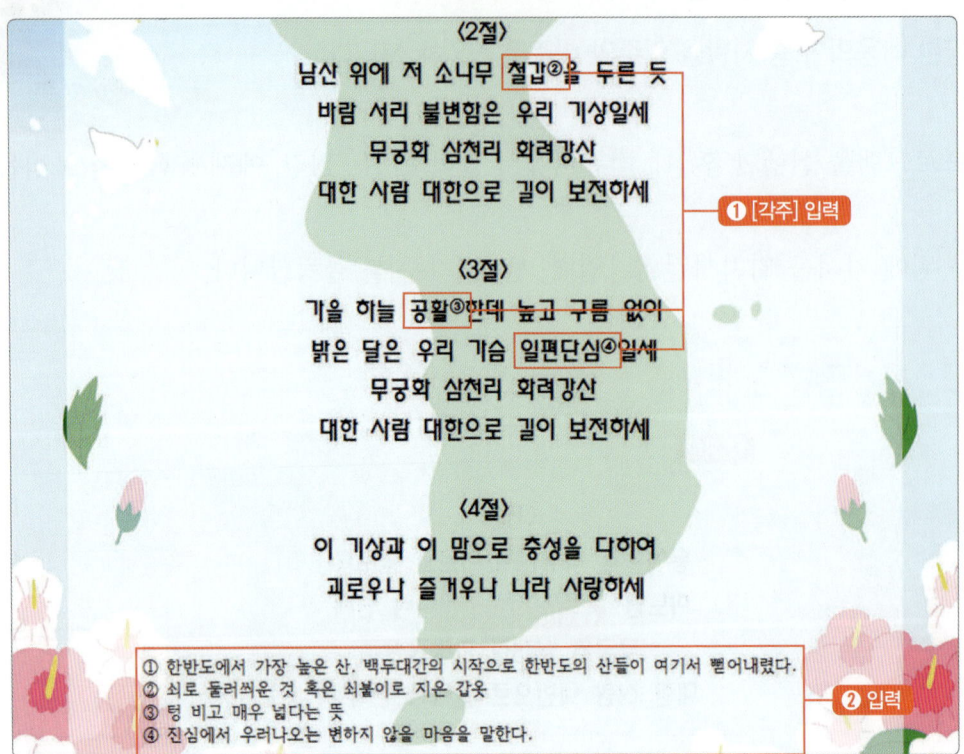

⑤ 1절의 '무궁화' 뒤에 커서를 위치시키고 [입력] 탭-[미주]를 클릭한 후 마지막 페이지인 2쪽 아래에 미주 내용을 입력합니다.

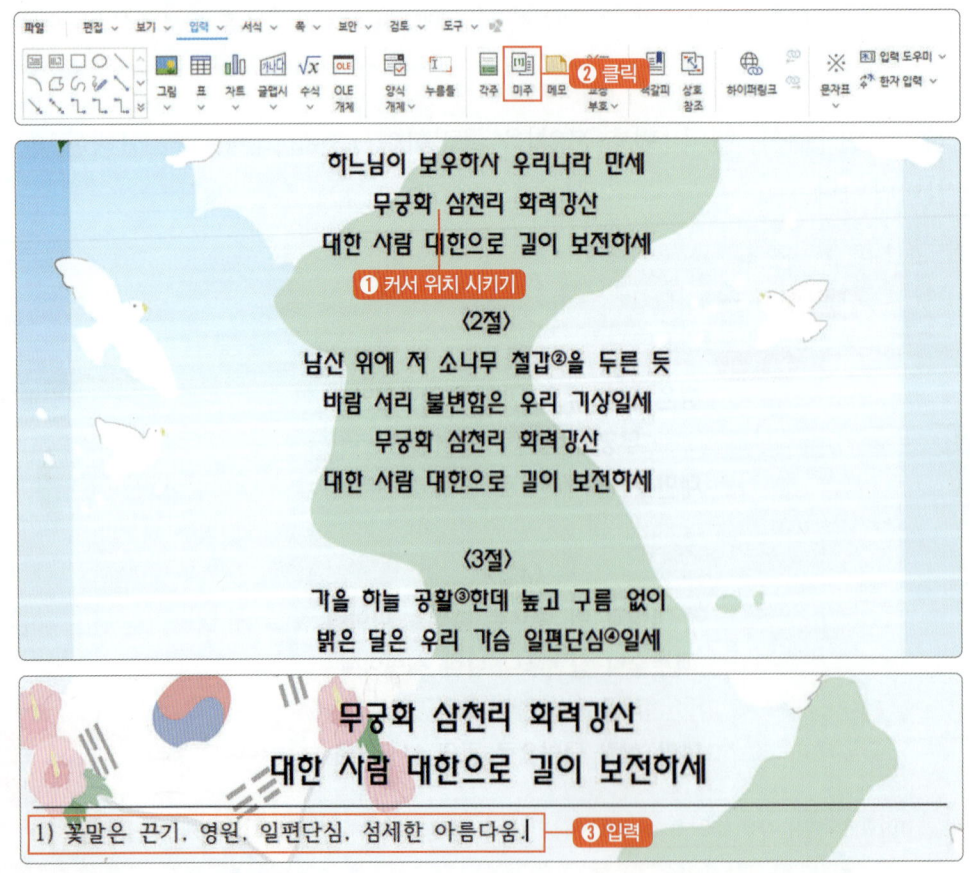

Step 02 한컴 사전 사용하기

한컴 사전을 사용하여 단어의 뜻을 찾아 봅니다.

① 4절의 '기상' 글자 뒤에 커서를 위치시키고 [각주]를 삽입합니다.

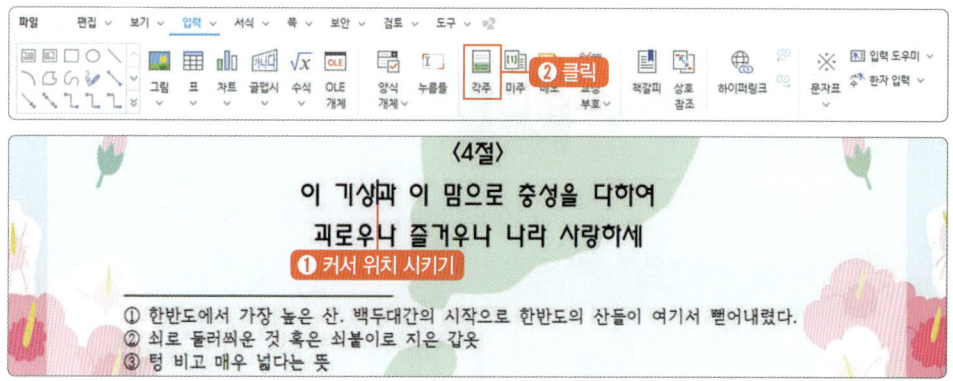

② [도구] 탭–[한컴 사전]을 클릭한 후 [한컴 사전] 대화 상자가 실행되면 검색창에 '기상'을 입력하여 검색합니다. 검색된 내용 중 사용할 내용을 드래그 한 후 [복사하기]를 클릭합니다.

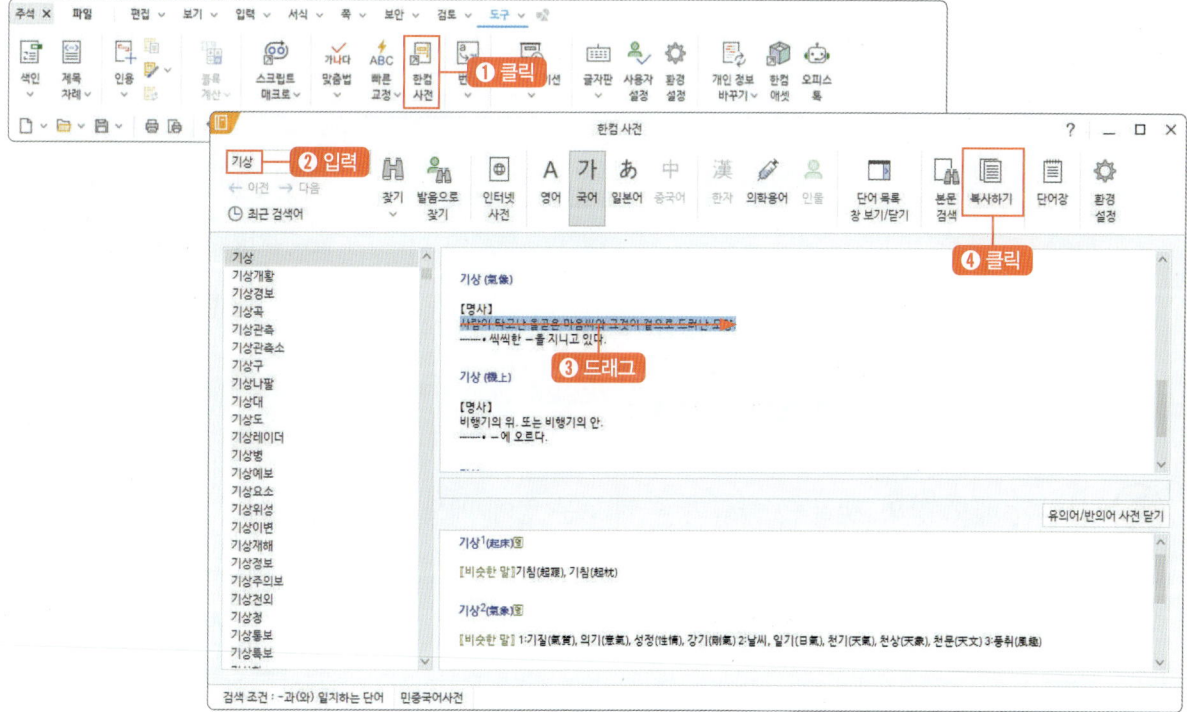

③ 각주 구역('⑤')에 커서를 위치시킨 후 복사한 내용을 붙여 넣습니다.

① 한반도에서 가장 높은 산. 백두대간의 시작으로 한반도의 산들이 여기서 뻗어내렸다.
② 쇠로 둘러씌운 것 혹은 쇠붙이로 지은 갑옷
③ 텅 비고 매우 넓다는 뜻
④ 진심에서 우러나오는 변하지 않을 마음을 말한다.
⑤ 사람이 타고난 올곧은 마음씨와 그것이 겉으로 드러난 모양.

Step 03 메모 삽입하기

작성 중인 문서에 메모를 삽입해 봅니다.

① '애국가'를 드래그한 후 마우스 오른쪽 버튼을 클릭하여 바로 가기 메뉴의 [새 메모]를 클릭합니다.

이해 쏙! TIP!
- [입력] 탭의 [메모]를 클릭해 삽입할 수 있어요.
- 원하는 단어를 드래그하여 선택하지 않아도 단어 사이에 커서를 위치시켜 메모를 삽입할 수 있어요.

② 메모창이 삽입되면 메모를 입력합니다.

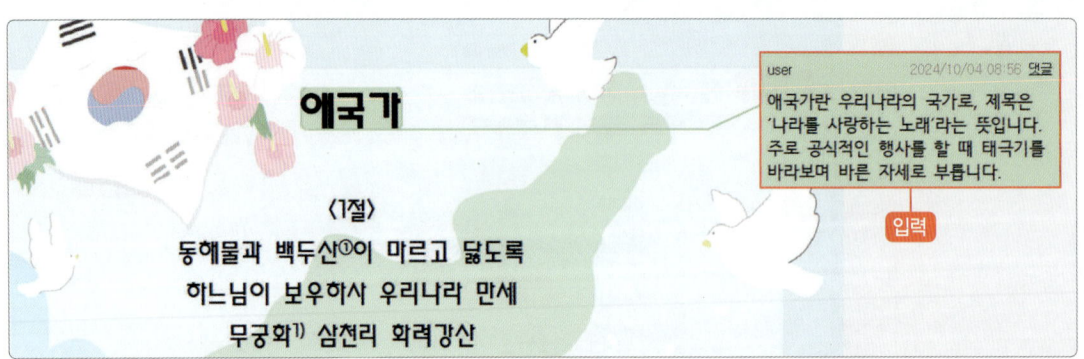

③ 삽입한 메모 창의 '댓글'을 클릭한 후 새로운 창에 메모를 입력합니다.

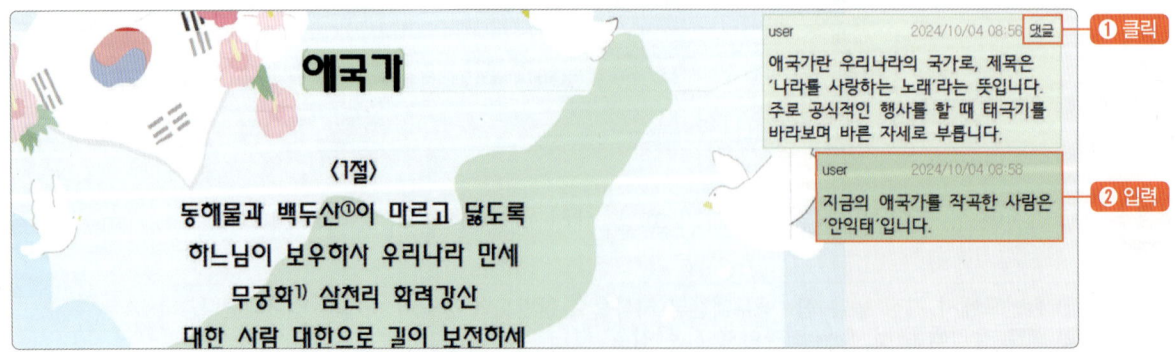

④ [다른 이름으로 저장하기]를 클릭한 후 '파일 이름'을 입력하여 저장합니다.

1 파일을 불러온 후 각주를 사용하여 '패럴림픽'을 완성해 보세요.

🔑 예제 파일 : 14강_실력1(예제).hwpx　🔑 완성 파일 : 14강_실력1(완성).hwpx

Hint

① [각주]: '12 pt'
- 패럴림픽: Paralympic
- 루드비히 구트만 경: Sir Ludwig Guttman
- 신체부자유자대회: World Wheelchair and Amputee Games

2 파일을 불러온 후 메모와 사전 기능을 사용하여 '다섯 감각'을 완성해 보세요.

🔑 예제 파일 : 14강_실력2(예제).hwpx　🔑 완성 파일 : 14강_실력2(완성).hwpx

Hint

① [메모] 삽입
② [한컴사전]: '미각', '청각', '시각', '후각', '촉각'

GAME 15 공으로 하는 스포츠

| 학습목표 |
- 표를 만들고 셀의 크기를 변경할 수 있습니다.
- 원하는 위치에 줄을 추가할 수 있습니다.
- 셀을 합치거나 나눌 수 있습니다.

오늘의 도착지점

예제 파일 : 없음   완성 파일 : 15강_완성.hwpx

공으로 하는 스포츠

네트형	베이스볼형	골형	네트형
배구	야구	축구	탁구
베이스볼형	골형	네트형	타깃형
소프트볼	농구	테니스	당구
골형	네트형	타깃형	골형
핸드볼	배드민턴	볼링	라크로스
네트형	베이스볼형	골형	네트형
족구	발야구	하키	비치발리볼
타깃형	골형	네트형	베이스볼형
골프	럭비	스쿼시	크리켓

 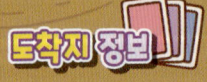 도착지 정보

공을 사용하는 운동 경기를 구기 종목이라고 합니다. 주로 네트를 사이에 두고 공을 넘기는 네트(net)형, 도구로 공을 치는 베이스볼(baseball)형, 골대에 골을 넣어 승부를 겨루는 골(goal)형, 대상을 맞추거나 위치에 넣는 타겟(target) 형으로 나뉩니다. 공을 사용하는 운동 경기를 표로 정리해 봅니다.

Step 01 표 만들기

표를 만들고 셀의 크기를 변경해 봅니다.

① 한글 2022 프로그램을 실행한 후 [새 문서]를 생성합니다.

② [입력] 탭-[표]를 클릭한 후 [표 만들기] 대화 상자가 실행되면 '줄 개수'에 '4', '칸 개수'에 '4'를 입력하고 '글자처럼 취급'을 클릭하여 체크한 후 [만들기]를 클릭합니다.

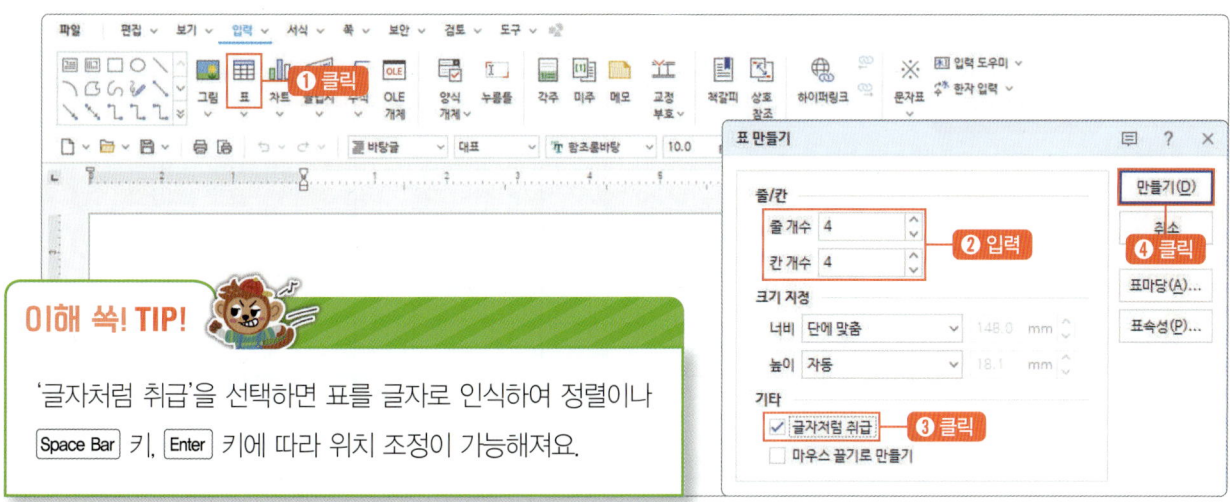

이해 쏙! TIP!

'글자처럼 취급'을 선택하면 표를 글자로 인식하여 정렬이나 Space Bar 키, Enter 키에 따라 위치 조정이 가능해져요.

③ 첫 번째 셀을 클릭하여 커서를 위치시킨 후 F5 키를 '3'번 눌러 셀을 모두 선택합니다. 그 다음 Ctrl 키와 ↓ 키를 눌러 셀 크기를 조금 더 크게 변경합니다.

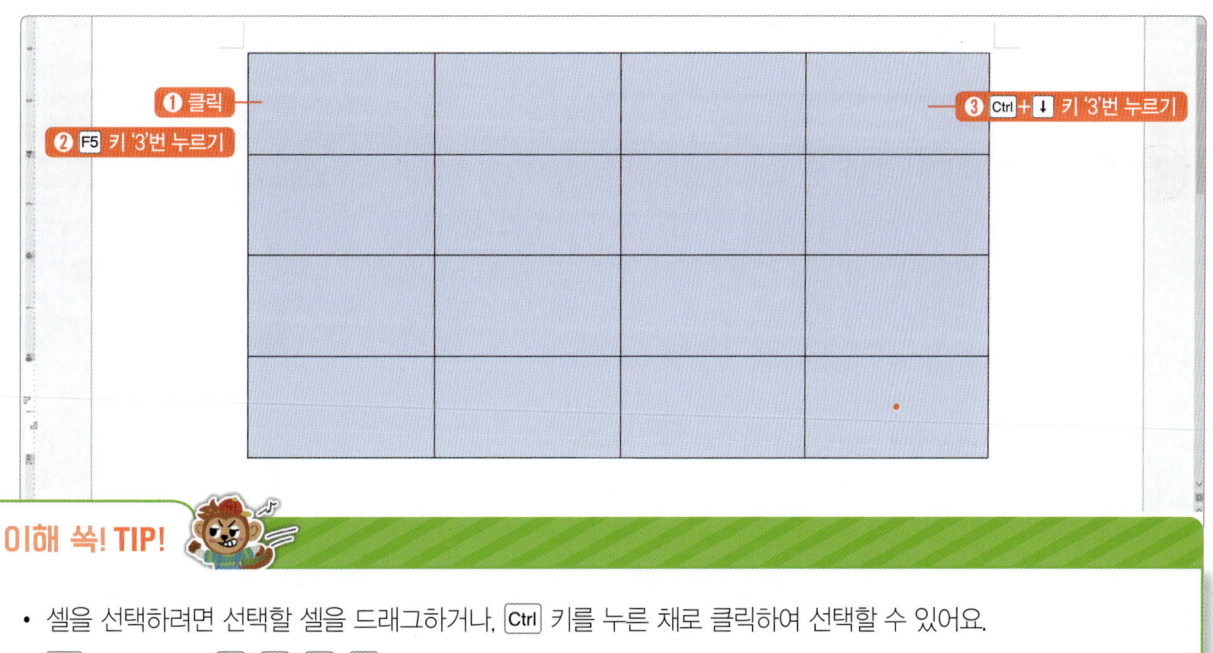

이해 쏙! TIP!

- 셀을 선택하려면 선택할 셀을 드래그하거나, Ctrl 키를 누른 채로 클릭하여 선택할 수 있어요.
- Ctrl 키+방향키(↑, ↓, ←, →)로 셀의 크기를 늘리거나 줄일 수 있어요.
- 하나의 셀을 선택한 후 Ctrl 키+방향키(↑, ↓, ←, →)를 누를 경우, 같은 줄/칸의 셀들이 같이 조절돼요.

Step 02 줄 추가하기

삽입한 표에서 줄을 추가해 봅니다.

① 첫 번째 줄의 셀에 커서를 위치시킨 후 [표 레이아웃] 탭-[줄/칸 추가하기]를 클릭합니다.

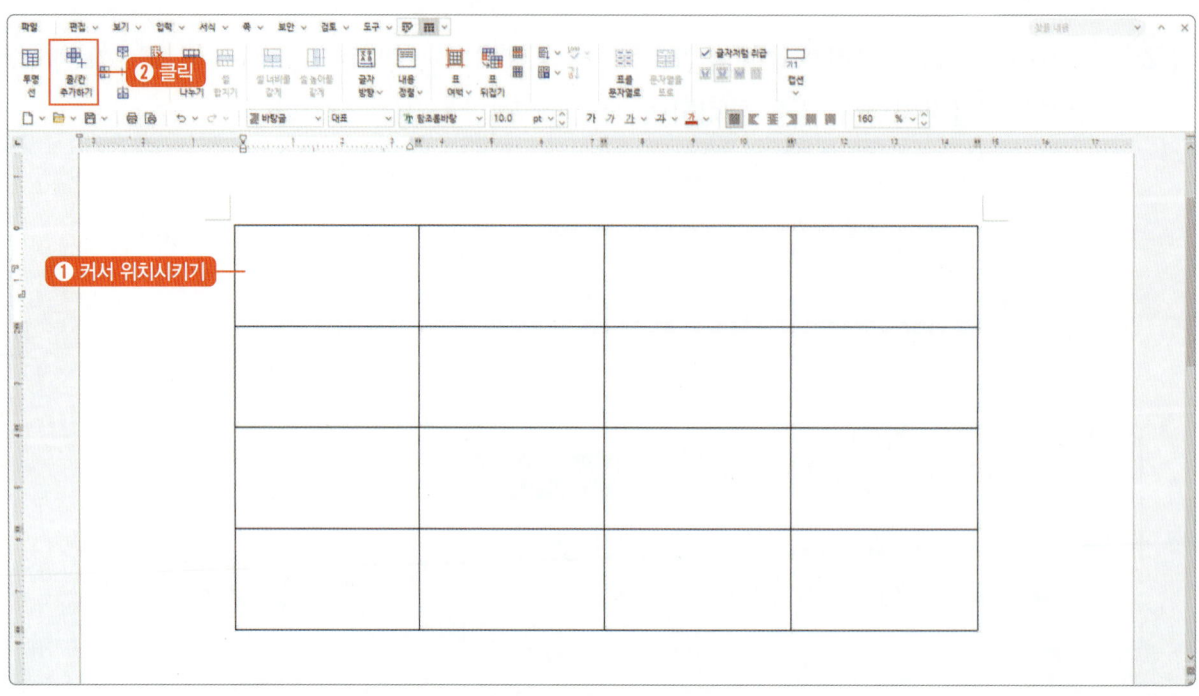

이해 쏙! TIP!

원하는 셀 안에 커서를 위치시킨 후 Alt 키 + Insert 키를 눌러 사용할 수도 있어요.

② [줄/칸 추가하기] 대화 상자가 실행되면 '위쪽에 줄 추가하기'를 클릭하고 '줄/칸 수'에 '2'를 입력한 후 [추가]를 클릭합니다.

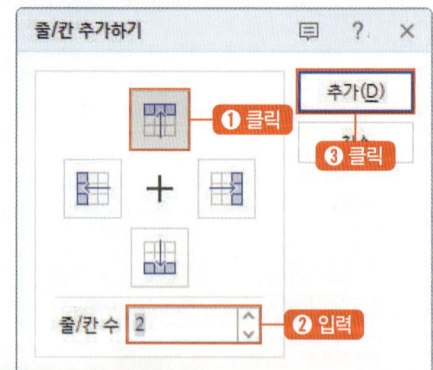

이해 쏙! TIP!

- '위쪽'과 '아래쪽'은 '줄'을 추가하고, '왼쪽'과 '오른쪽'은 '칸'을 추가해요.
- 추가한 줄/칸을 삭제하고 싶은 경우, 칸 지우기( ), 줄 지우기( )를 이용하여 삭제할 수 있어요.

Step 03 셀 합치기/ 셀 나누기

여러 개의 셀을 하나로 합치고 하나의 셀을 나누어 봅니다.

① 첫 번째 줄을 드래그하여 선택한 후 [표 레이아웃] 탭-[셀 합치기]를 클릭합니다.

이해 쏙! TIP!

선택한 셀 위에서 마우스 오른쪽 버튼을 클릭한 후 바로가기 메뉴의 '셀 합치기'를 이용할 수 있어요.

② 합쳐진 첫 번째 셀에 커서를 위치시킨 후 '공으로 하는 스포츠'를 입력하고 '글자 모양'과 '정렬 방식'을 그림과 같이 지정합니다.

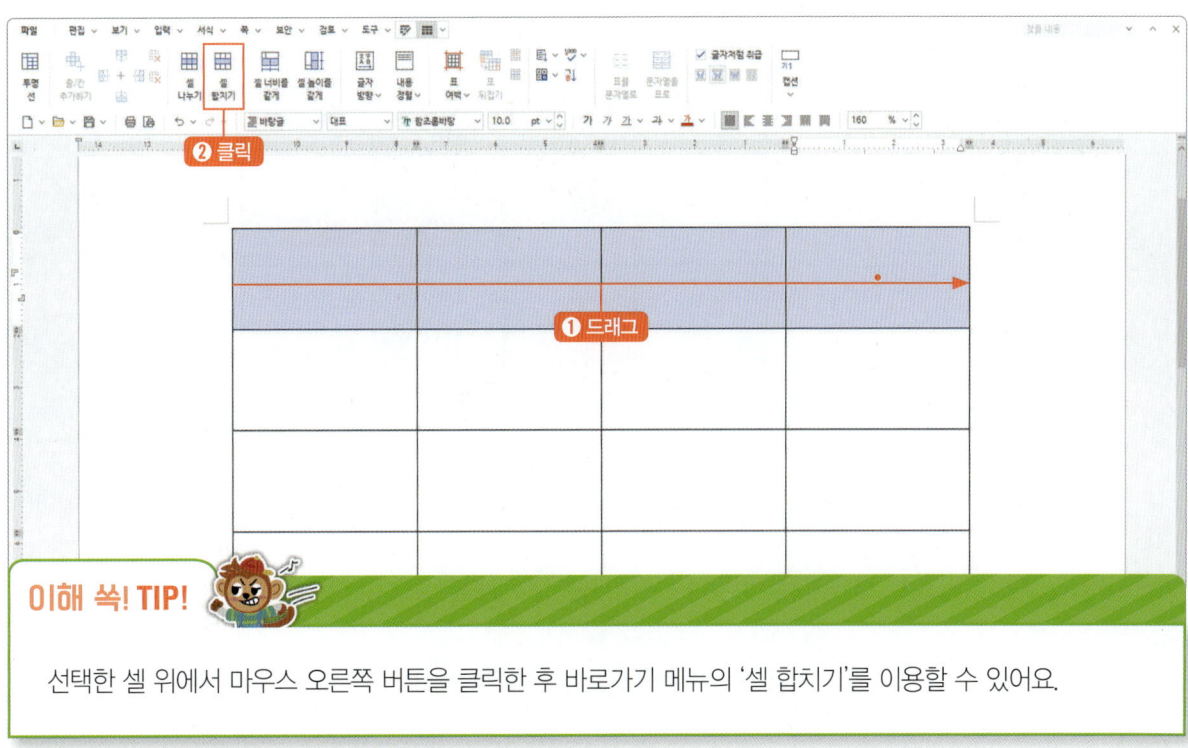

GAME 15 공으로 하는 스포츠 _ **097**

③ 두 번째 줄부터 다섯 번째 줄까지 드래그하여 셀을 선택한 후 [표 레이아웃] 탭-[셀 나누기]를 클릭합니다. [셀 나누기] 대화 상자가 실행되면 '줄 개수'에 '2'를 입력한 후 [나누기]를 클릭합니다.

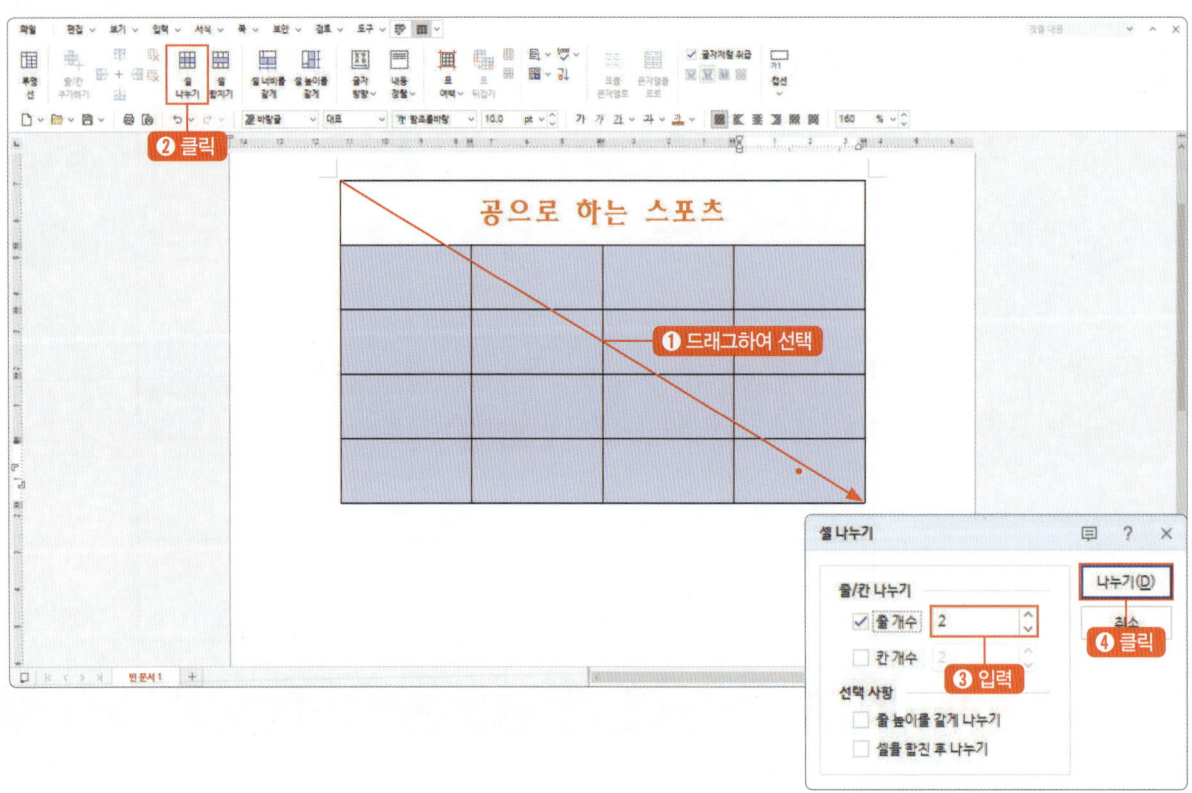

④ 그림과 같이 텍스트를 입력하고 '글자 모양'과 '정렬 방식'을 지정합니다.

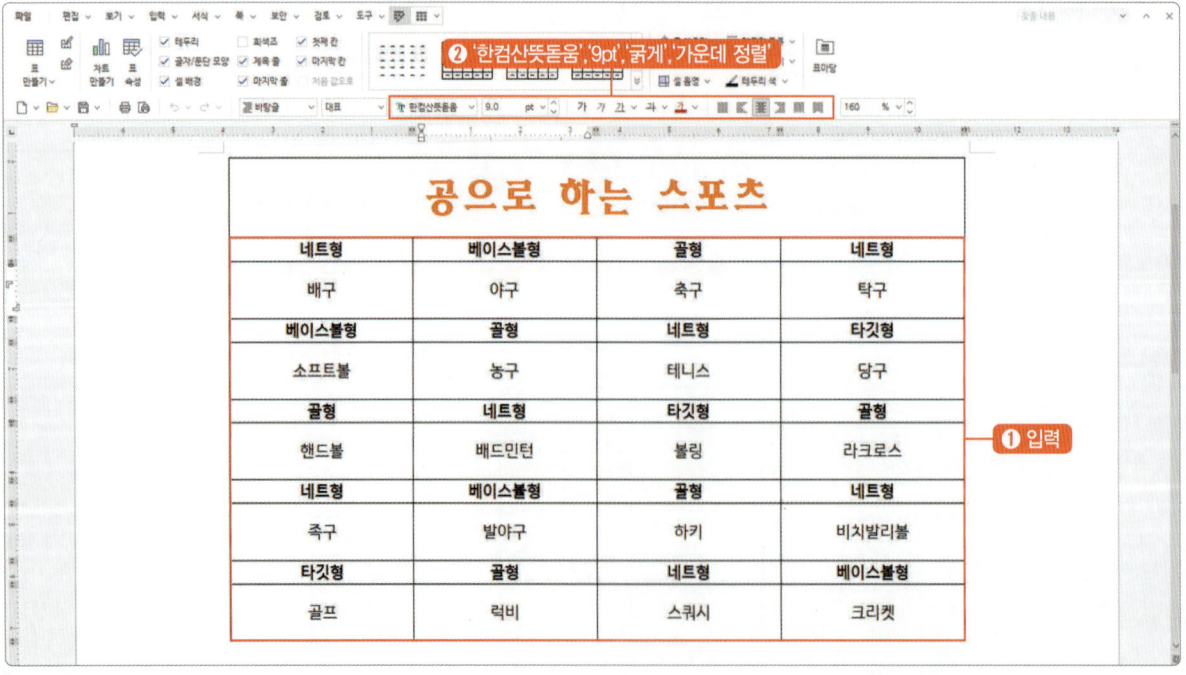

⑤ [다른 이름으로 저장하기]를 클릭한 후 '파일 이름'을 입력하고 저장합니다.

1 파일을 불러온 후 표 기능을 사용하여 '캘린더'를 완성해 보세요.

🗝 예제 파일 : 15강_실력1(예제).hwpx   🗝 완성 파일 : 15강_실력1(완성).hwpx

Hint
① [줄/칸 추가하기]: 네 번째줄 추가하기

2 파일을 불러온 후 표를 삽입하여 '시력 검사표'를 완성해 보세요.

🗝 예제 파일 : 15강_실력2(예제).hwpx
🗝 완성 파일 : 15강_실력2(완성).hwpx

Hint
① [표 만들기]: '줄 개수'-'7', '칸 개수'-'5'
② [문자표]
③ [글꼴]: '양재튼튼체B', '가운데정렬', '52pt', '42pt', '32pt', '22pt', '17pt', '15pt'

스포츠 BINGO!

| 학습목표 | ● 표를 만들고 셀의 크기를 변경할 수 있습니다.
● 셀 테두리를 변경할 수 있습니다.
● 셀 채우기를 할 수 있습니다.

오늘의 도착지점

예제 파일 : 16강_예제 폴더   완성 파일 : 16강_완성.hwpx

도착지 정보

빙고는 가로와 세로가 같은 숫자의 칸을 가진 종이에 주제에 해당하는 단어를 하나씩 적은 후 서로 번갈아가며 단어를 말하고 지워나가는 게임입니다. 이 때, 가로, 세로, 대각선 방향으로 한 줄을 지우면 이기는 게임입니다. 구기 종목 스포츠를 주제로 빙고 게임 종이를 만들어 봅니다.

Step 01 표 만들기

표를 만들고 크기를 조절해 봅니다.

① 한글 2022 프로그램을 실행한 후 [내 컴퓨터에서 불러오기]로 '16강_예제.hwpx'를 불러옵니다.

이해 쏙! TIP!
'GAME 15'에서 완성한 파일을 불러와서 사용해도 좋아요.

② 본문 1단 1줄 1칸에 커서를 위치시킨 후 [입력] 탭-[표]-'4줄x4칸'의 표를 만듭니다.

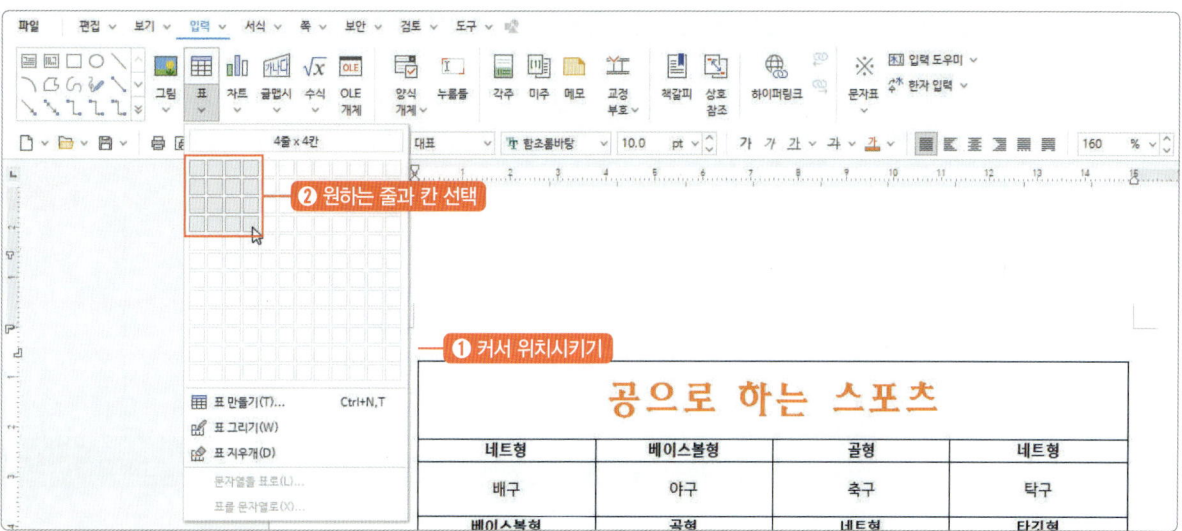

③ 첫 번째 셀에서 F5 키를 '3'번 눌러 표 전체를 선택한 후 Ctrl 키와 ↓ 키를 눌러 표를 아래로 늘립니다.

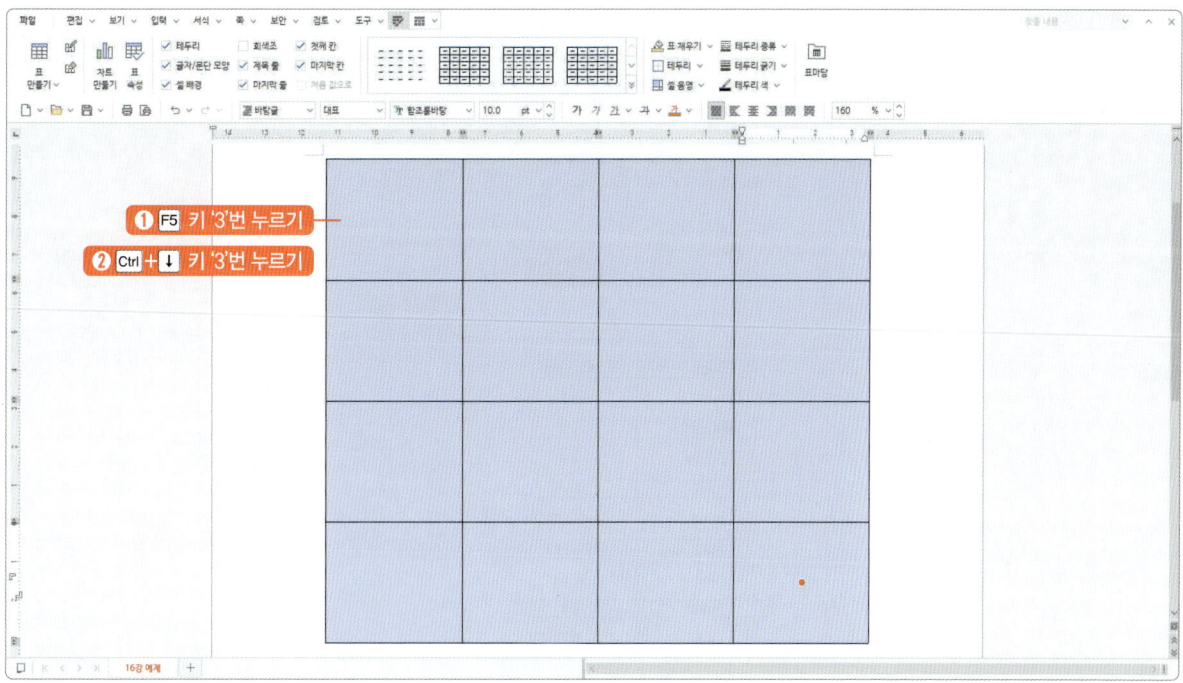

Step 02 셀 테두리 변경하기

셀 테두리를 변경하여 표를 꾸며 봅니다.

① 아래쪽의 '공으로 하는 스포츠' 표의 모든 셀을 선택합니다. 그 다음 마우스 오른쪽 버튼을 클릭하여 바로가기 메뉴의 [셀 테두리/배경]-[각 셀마다 적용]을 클릭합니다.

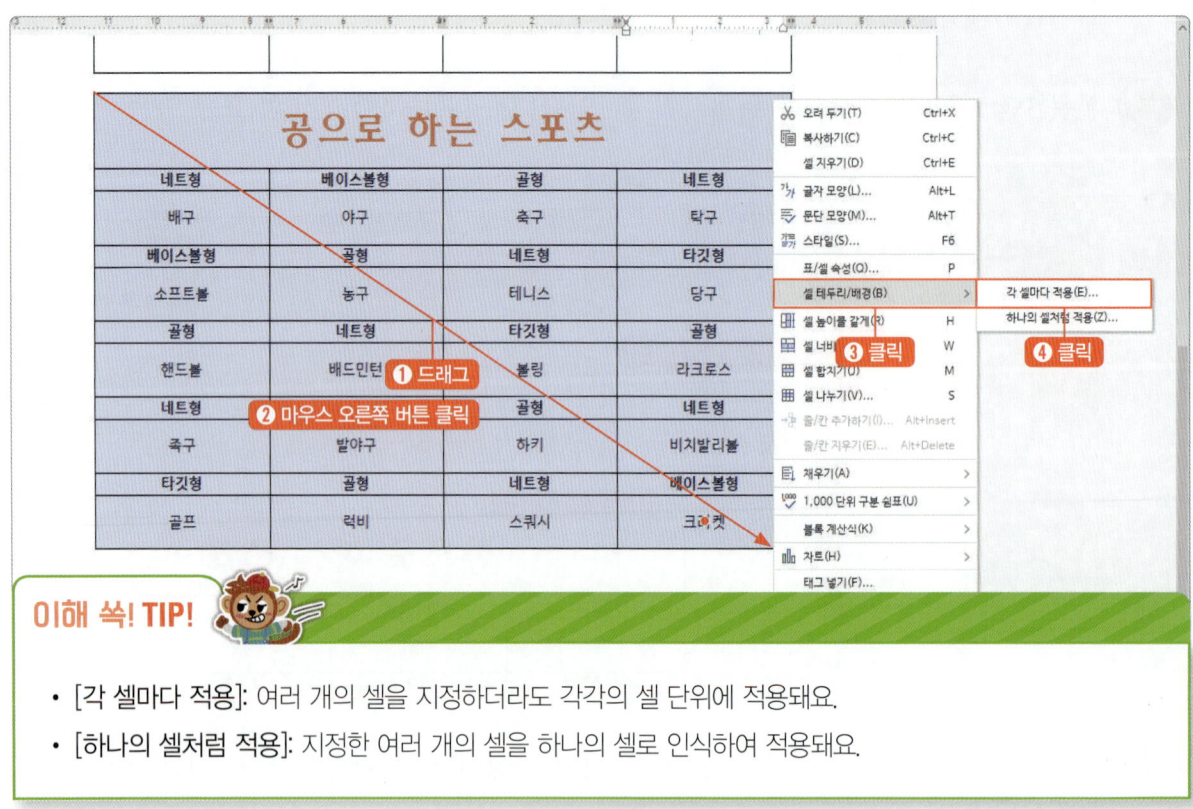

이해 쏙! TIP!

- [각 셀마다 적용]: 여러 개의 셀을 지정하더라도 각각의 셀 단위에 적용돼요.
- [하나의 셀처럼 적용]: 지정한 여러 개의 셀을 하나의 셀로 인식하여 적용돼요.

② [셀 테두리/배경] 대화 상자가 실행되면 '종류'-'얇고 굵은 이중 선', '굵기'-'0.7mm', '색'-'주황(RGB: 255,132,58)'로 설정합니다. 그 다음 '바깥쪽'을 눌러 선을 확인하고 [설정]을 누릅니다.

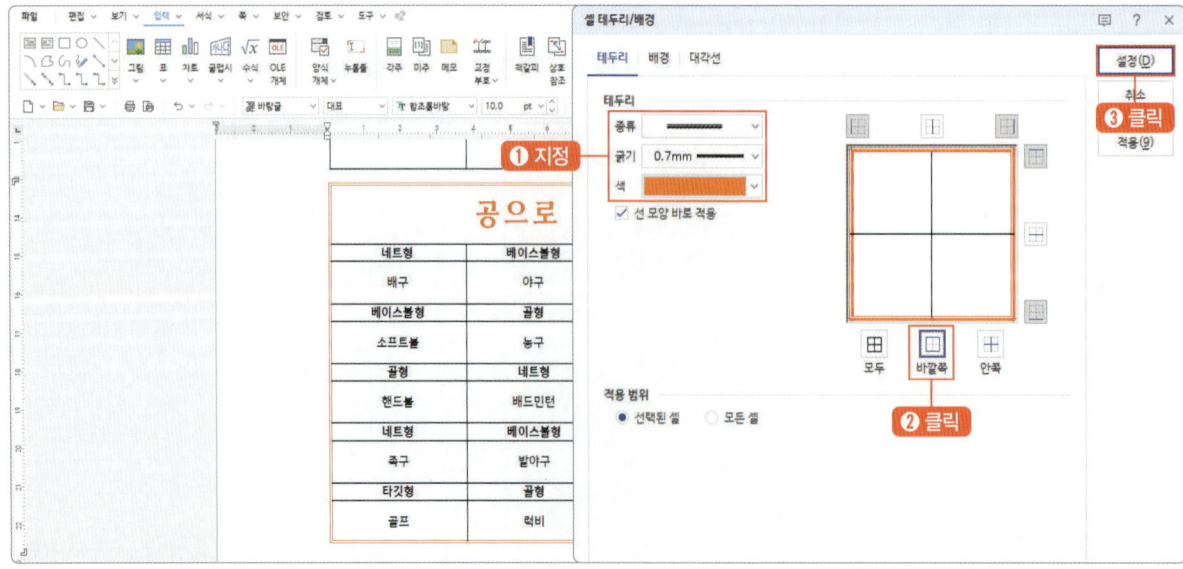

Step 03 셀 채우기

셀 채우기로 표를 꾸며 봅니다.

① Ctrl 키를 누른 상태로 구기종목 종류가 적혀있는 셀만 클릭하여 선택하고 마우스 오른쪽 버튼을 클릭하여 바로가기 메뉴의 [셀 테두리/배경]-[각 셀마다 적용]을 클릭합니다.

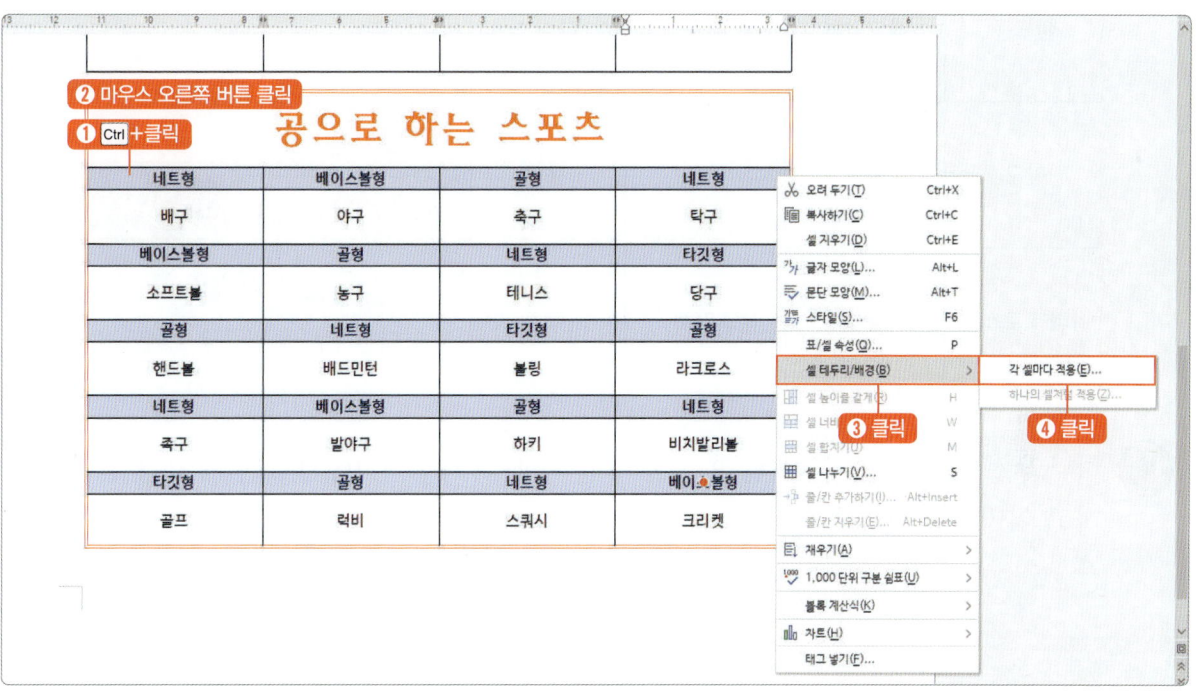

② [셀 테두리/배경] 대화상자가 실행되면 '배경'탭-'색'을 클릭하고 '면 색'을 '주황(RGB: 255,132,58) 60% 밝게'로 지정한 후 [설정]을 클릭합니다.

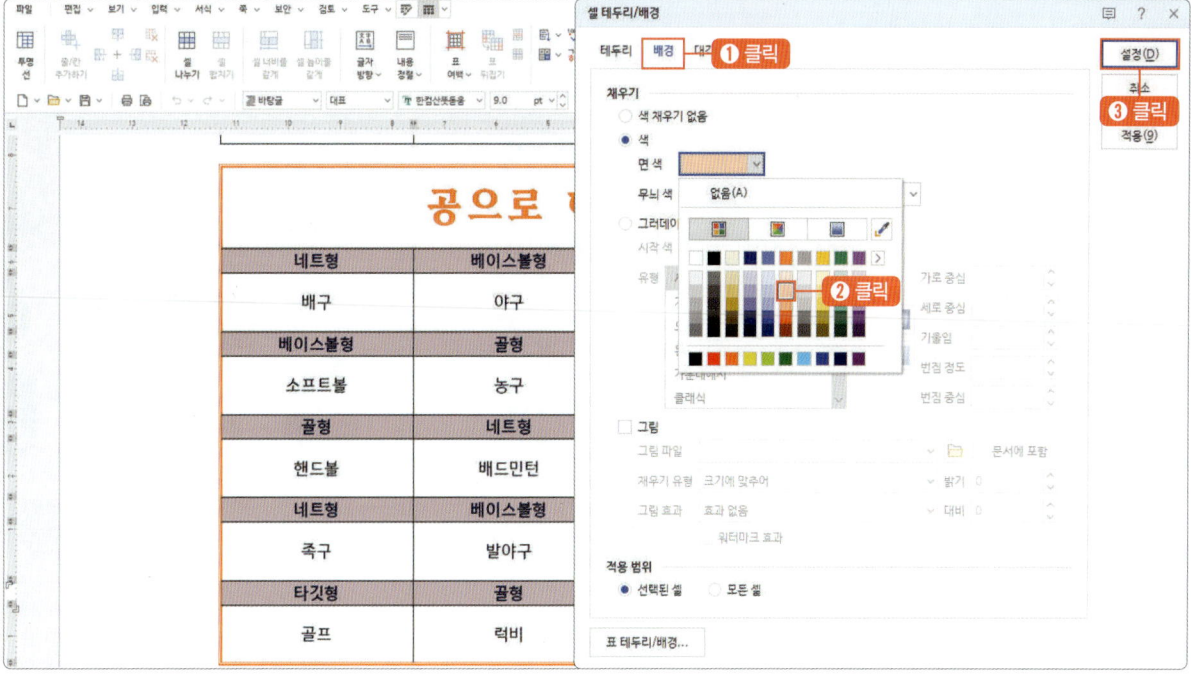

③ 만들어 둔 표에 아래 '공으로 하는 스포츠' 표를 참고하여 스포츠 이름을 입력하고 '글자 크기'를 '15pt', '가운데 정렬'로 지정합니다.

소프트볼	발야구	하키	비치발리볼
핸드볼	배드민턴	배구	테니스
야구	볼링	당구	농구
라크로스	축구	크리켓	탁구

❶ 입력
❷ '15pt' 설정

이해 쏙! TIP!
친구와 빙고 게임을 할 때는 책 속 이미지와 다른 위치에 입력해 보세요.

④ 하나의 셀에 커서를 위치시킨 후, [셀 테두리/배경] 대화상자에서 '그림'–'그림 선택( )'을 클릭하고 이미지를 선택하고 [열기]를 누른 후 [설정]을 클릭합니다.

⑤ ④와 같은 방법으로 빙고 게임을 하며 셀을 채워봅니다.

1 파일을 불러온 후 표 기능을 활용하여 '달력'을 완성해 보세요.

🔑 예제 파일 : 16강_실력 예제 폴더   🔑 완성 파일 : 15강_실력1(완성).hwpx

Hint
① [표 테두리/배경]: 배경 채우기–
  '태극기', '할머니', '운동회', '할로윈'

2 파일을 불러온 후 표 기능을 활용하여 '자리표'를 완성해 보세요.

🔑 예제 파일 : 16강_실력2(예제).hwpx   🔑 완성 파일 : 16강_실력2(완성).hwpx

Hint
① [표 테두리/배경]: 테두리 종류–
  '없음', '위쪽 테두리',
  '안쪽 가로 테두리', '아래쪽 테두리'
② [표 테두리/배경]: 배경 채우기–'색',
  '면색'–'임의의 색'

영수증

| 학습목표 |
- 표를 삽입하고 데이터를 입력할 수 있습니다.
- 블록 계산식을 할 수 있습니다.
- 캡션을 넣을 수 있습니다.

오늘의 도착지점

🔑 예제 파일 : 17강_예제.hwpx   🔑 완성 파일 : 17강_완성.hwpx

영수증

㈜ 다있소
주소: 해람동 한글로54길 19 1층
대표번호: 01-2345-6789

품목	가격
모든지 자르는 가위 2개	3000
샤프심 3개	1500
말랑말랑 필통 1개	5000

도착지 정보

영수증이란 물건을 살 때 그 물건을 구매한 내역과 돈을 지불한 내역을 증서입니다. 물건별로 금액이 나오고 그 금액의 총 합계 역시 영수증에서 확인할 수 있습니다. 내가 구매한 물건들의 총 금액을 계산해 영수증을 완성해 봅니다.

Step 01 표 만들기

표를 삽입하고 데이터를 입력해 봅니다.

① 한글 2022 프로그램을 실행한 후 [내 컴퓨터에서 불러오기]로 '17강_예제.hwpx'를 불러옵니다.

② 6줄 1칸에 커서를 위치 시킨 후 [입력] 탭의 [표]를 클릭하고 [표 만들기] 대화 상자에서 '9'줄× 2'칸의 표를 만듭니다.

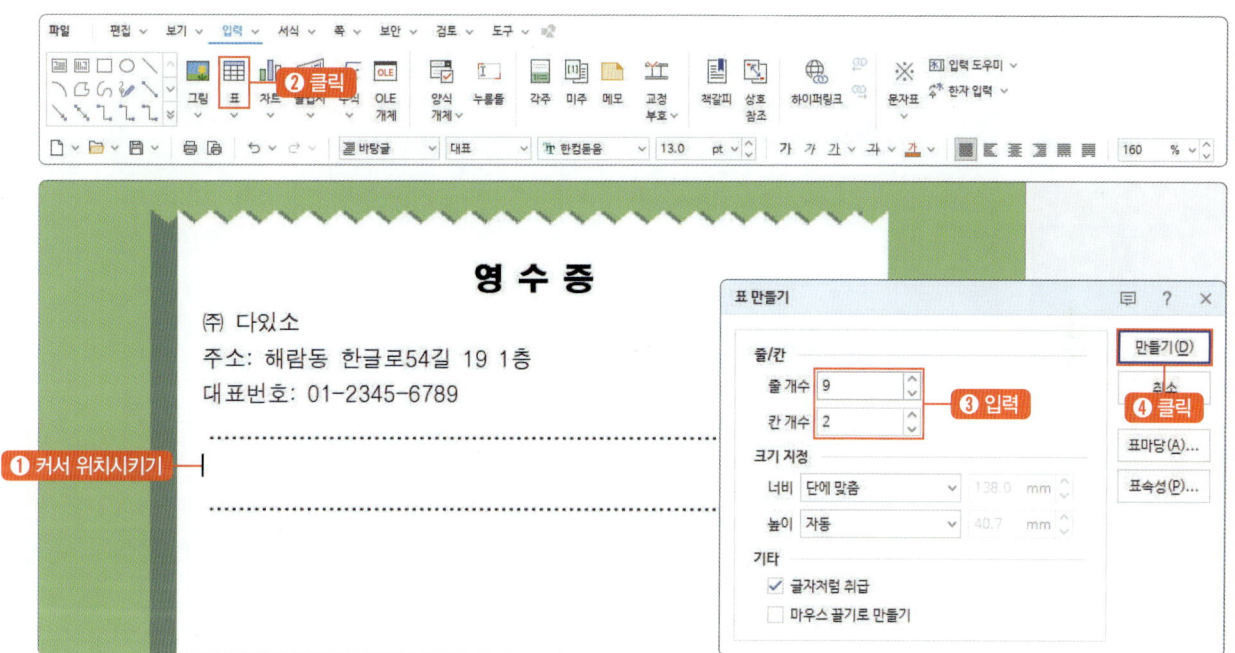

③ 그림과 같이 데이터를 입력합니다.

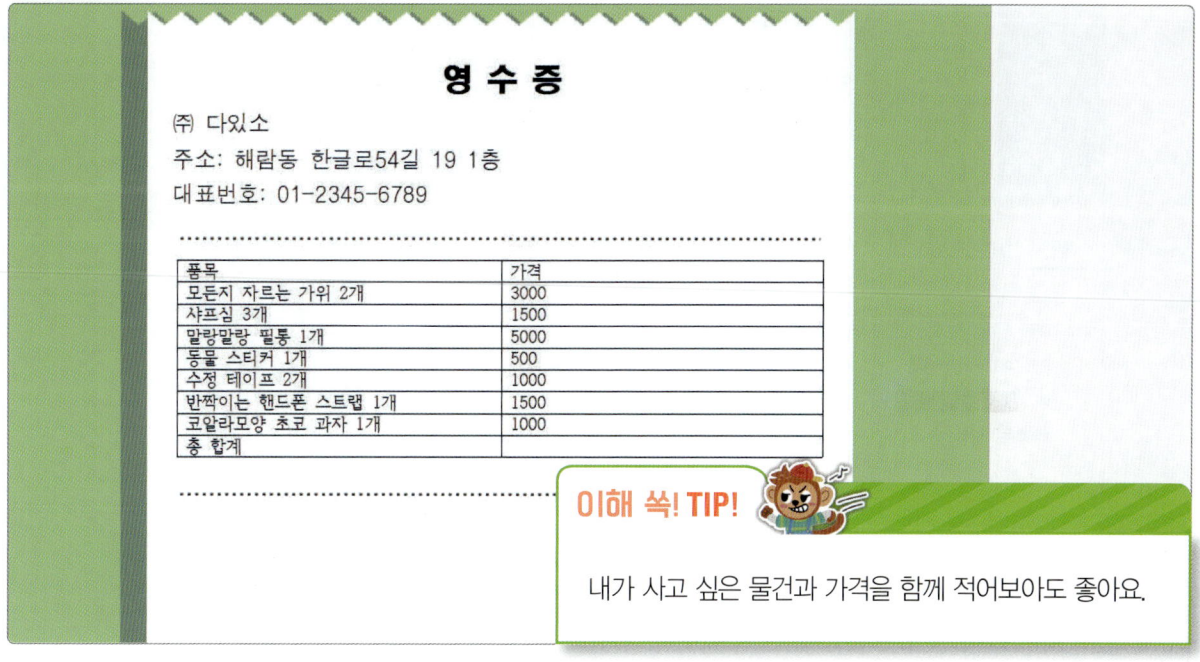

이해 쏙! TIP! 내가 사고 싶은 물건과 가격을 함께 적어보아도 좋아요.

④ 그림과 같이 표를 선택한 후 셀의 크기를 변경하고 '글꼴'을 '한컴 백제 M', '글꼴 크기'를 '15.0pt', '정렬'을 '가운데 정렬'로 지정합니다.

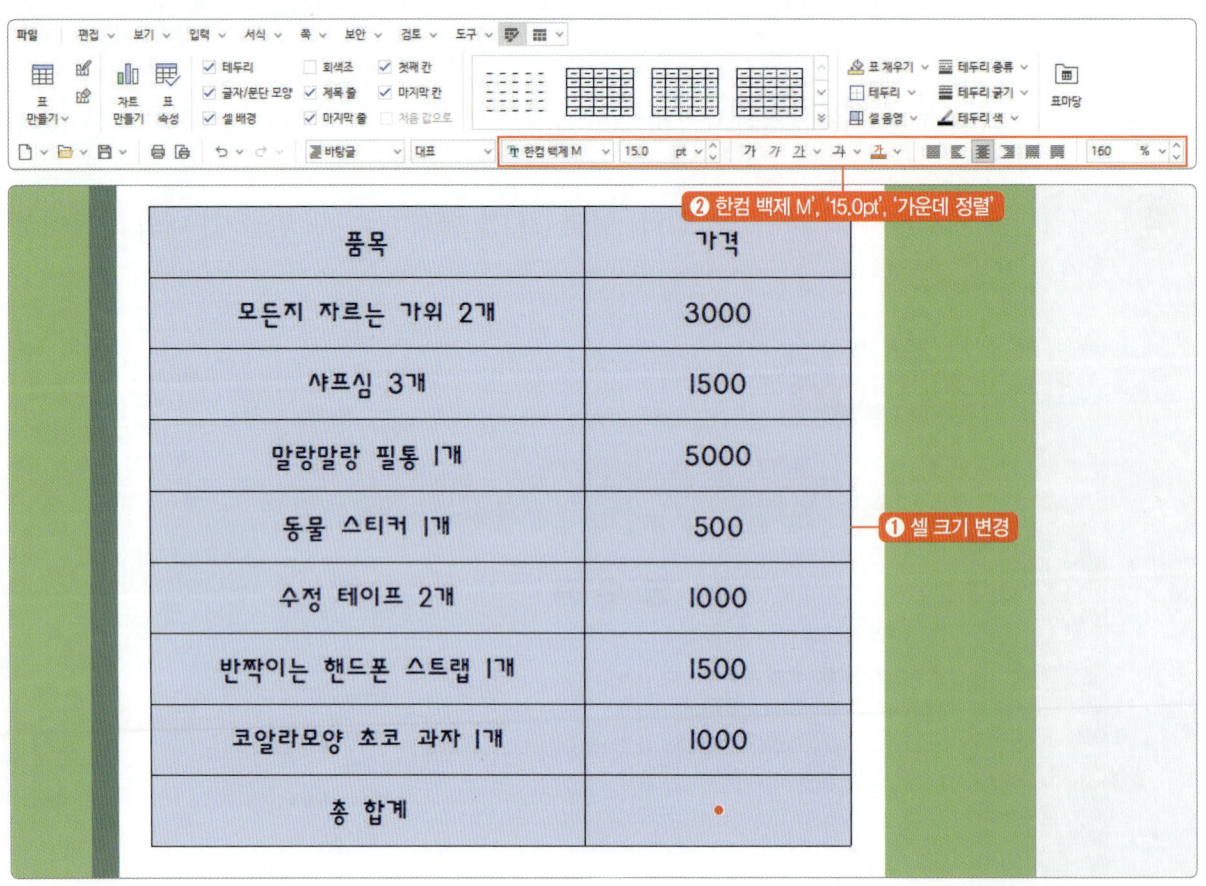

⑤ 계속해서 전체 선택된 표의 바로가기 메뉴에서 [셀 테두리/배경]-'각 셀마다 적용'을 선택합니다. [셀 테두리/배경] 대화 상자에서 '종류'-'없음', '바깥쪽'을 선택한 후 [설정]합니다.

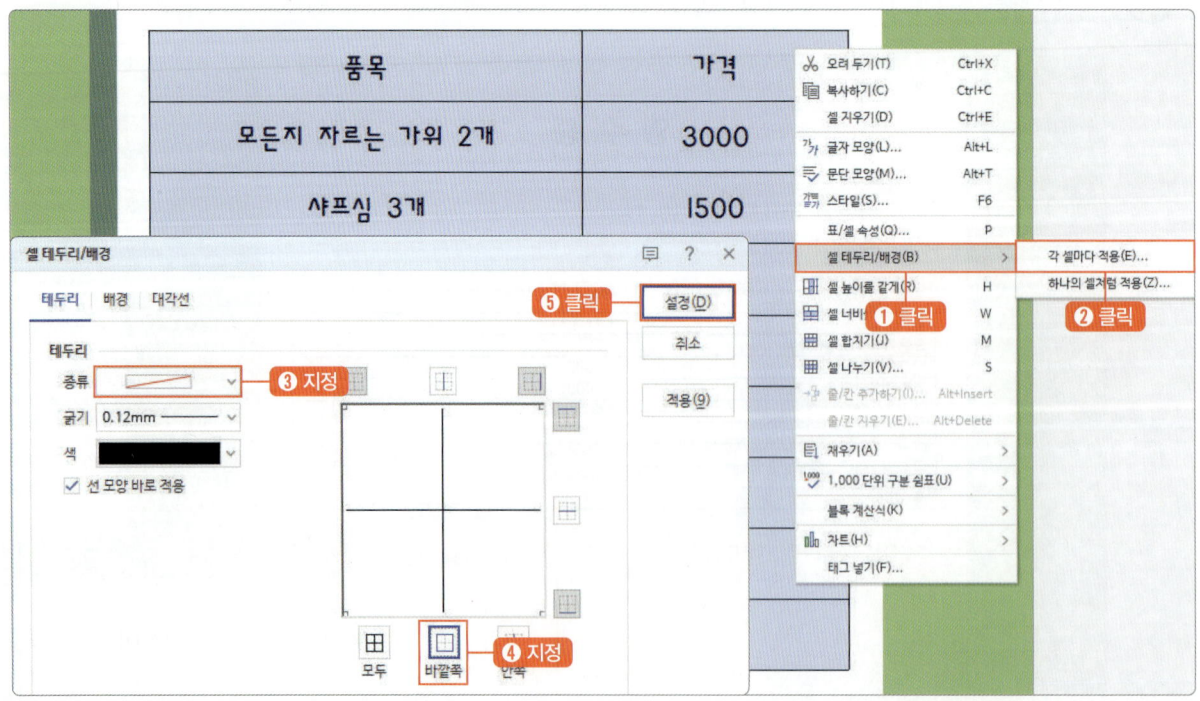

Step 02 블록 계산식 사용하기

블록 계산식으로 합계를 구해 봅니다.

① 표의 2줄 2칸부터 2줄 8칸까지 드래그하여 셀을 선택한 후 마우스 오른쪽 버튼을 클릭하여 바로가기 메뉴의 [블록 계산식]-[블록 합계]를 클릭합니다.

품목	가격
모든지 자르는 가위 2개	3000
샤프심 3개	1500
말랑말랑 필통 1개	5000
동물 스티커 1개	500
수정 테이프 2개	1000
반짝이는 핸드폰 스트랩 1개	1500
코알라모양 초코 과자 1개	1000
총 합계	

❶ 드래그
❷ 마우스 오른쪽 버튼 클릭
❸ 클릭
❹ 클릭

이해 쏙! TIP!

- 하나의 셀에 여러 개의 숫자가 입력되어 있을 때 하나의 숫자만 가져와서 사용해요.
- 블록 계산 결과를 자동으로 입력할 오른쪽이나 아래의 빈 셀이 없는 경우, 블록 계산식을 사용할 수 없어요.
- 하나의 셀만 선택하거나 원하는 셀만 골라서 설정한 경우, 블록 계산식을 사용할 수 없어요.

② [블록 계산식]을 사용하여 가장 마지막 셀에 값이 입력된 것을 확인하고 해당 셀에 입력된 데이터의 '글자 색'을 '빨강(RGB: 255,0,0)'으로 지정합니다.

글썽글썽 글썽 1개	3000
동물 스티커 1개	500
수정 테이프 2개	1000
반짝이는 핸드폰 스트랩 1개	1500
코알라모양 초코 과자 1개	1000
총 합계	13,500

글자 색 지정

Step 03 캡션 넣기

표에 캡션을 넣어 봅니다.

① 표를 클릭하여 선택한 후 마우스 오른쪽 버튼을 클릭하고 바로가기 메뉴의 [캡션 넣기]를 클릭합니다.

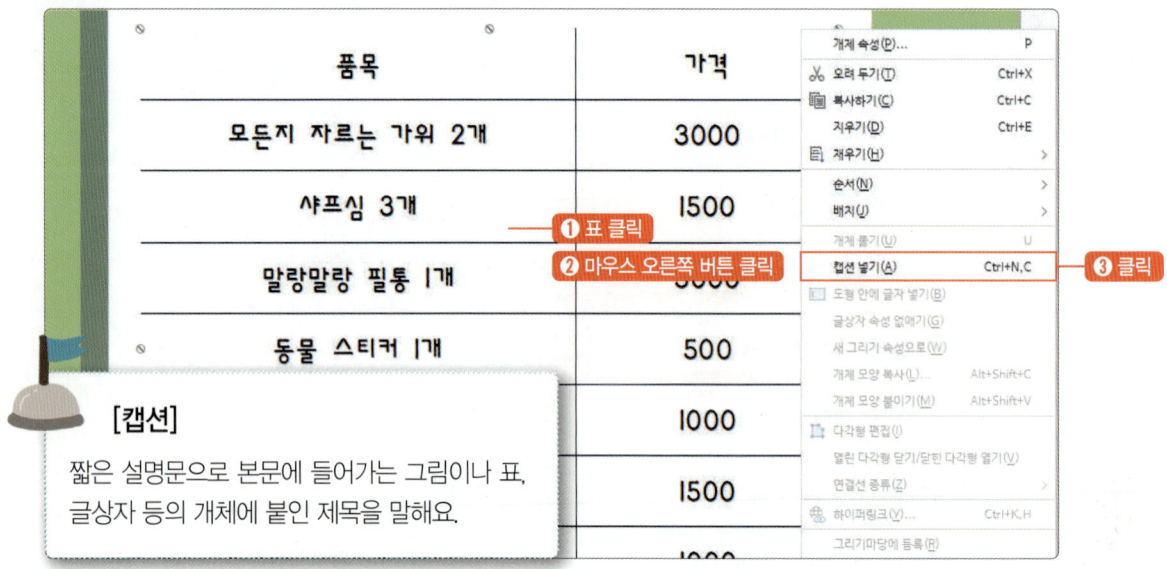

[캡션]
짧은 설명문으로 본문에 들어가는 그림이나 표, 글상자 등의 개체에 붙인 제목을 말해요.

② 표 아래쪽에 캡션이 삽입되면 '표 1'로 작성된 내용을 지운 후 그림과 같이 테스트를 입력한 후 '글자 크기'를 '8pt'로 설정합니다.

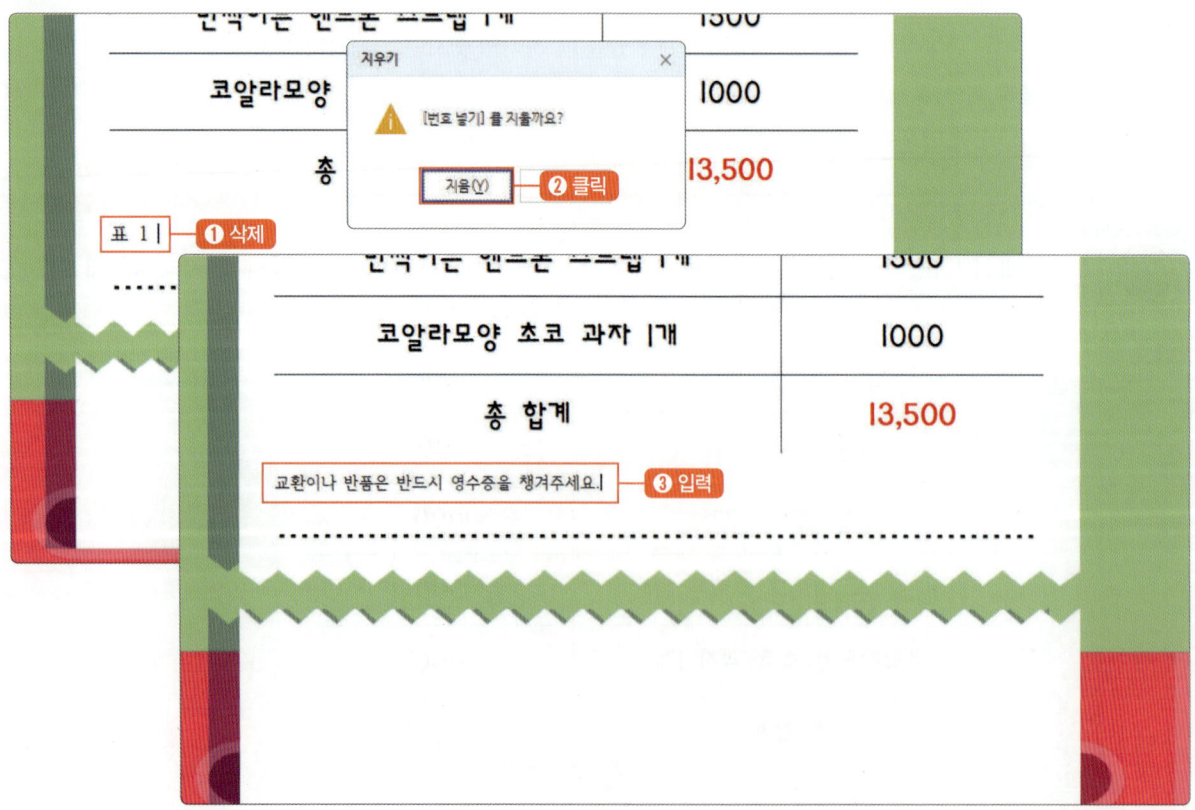

실력 UP! 한 칸 더 GO! GO!

1 파일을 불러온 후 블록 계산식을 사용하여 '평균 온도'를 완성해 보세요.

🔑 예제 파일 : 17강_실력1(예제).hwpx 🔑 완성 파일 : 17강_실력1(완성).hwpx

 **Hint**
① [블록 계산식]: '블록 평균'
② [캡션]
③ [문자표]: '글자꼴 기호'

2 파일을 불러온 후 블록 계산식을 사용하여 '우리 학교 학생 수'를 완성해 보세요.

🔑 예제 파일 : 17강_실력2(예제).hwpx 🔑 완성 파일 : 17강_실력2(완성).hwpx

 **Hint**
① [블록 계산식]: '블록 곱', '블록 합계'
② [캡션]: '위'

이해 쏙! TIP!
캡션의 위치는 [표 레이아웃] 탭에서 [캡션]을 눌러 변경할 수 있어요.

GAME 18 부자와 당나귀

| 학습목표 |
- 스타일을 추가할 수 있습니다.
- 스타일을 적용할 수 있습니다.

오늘의 도착지점

예제 파일 : 18강_예제.hwpx   완성 파일 : 18강_완성.hwpx

도착지 정보

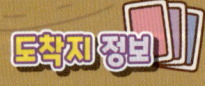

기원전부터 전해져 온 이야기인 '부자와 당나귀'는 아버지와 아들이 당나귀를 팔러가는 길에 생긴 이야기입니다. 이 이야기를 통해 남들의 이야기를 듣기보다는 나의 생각대로 하는 것이 가장 중요하다는 교훈을 얻게 됩니다. '스타일'을 활용하여 문서를 편집해 봅니다.

Step 01 스타일 추가하기

스타일을 추가해 봅니다.

① 한글 2022 프로그램을 실행한 후 [내 컴퓨터에서 불러오기]로 '18강_예제.hwpx'를 불러옵니다.

② F6 키를 눌러 [스타일] 대화 상자가 실행되면 [스타일 추가하기]를 클릭합니다.

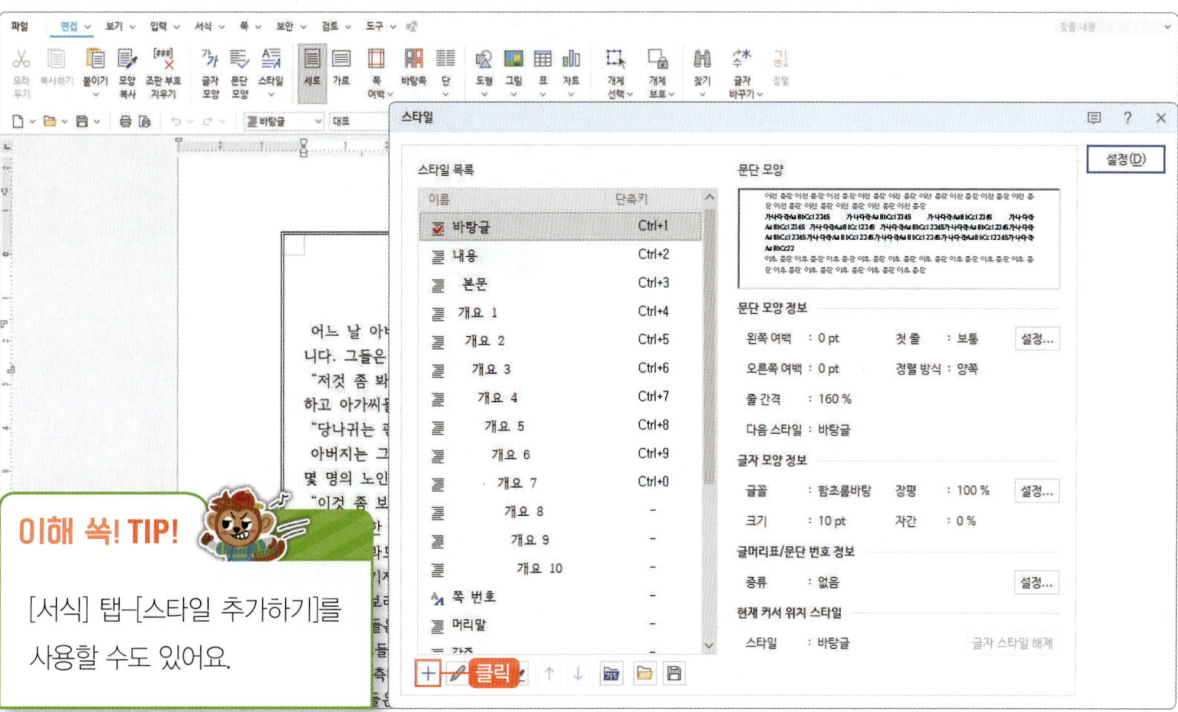

이해 쏙! TIP!
[서식] 탭-[스타일 추가하기]를 사용할 수도 있어요.

③ [스타일 추가하기] 대화 상자에서 '스타일 이름'에 '내용'을 입력하고 [문단 모양]을 클릭합니다. [문단 모양] 대화 상자가 실행되면 '정렬 방식'을 '가운데 정렬'로 지정한 후 [설정]을 클릭합니다.

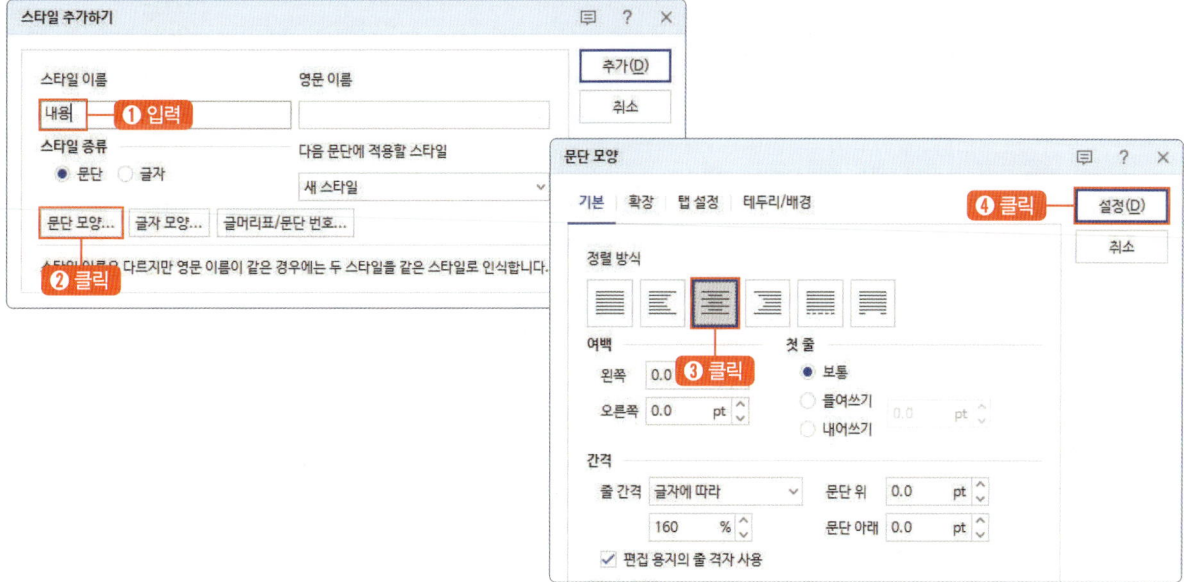

④ [스타일 추가하기] 대화 상자에서 [글자 모양]을 클릭한 후 실행된 대화 상자에서 '기준 크기'–'12pt', '글꼴'–'한컴돋움'으로 지정한 후 [설정]을 클릭합니다. 이어서 [스타일 추가하기] 대화 상자에서 [추가]를 클릭합니다.

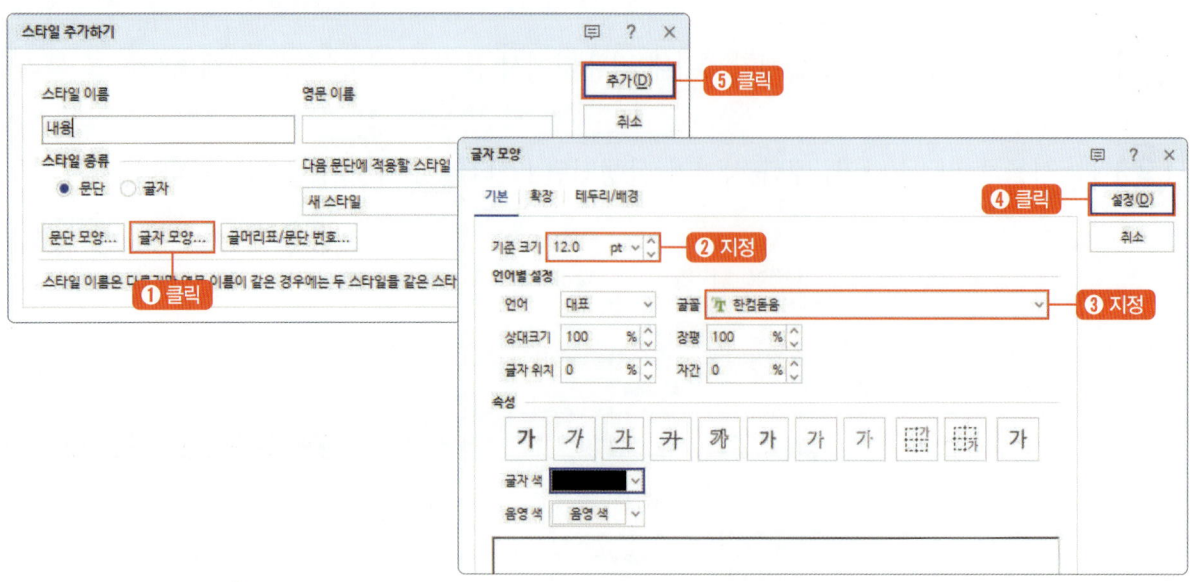

⑤ 다시 [스타일 추가하기]를 클릭한 후 스타일 이름에 '대화'를 입력합니다. ❸~❹와 같은 방법으로 [문단 모양]은 '가운데 정렬', [글자 모양]은 '기준 크기'–'15pt', '글꼴'을 '바탕체', 속성에서 '진하게', '글자색'–'파랑(RGB: 0,0,225)'로 지정합니다.

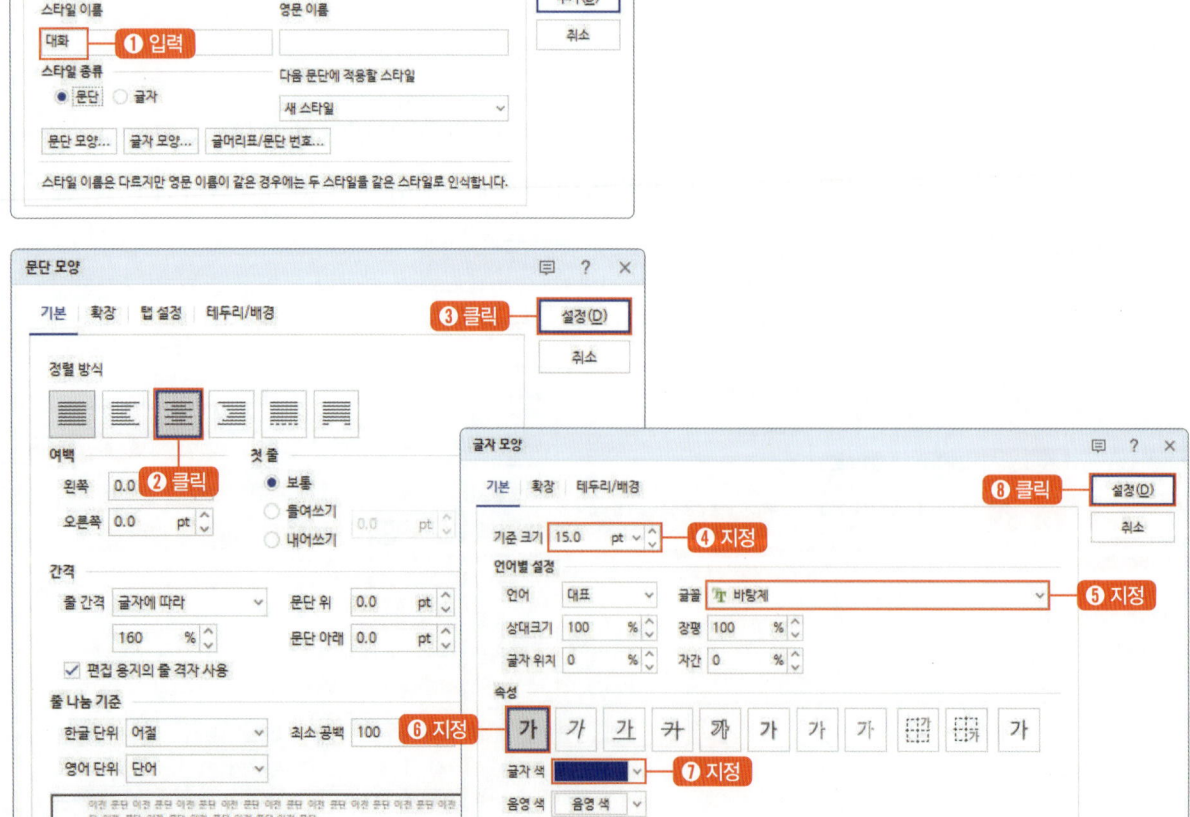

Step 02 스타일 지정하기

원하는 문단에 스타일을 지정해 봅니다.

① 3줄 2칸에 커서를 위치시킨 후 [서식] 탭의 '스타일 목록 상자'에서 '내용'을 클릭합니다.

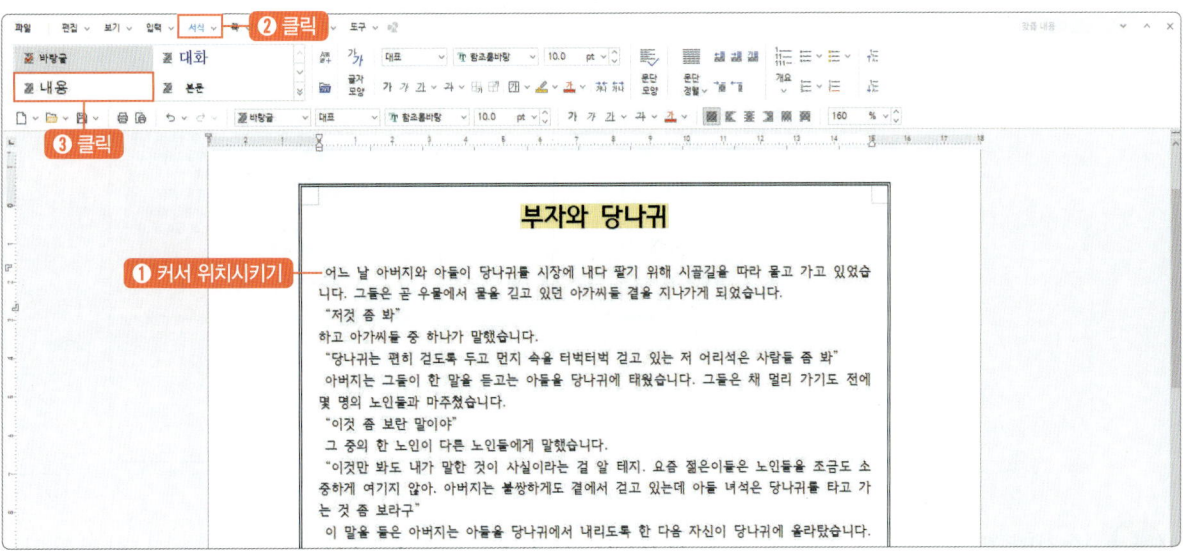

이해 쏙! TIP!

'문단'에 적용되도록 지정해두어서 문단 중 어느 위치에 커서를 두어도 적용 가능해요.

② 6줄 임의의 위치에 커서를 위치시킨 후 [서식] 탭의 스타일 목록 상자에서 '대화'를 클릭합니다.

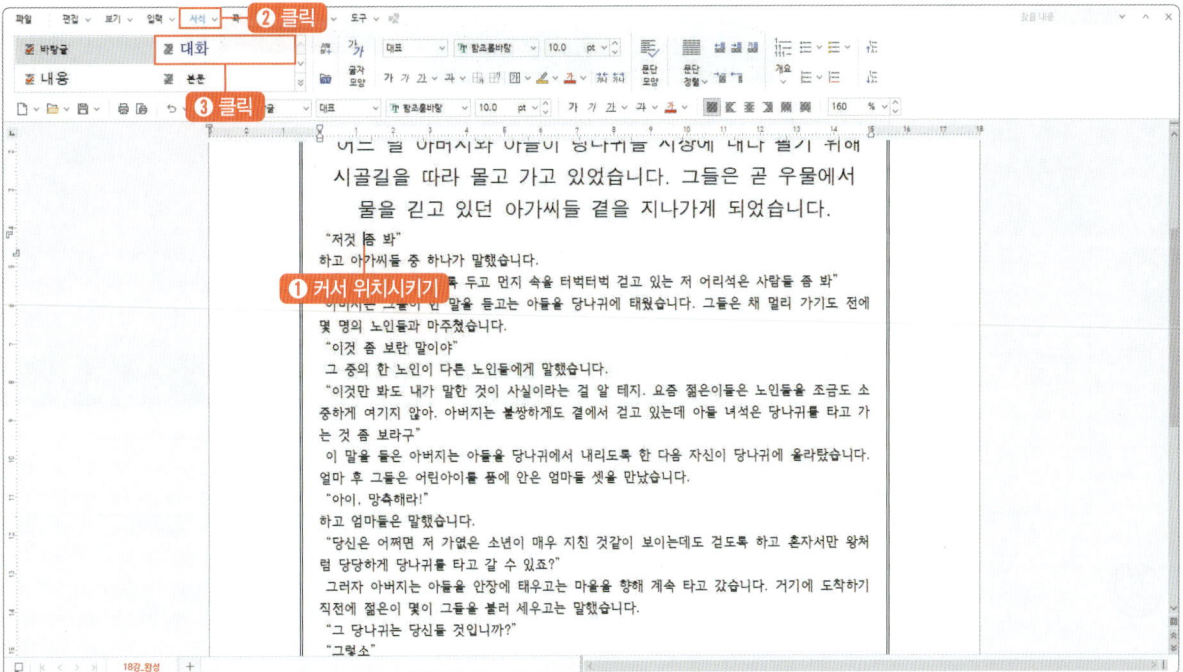

GAME 18 부자와 당나귀 _ 115

3 **①**~**②**와 같은 방법으로 그림과 같이 내용을 스타일에 맞추어 적용합니다.

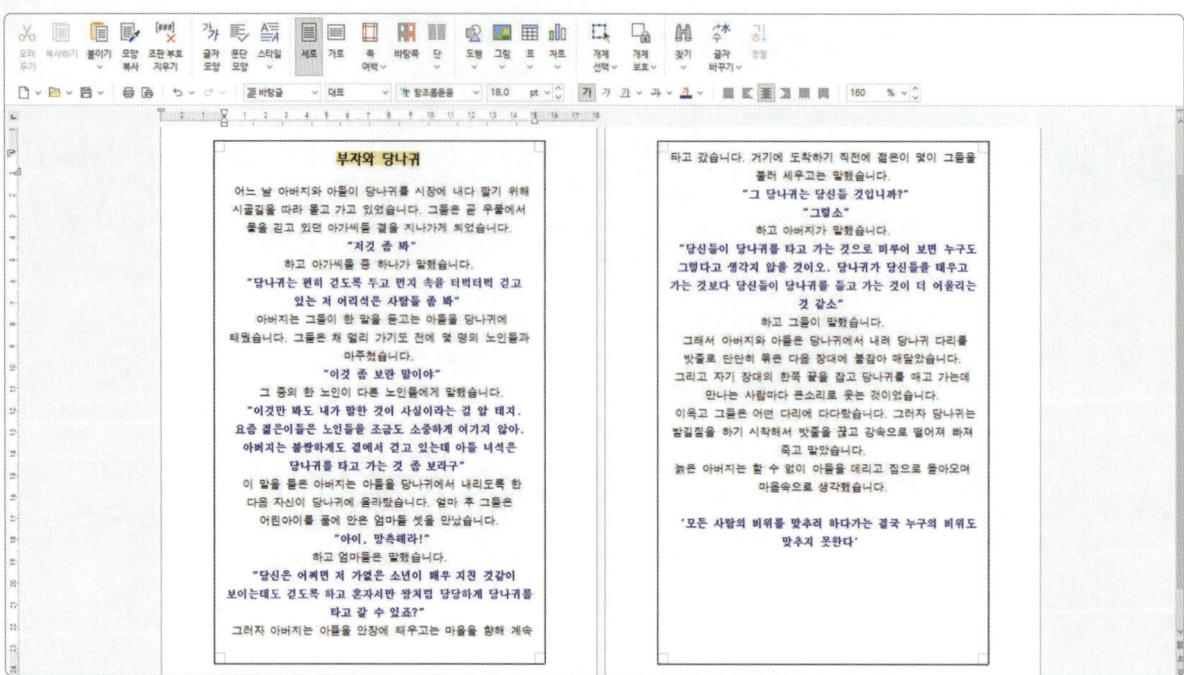

4 마지막 문장을 드래그한 후 [서식] 탭의 '글자 색'-'빨강(RGB: 255,0,0)'으로 지정합니다.

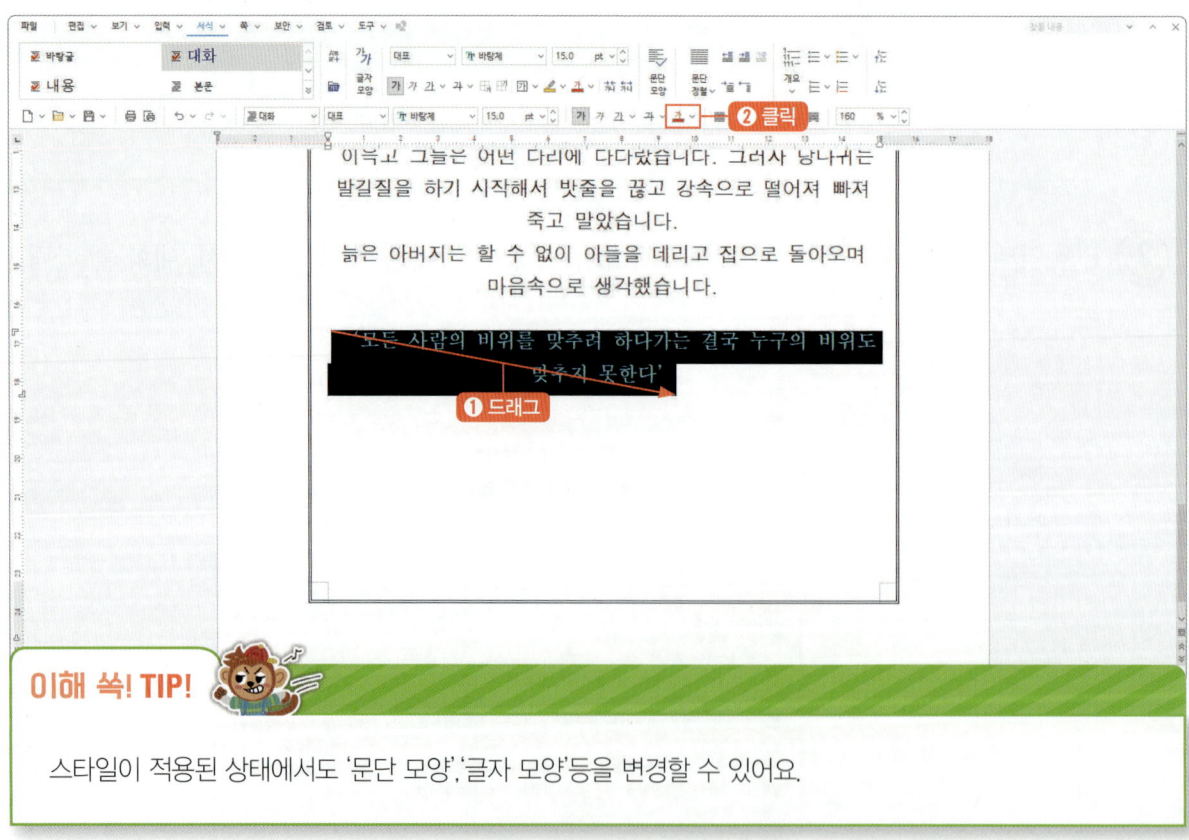

이해 쏙! TIP!

스타일이 적용된 상태에서도 '문단 모양', '글자 모양' 등을 변경할 수 있어요.

5 [다른 이름으로 저장하기]를 클릭한 후 '파일 이름'을 입력하고 저장합니다.

실력 UP! 한 칸 더 GO! GO!

1 파일을 불러온 후 스타일을 추가하여 '흥부와 놀부'를 완성해 보세요.

🔑 예제 파일 : 18강_실력1(예제).hwpx   🔑 완성 파일 : 18강_실력1(완성).hwpx

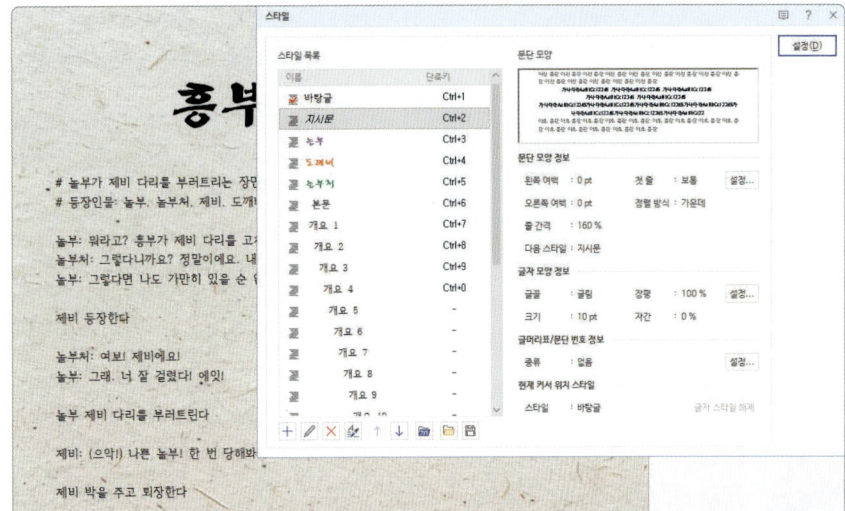

Hint

① [스타일 이름]: '지시문'
② [스타일 문단 모양]: '가운데 정렬'
③ [스타일 글자 모양]: '굴림체', '기울임'

2 파일을 불러온 후 스타일을 적용하여 '흥부와 놀부 대본'을 완성해 보세요.

🔑 예제 파일 : 18강_실력2(예제).hwpx
🔑 완성 파일 : 18강_실력2(완성).hwpx

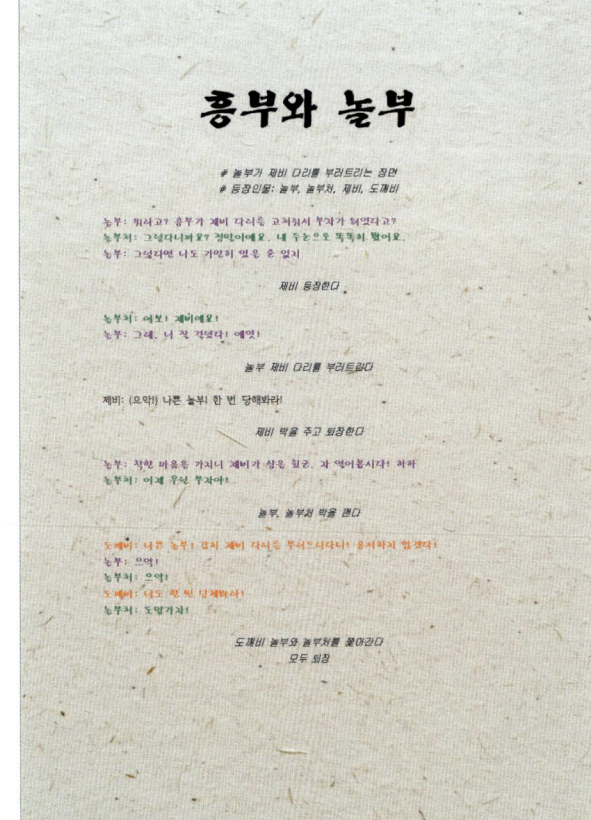

Hint

① [스타일 목록]: '지시문', '놀부', '놀부처', '도깨비'

GAME 19 수학 시간

| 학습목표 |
- 수식을 삽입할 수 있습니다.
- 셀에 색을 채울 수 있습니다.
- 수식을 편집할 수 있습니다.

오늘의 도착지점

예제 파일 : 19강_예제.hwpx   완성 파일 : 19강_완성.hwpx

분수의 덧셈을 해 볼까요

1. 보기 와 같이 계산해 보세요.

[보기]
$$\frac{3}{8}+\frac{1}{3}=\frac{3\times 3}{8\times 3}+\frac{1\times 8}{3\times 8}=\frac{9}{24}$$

[풀이]
$$\frac{1}{5}+\frac{7}{9}= \frac{1\times 9}{5\times 9}+\frac{7\times 5}{9\times 5}=\frac{9}{45}+\frac{35}{45}=$$

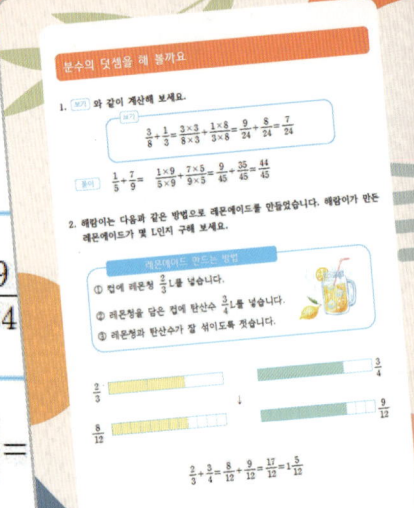

도착지 정보

수학은 수나 도형에 대해 연구하는 학문을 말합니다. 국어, 영어와 같이 학교에서 가장 많은 시간을 쏟아 배울 만큼 우리에게 중요한 학문입니다. 수학에서 배우는 전체에서의 부분을 나타내는 수인 '분수'에 대해 알아보고 덧셈 과정을 나타내는 문제지를 만들어 봅니다.

Step 01 수식 삽입하기

수식 편집기를 이용하여 수식을 삽입해 봅니다.

① 한글 2022 프로그램을 실행한 후 [내 컴퓨터에서 불러오기]–'19강_예제.hwpx'를 불러옵니다.

② 표의 빈 칸('=' 옆)에 커서를 위치시킨 후 [입력] 탭–[수식]의 목록 단추(∨)를 클릭하여 [수식 편집기]를 클릭합니다.

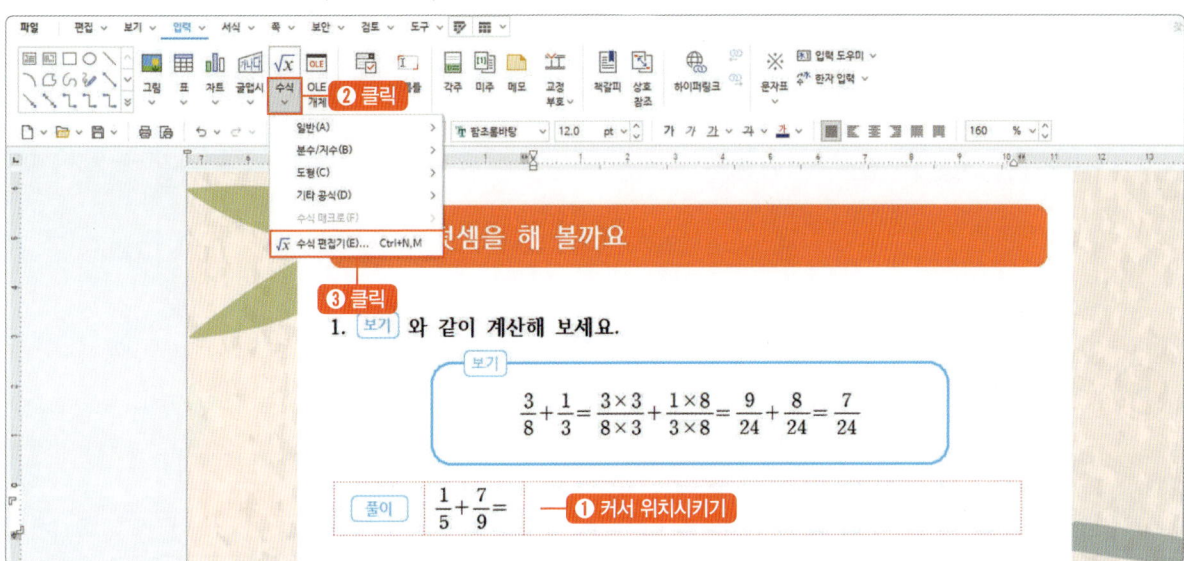

③ [수식 편집기] 대화 상자가 실행되면 [분수(믐)]를 클릭하고 분자 칸에 '1'를 입력합니다. 이어서 [연산, 논리기호(±)]를 클릭한 후 '×'를 클릭하고 '9'를 입력합니다.

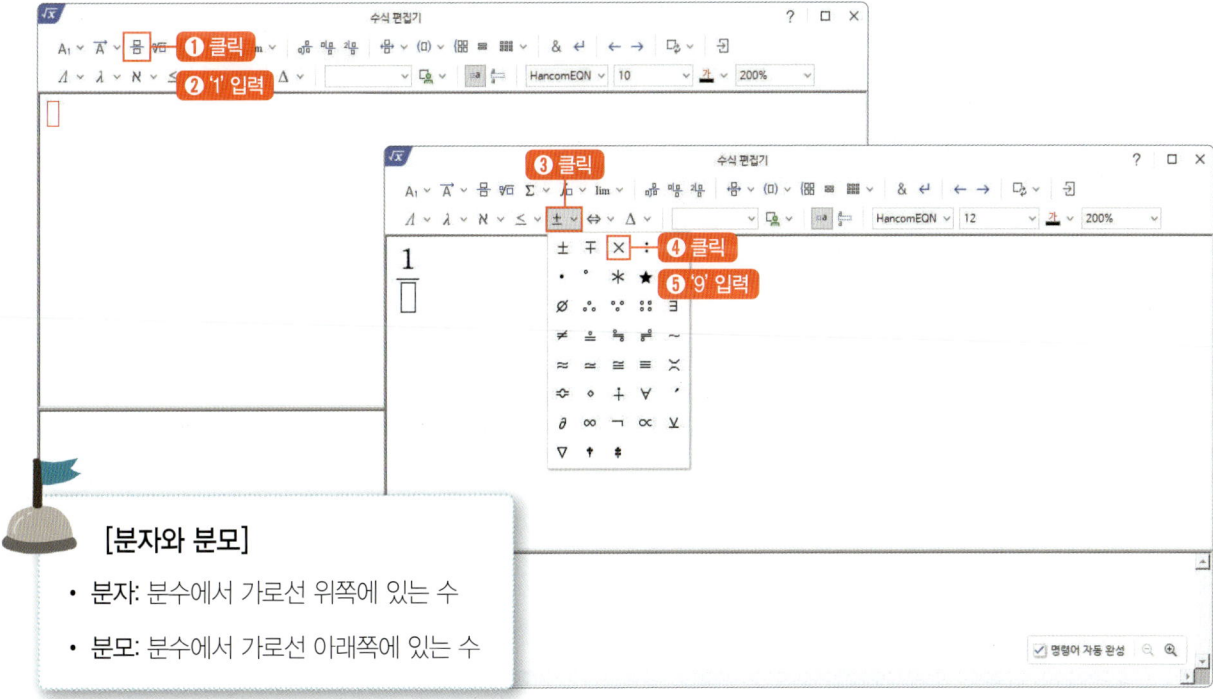

[분자와 분모]
- 분자: 분수에서 가로선 위쪽에 있는 수
- 분모: 분수에서 가로선 아래쪽에 있는 수

④ ⇥ 키를 눌러 분모 칸으로 커서를 이동하고 ③과 같은 방법으로 '5×9'를 입력한 후 ⇥ 키를 누릅니다.

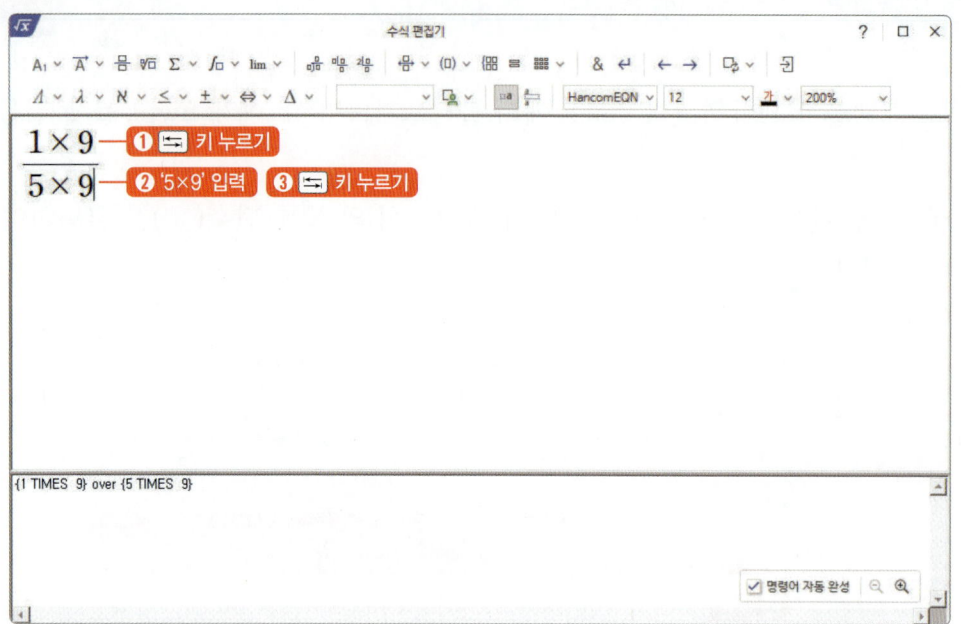

⑤ ③~④와 같은 방법으로 그림과 같이 수식을 입력한 후 [넣기]를 클릭합니다.

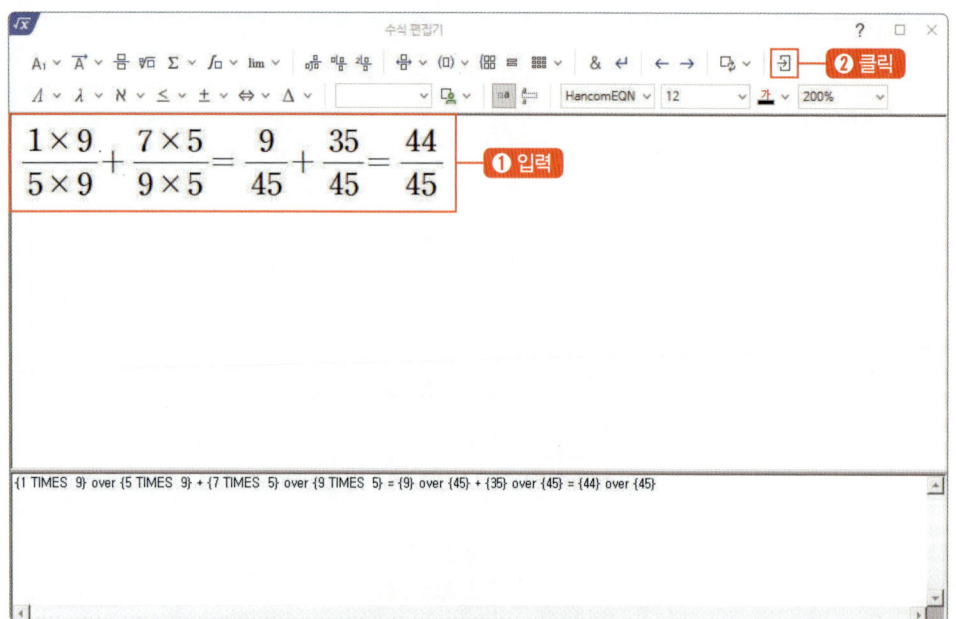

이해 쏙! TIP!

- 수식 편집기에서는 ⇥ 키, 방향키(↑, ↓, ←, →)로 항목을 이동할 수 있어요.
- 이전 항목 이동할 때는 Shift 키+⇥ 키를 눌러 이동할 수 있어요.
- 연산 기호가 없을 경우, 키보드의 + 키, = 키를 사용해 보세요.
- 수식을 모두 편집한 후 [넣기]를 클릭하지 않고 '닫기'를 클릭하면 수식이 삽입되지 않아요.

Step 02 셀에 색 채우기

원하는 셀을 선택하고 색을 채워 봅니다.

① 색을 채울 셀을 드래그하여 선택한 후 C 키를 누릅니다. [셀 테두리/배경] 대화상자에서 '면 색'을 클릭하고 임의의 색을 지정하여 [설정]을 클릭합니다.

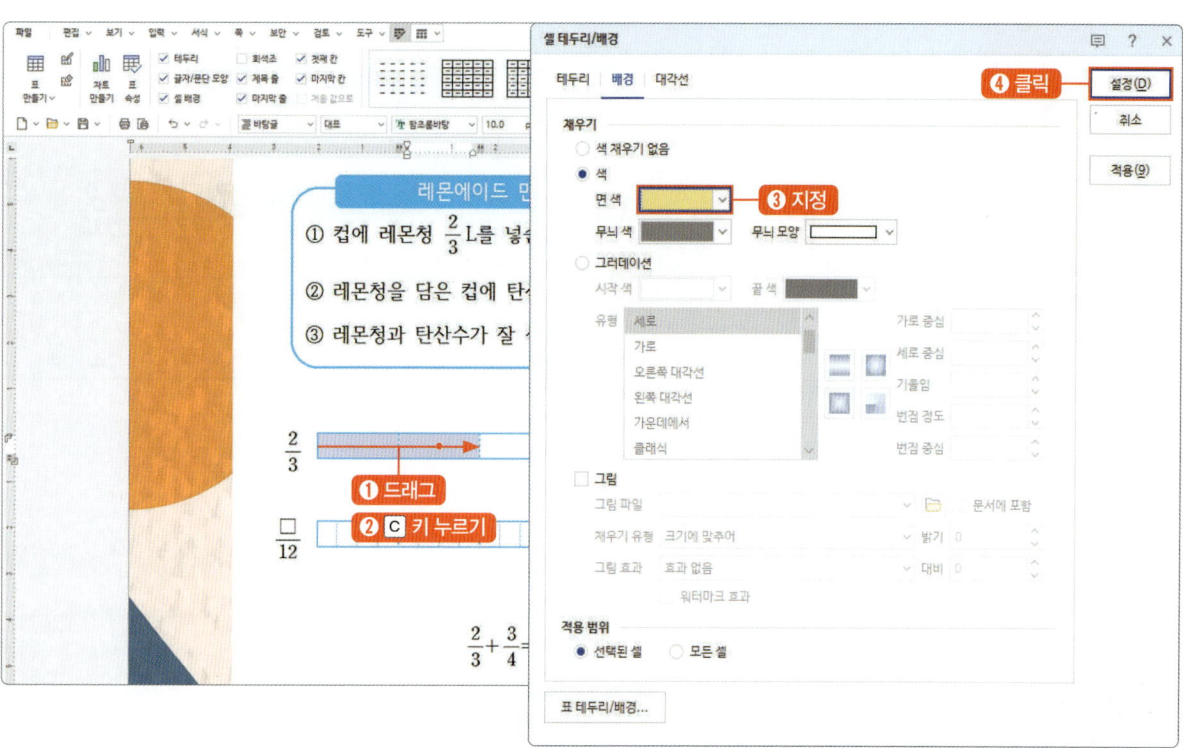

② ①과 같은 방법으로 그림과 같이 셀에 색을 채웁니다.

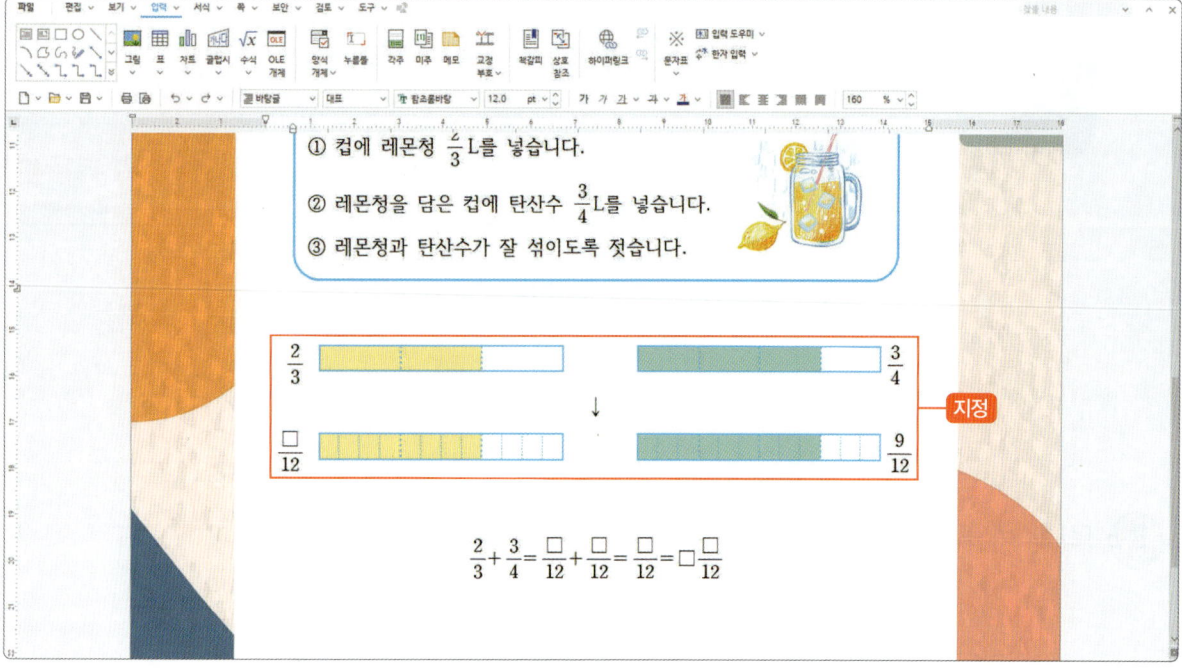

$$\frac{2}{3}+\frac{3}{4}=\frac{\square}{12}+\frac{\square}{12}=\frac{\square}{12}=\square\frac{\square}{12}$$

GAME 19 수학 시간 _ 121

Step 03 수식 편집하기

미리 삽입한 수식을 편집해 봅니다.

① 편집할 수식을 더블 클릭한 후 [수식 편집기] 대화 상자가 실행되면 수식을 편집하고 [넣기]를 클릭합니다.

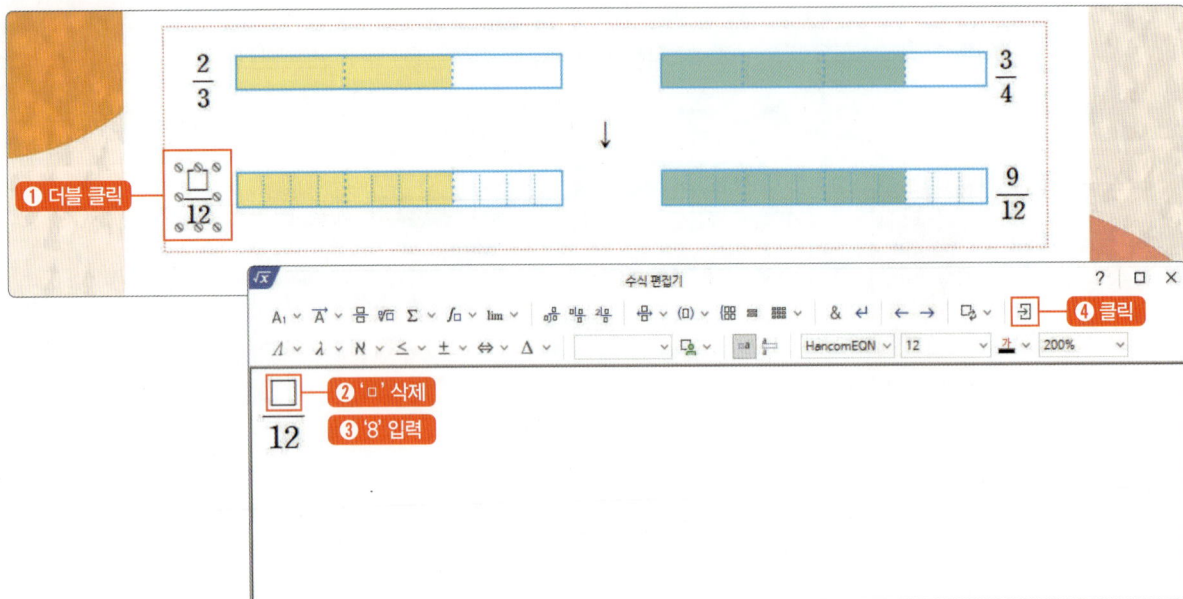

② ①과 같은 방법으로 그림과 같이 수식을 편집한 후 [넣기]를 클릭합니다.

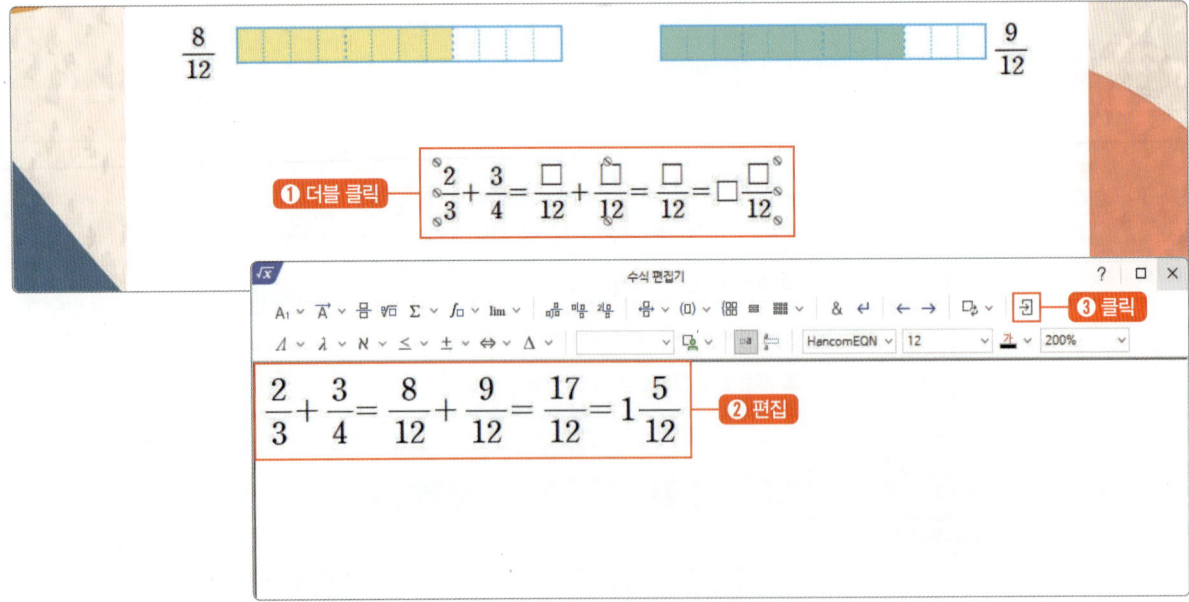

③ [다른 이름으로 저장하기]를 클릭한 후 '파일 이름'을 입력하여 저장합니다.

실력 UP! 한 칸 더 GO! GO!

1 파일을 불러온 후 수식 편집기를 사용하여 '분수의 나눗셈'을 완성해 보세요.

🔑 예제 파일 : 19강_실력1(예제).hwpx
🔑 완성 파일 : 19강_실력1(완성).hwpx

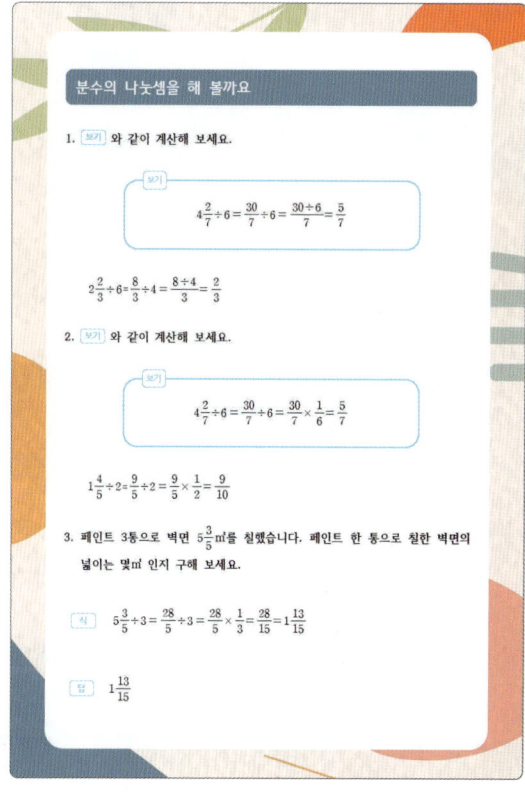

Hint
① [수식편집기]: 분수

2 파일을 불러온 후 수식 편집기를 사용하여 '피자 분수표'를 완성해 보세요.

🔑 예제 파일 : 19강_실력2(예제).hwpx   🔑 완성 파일 : 19강_실력2(완성).hwpx

Hint
① [수식편집기]: 분수, 글자크기-'25pt'

GAME 19 수학 시간 _ **123**

20 우리반 음악 차트

| 학습목표 |
- 차트를 삽입할 수 있습니다.
- 차트 레이아웃과 스타일을 변경할 수 있습니다.
- 차트 서식을 변경할 수 있습니다.

오늘의 도착지점

예제 파일 : 20강_예제.hwpx   완성 파일 : 20강_완성.hwpx

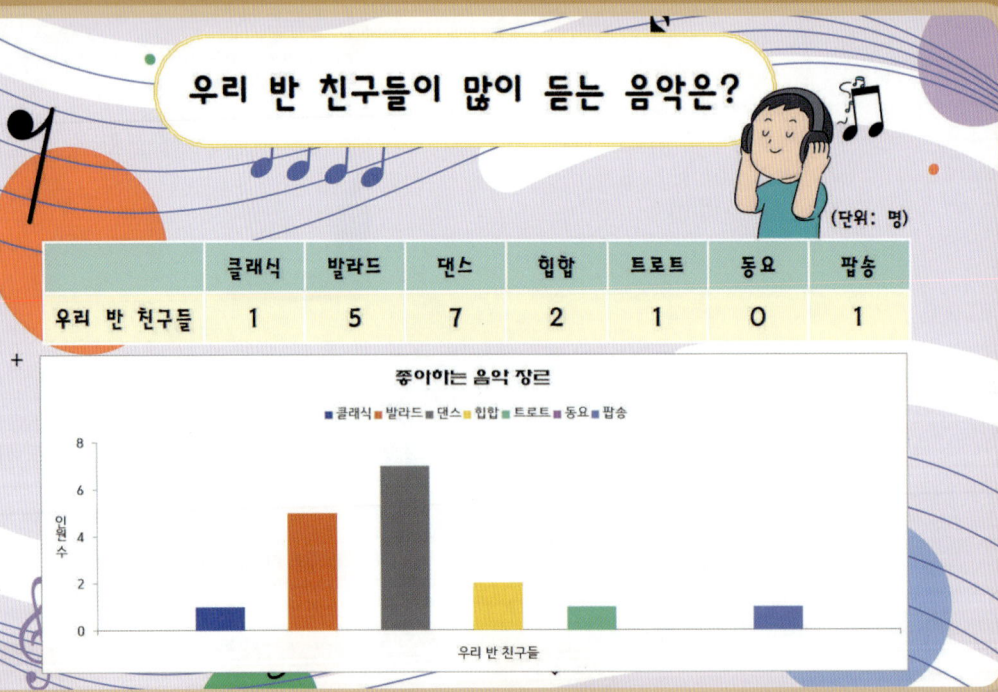

도착지 정보

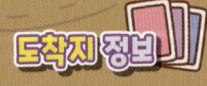

우리는 많은 예술 분야 중 음악을 생활에서 자주 접하게 됩니다. 학교 종소리로 사용되는 클래식부터 길거리에서 들려오는 대중음악까지 다양한 장르의 음악들을 만납니다. 다양한 장르 중 우리 반 친구들이 자주 듣는 노래는 무엇인지 알아보고 한 눈에 보기 좋게 정리해 봅니다.

Step 01 차트 삽입하기

표의 데이터를 활용하여 차트를 삽입해 봅니다.

① 한글 2022 프로그램을 실행한 후 [내 컴퓨터에서 불러오기]-'20강_예제.hwpx'를 불러옵니다.

② 표의 데이터를 모두 드래그하여 선택한 후 [입력] 탭-[차트]-[세로 막대형]의 '묶은 세로 막대형'을 클릭합니다.

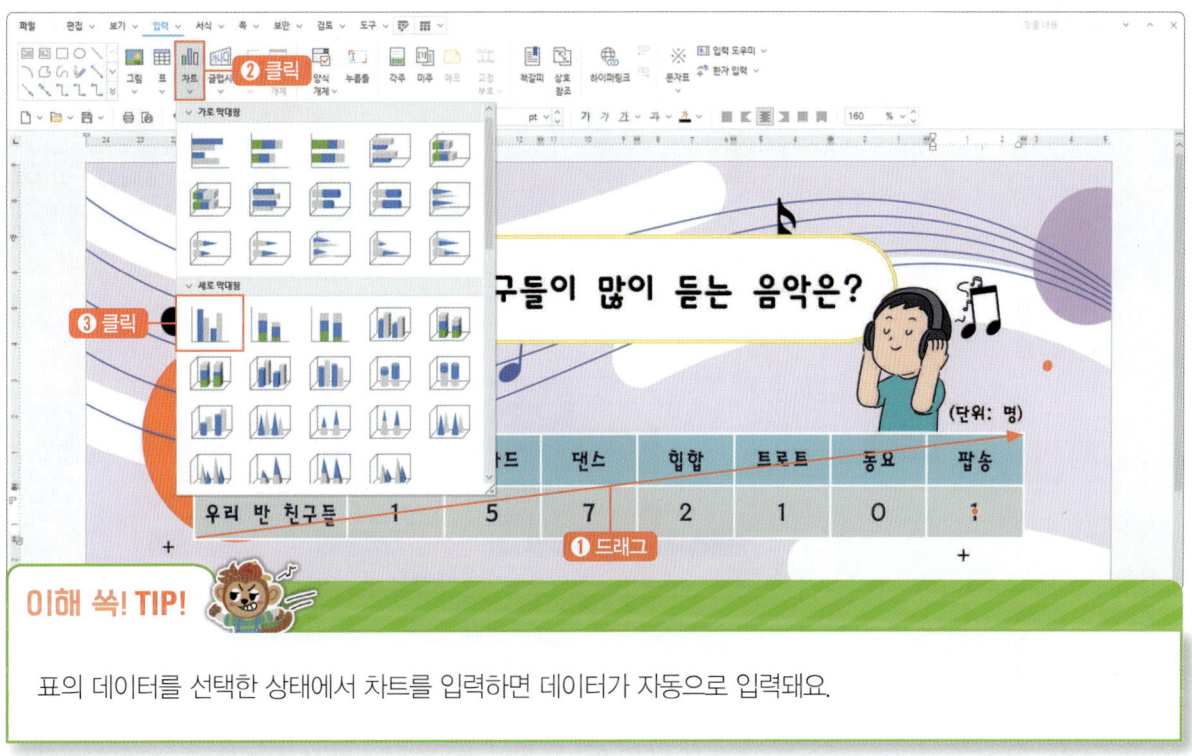

이해 쏙! TIP!

표의 데이터를 선택한 상태에서 차트를 입력하면 데이터가 자동으로 입력돼요.

③ 삽입된 차트의 조절점을 드래그하여 크기를 조절하고 적당한 위치에 배치합니다.

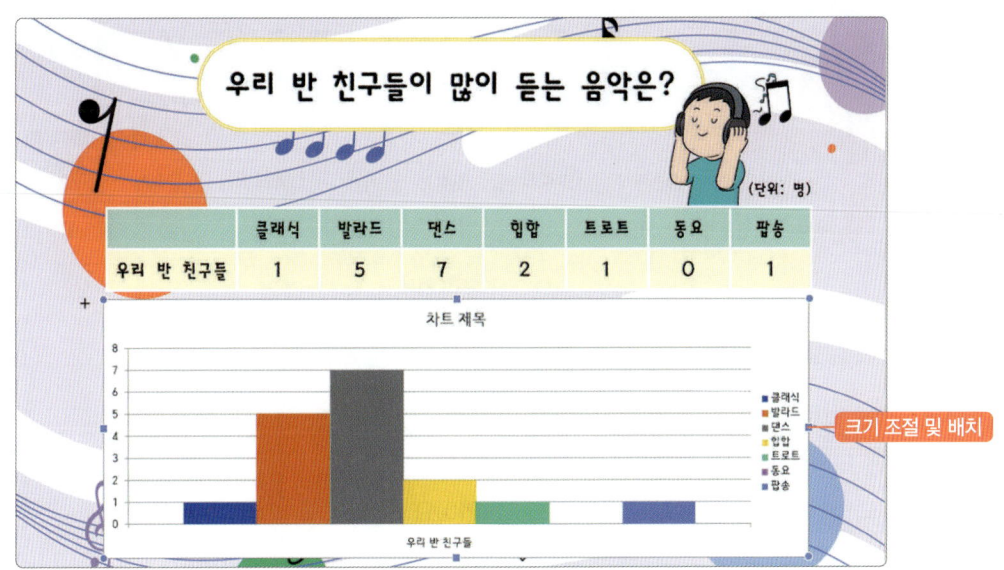

Step 02 차트 레이아웃 및 스타일 변경하기

삽입한 차트의 레이아웃과 스타일을 변경해 봅니다.

① 삽입한 차트를 클릭한 후 [차트 디자인] 탭-[차트 레이아웃]을 클릭하여 '레이아웃6'을 클릭합니다.

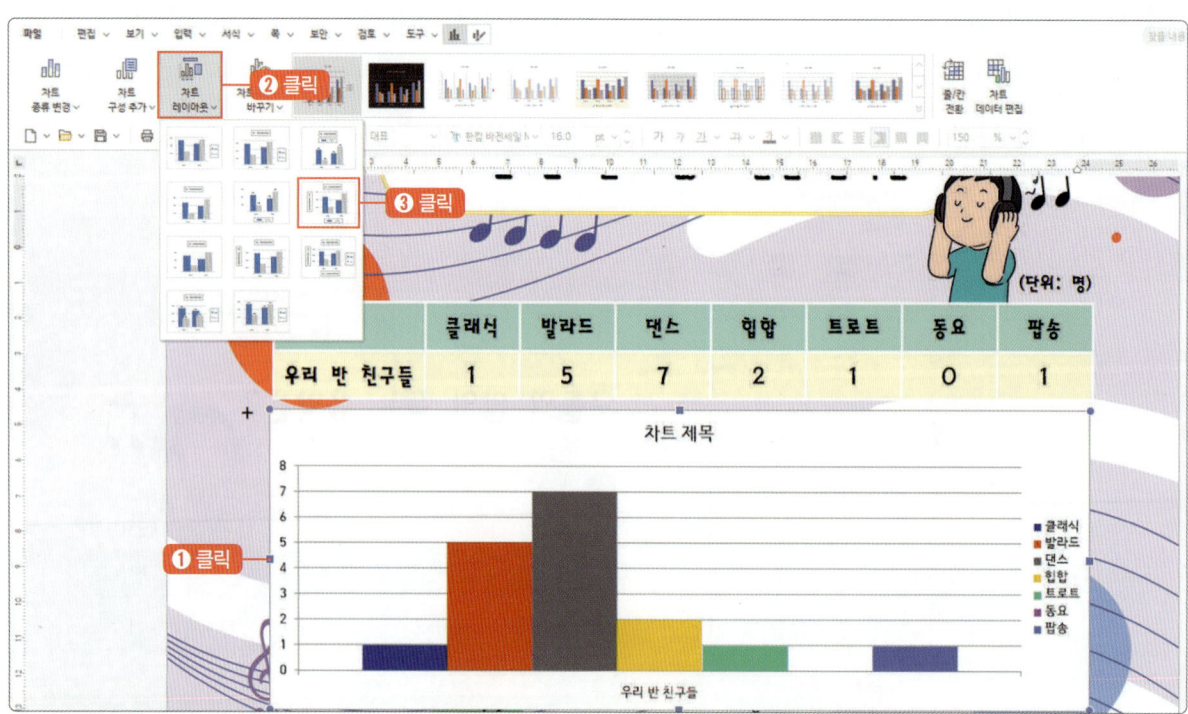

② 이어서 [차트 디자인] 탭에서 '스타일3'을 클릭합니다.

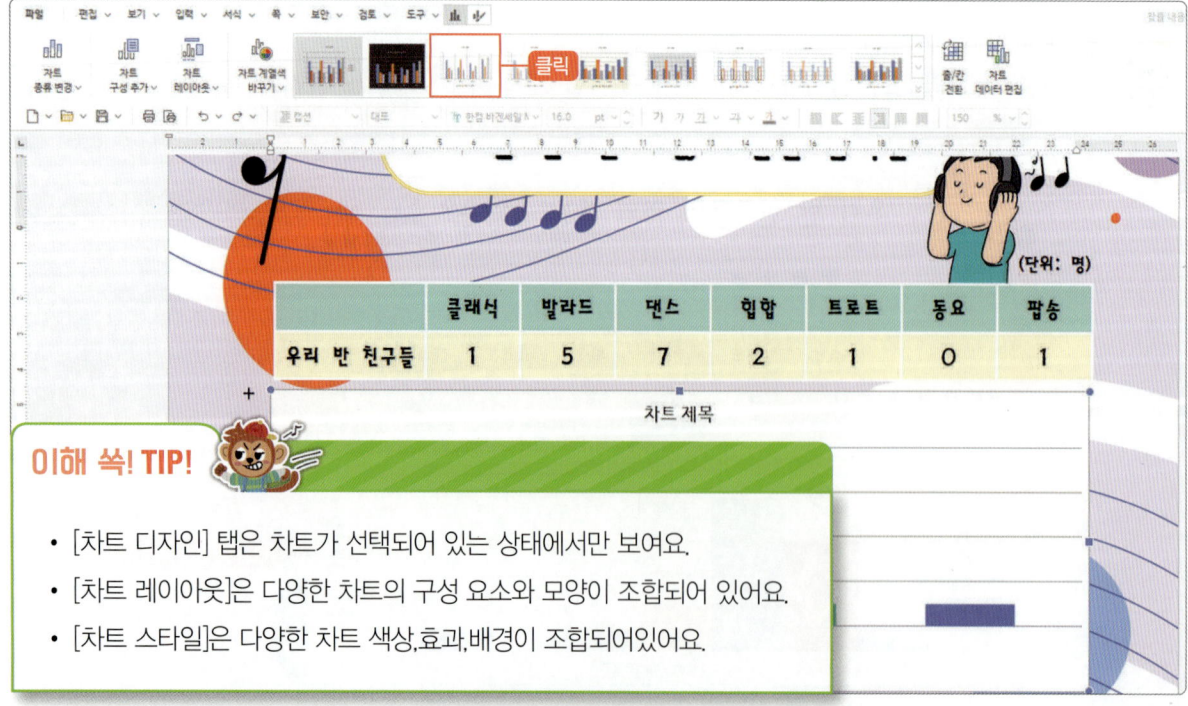

이해 쏙! TIP!

- [차트 디자인] 탭은 차트가 선택되어 있는 상태에서만 보여요.
- [차트 레이아웃]은 다양한 차트의 구성 요소와 모양이 조합되어 있어요.
- [차트 스타일]은 다양한 차트 색상, 효과, 배경이 조합되어있어요.

Step 03 차트 서식 변경하기

삽입한 차트의 서식을 변경해 봅니다.

① 오른쪽의 '축 제목'을 클릭한 후 마우스 오른쪽 버튼을 클릭하여 바로가기 메뉴의 [제목 편집]을 클릭합니다. [차트 글자 모양] 대화 상자가 실행되면 '글자 내용'을 지정한 후 [설정]을 클릭합니다.

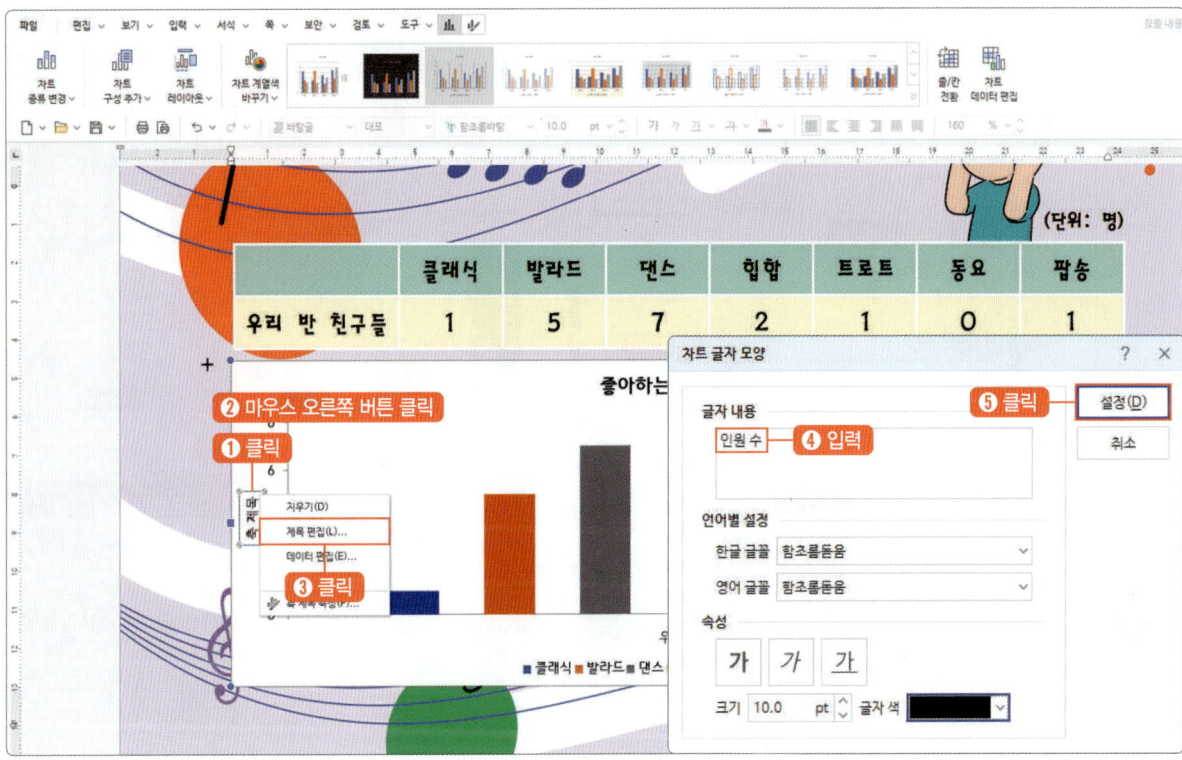

② 글자 내용이 변경된 축 제목을 더블 클릭한 후 [개체 속성] 창에서 '크기 및 속성'의 '글자 방향'을 '세로'로 지정하고 닫기 버튼을 누릅니다.

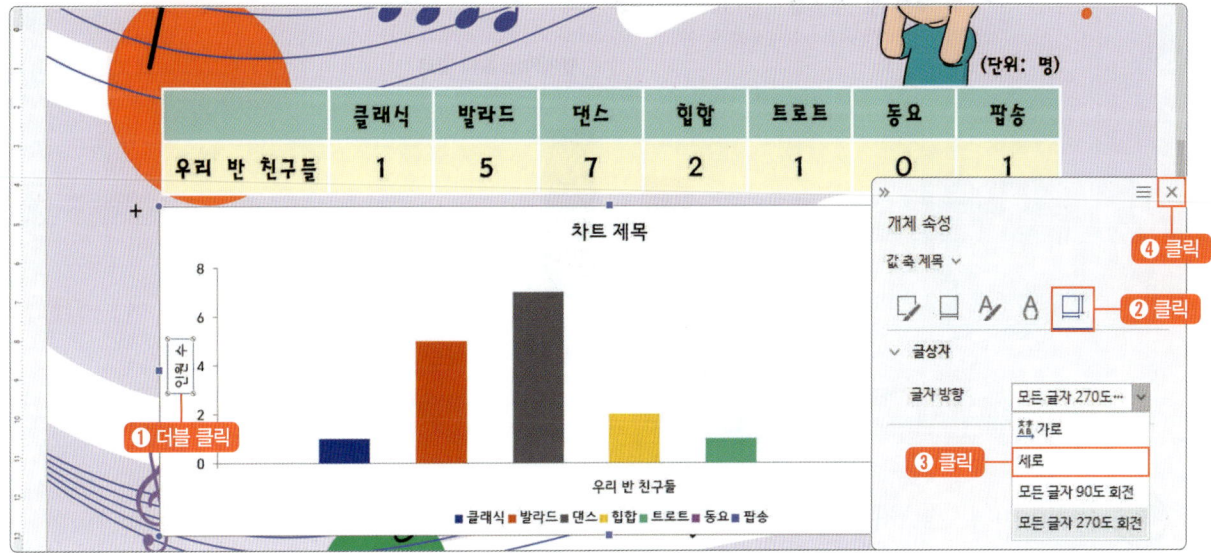

③ '차트 제목'을 클릭하고 마우스 오른쪽 버튼을 클릭하여 바로가기 메뉴의 [제목 편집]을 클릭합니다. [차트 글자 모양] 대화 상자가 실행되면 그림과 같이 '글자 내용'과 '한글 글꼴', '속성'을 지정한 후 [설정]을 클릭합니다.

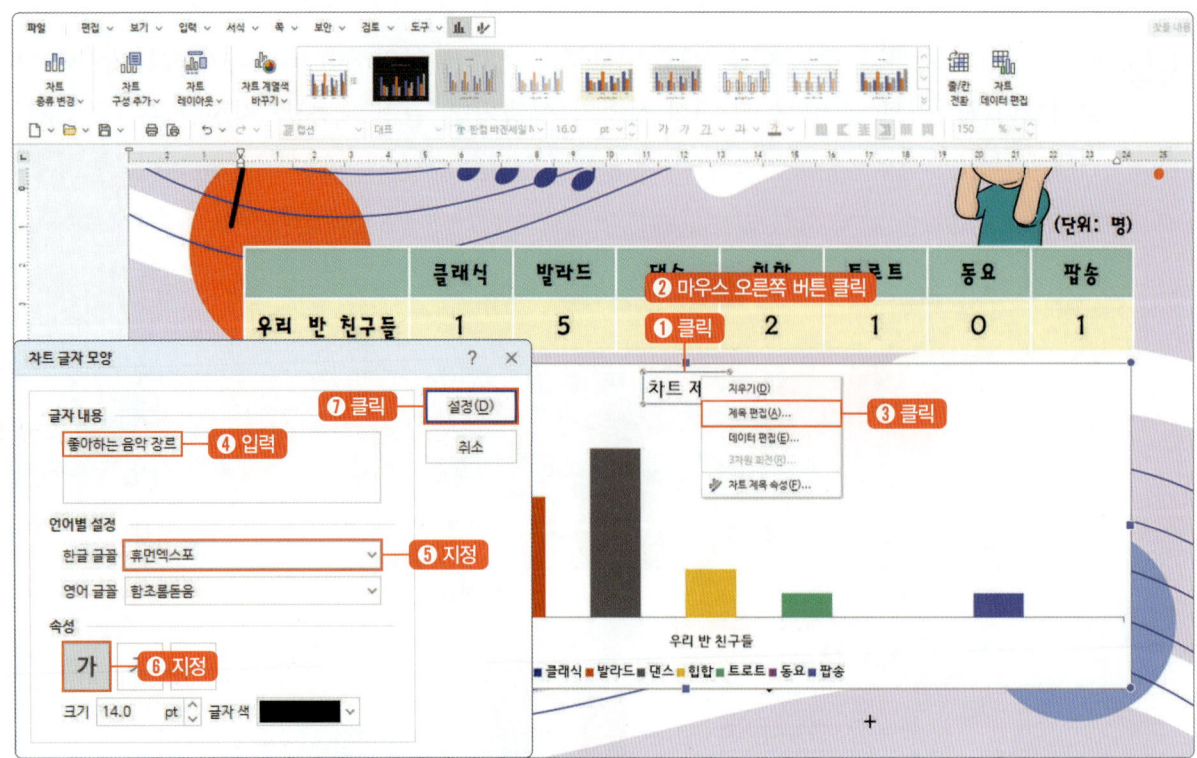

④ '범례'를 더블 클릭하여 [개체 속성] 창을 실행한 후, '범례 속성'에서 '범례 위치'를 '위쪽'으로 지정하고 닫기 버튼을 누릅니다.

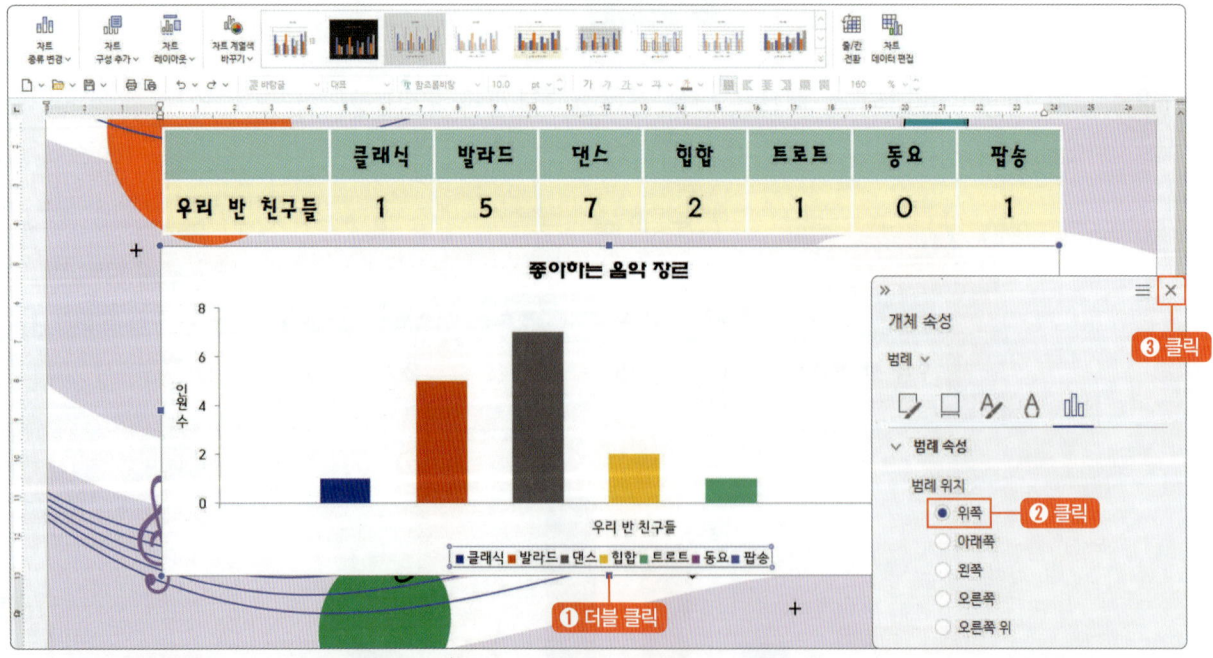

⑤ [다른 이름으로 저장하기]를 클릭한 후 '파일 이름'을 입력하여 저장합니다.

1 파일을 불러온 후 차트 기능을 사용하여 '지역별 우유 생산량'을 완성해 보세요.

🔑 예제 파일 : 20강_실력1(예제).hwpx   🔑 완성 파일 : 20강_실력1(완성).hwpx

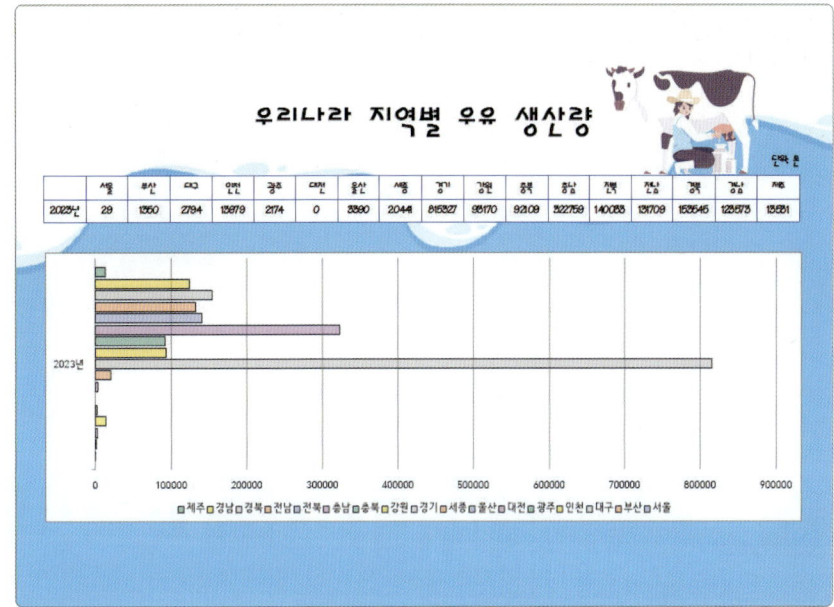

Hint
① [차트]: '묶은 가로 막대형'
② [차트 레이아웃]: '레이아웃1'
③ [차트 스타일]: '스타일5'

2 파일을 불러온 후 차트 기능을 사용하여 '떡볶이 횟수 차트'를 완성해 보세요.

🔑 예제 파일 : 20강_실력2(예제).hwpx   🔑 완성 파일 : 20강_실력2(완성).hwpx

Hint
① [차트]: '묶은 세로 막대형'
② [차트 레이아웃]: '레이아웃10'
③ [차트 스타일]: '스타일9'
④ [개체 속성]: '차트 영역'-'없음'

GAME 21 랜드마크 투어

| 학습목표 |
- 책갈피를 삽입할 수 있습니다.
- 한글 문서를 하이퍼링크로 연결할 수 있습니다.
- 웹주소로 하이퍼링크를 연결할 수 있습니다.

오늘의 도착지점   예제 파일 : 21강_예제.hwpx   완성 파일 : 21강_완성.hwpx

도착지 정보

랜드마크(landmark)는 원래 여행자들이 어느 지역을 여행할 때 돌아올 장소를 표시하던 것을 가르키는 말이었습니다. 건물이나 조형물 등 지역을 대표할 수 있는 상징물을 뜻하는 말로 사용합니다. 세계적으로 유명한 상징물들을 알아보는 랜드마크 소개를 만들어 봅니다.

Step 01 책갈피 삽입하기

책갈피를 삽입해 봅니다.

① 한글 2022 프로그램을 실행한 후 [내 컴퓨터에서 불러오기]-'21강_예제.hwpx'를 불러옵니다.

② 2쪽 1단 1줄 1칸에 커서를 위치시키고 [입력] 탭-[책갈피]를 클릭합니다. [책갈피] 대화상자에서 '책갈피 이름'을 '로마 콜로세움'으로 입력하고 [넣기]를 클릭합니다.

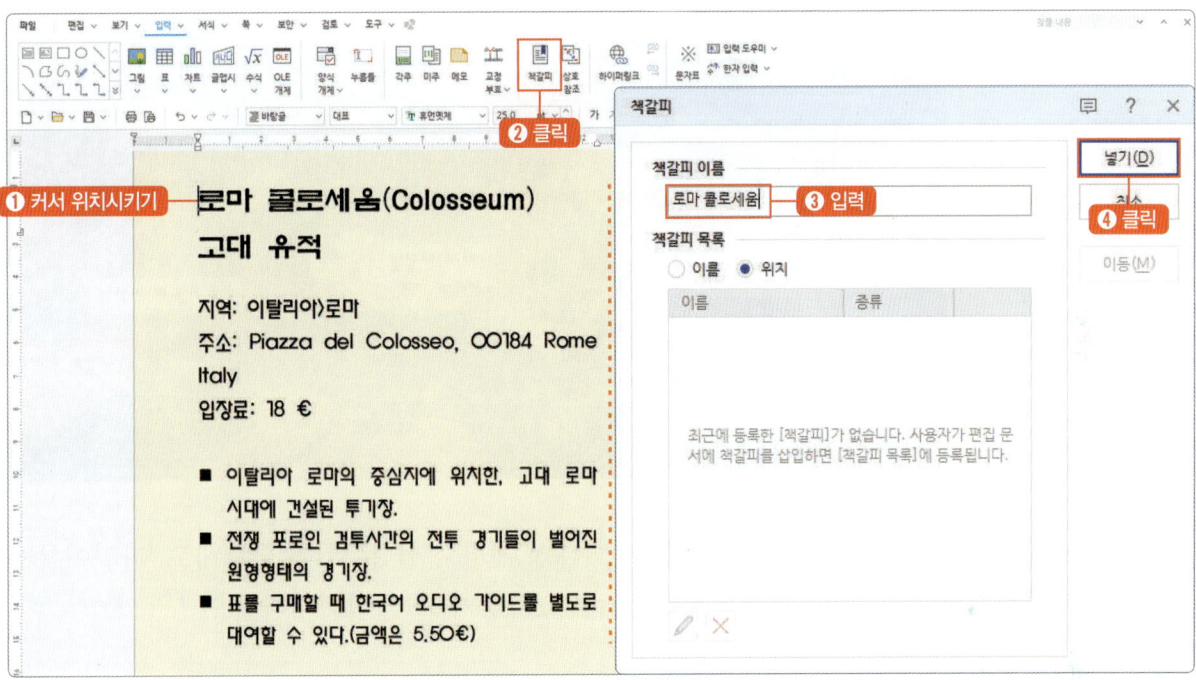

③ ②와 같은 방법으로 그림과 같이 각각의 위치에 책갈피를 입력합니다.

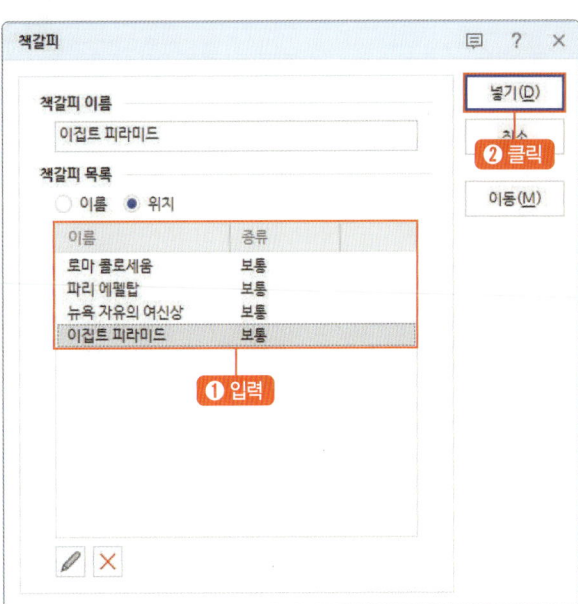

이해 쏙! TIP!

잘못 입력한 책갈피는 [책갈피] 대화 상자에서 이름을 변경하거나 삭제할 수 있어요.

GAME 21 랜드마크 투어 _ **131**

Step 02 문서로 하이퍼링크 연결하기

같은 문서 안에서 하이퍼링크로 연결해 봅니다.

① 1쪽의 '로마 콜로세움'을 드래그하여 선택하고 [입력] 탭-[하이퍼링크]를 클릭합니다.

② [하이퍼링크] 대화 상자가 실행되면 '연결 대상'에서 [훈글 문서]를 클릭하고 '파일이름'을 '[현재 문서]'로 지정한 후 '로마 콜로세움'을 클릭하고 [넣기]를 클릭합니다.

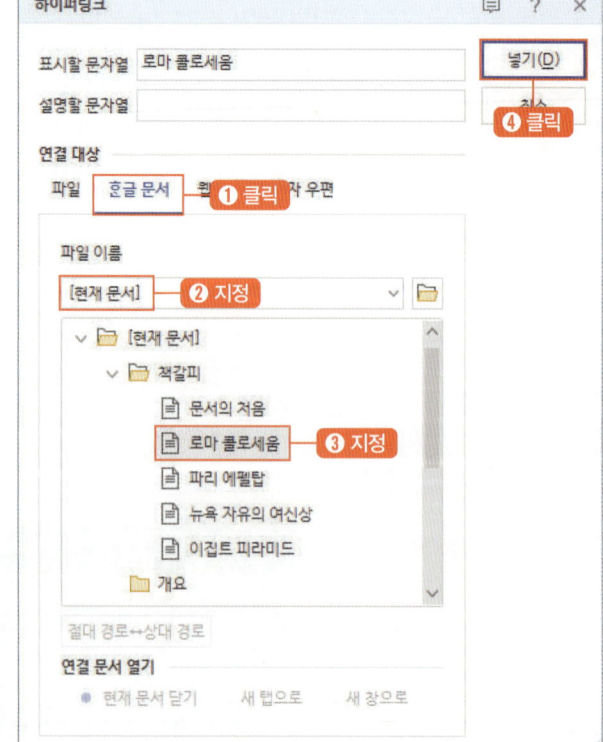

이해 쏙! TIP!

미리 삽입한 [책갈피]에 하이퍼링크를 연결할 수 있어요.

③ 이어서 '파리 에펠탑'을 드래그하여 선택하고 마우스 오른쪽 버튼을 클릭하여 바로가기 메뉴의 [하이퍼링크]를 클릭한 후 ②와 같이 설정합니다.

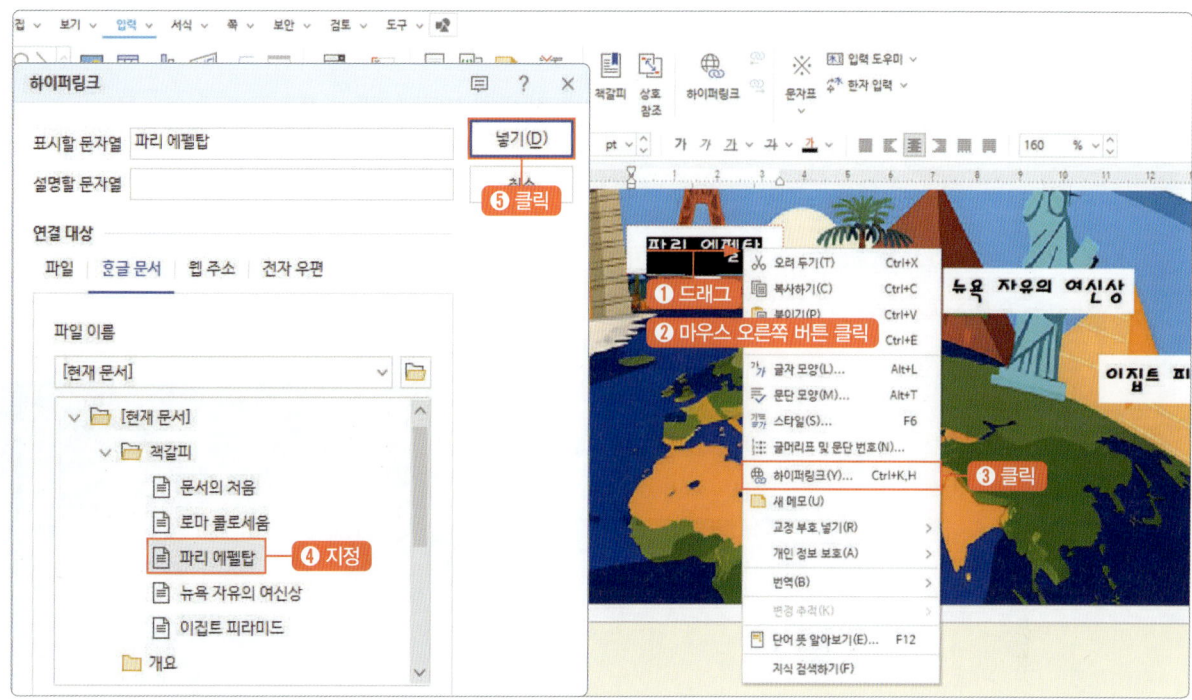

④ ①~③과 같은 방법으로 '뉴욕 자유의 여신상', '이집트 피라미드'에도 각각 하이퍼링크를 연결한 후 하이퍼링크가 설정된 글자를 클릭하여 확인해 봅니다.

이해 쏙! TIP!

설정한 하이퍼링크를 지우고싶은 경우, 연결된 글자 뒤에 커서를 위치시키고 Back Space 키를 누르면 돼요.

Step 03 웹주소로 하이퍼링크 연결하기

웹주소로 하이퍼링크로 연결해 봅니다.

① 인터넷 검색창에서 '대한민국 구석구석'을 검색한 후 홈페이지(korean.visitkorea.or.kr)에 접속하고 주소를 복사합니다.

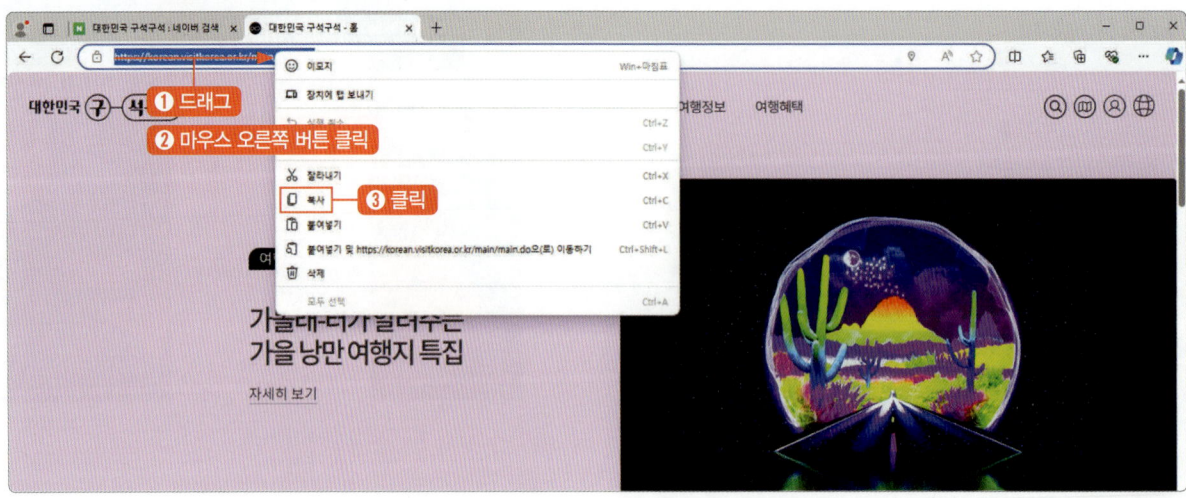

② 3쪽의 '국내여행은?'을 드래그하여 선택한 후 [입력] 탭-[하이퍼링크]를 클릭하여 [웹 주소]를 선택하고 복사한 주소를 붙여넣습니다. 그 다음 [넣기]를 클릭합니다.

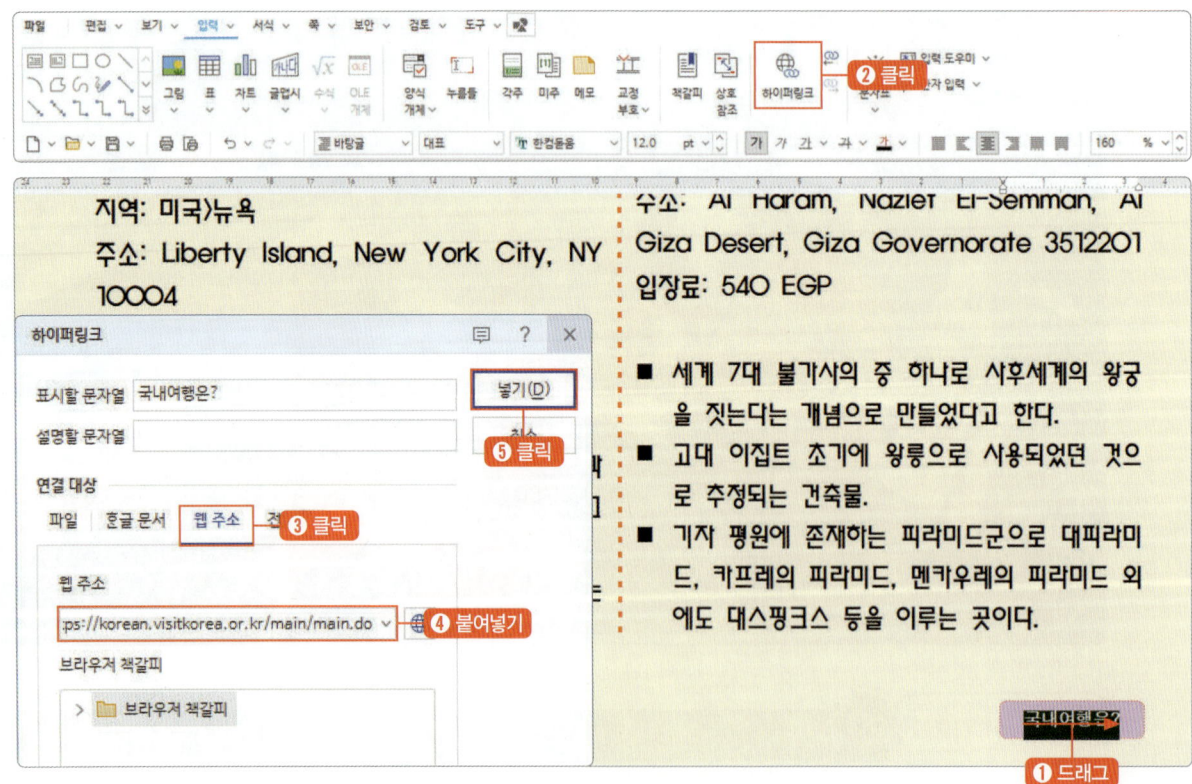

③ [다른 이름으로 저장하기]를 클릭한 후 '파일 이름'을 입력하여 저장합니다.

1 파일을 불러온 후 책갈피와 하이퍼링크 기능을 사용하여 '드림하우스'를 완성해 보세요.

🔑 예제 파일 : 21강_실력1(예제).hwpx   🔑 완성 파일 : 21강_실력1(완성).hwpx

Hint
① [책갈피]: '다락방', '동생 방', '침실', '부엌', '화장실', '거실'
② [하이퍼링크]: '한글 문서'

2 파일을 불러온 후 책갈피와 하이퍼링크 기능을 사용하여 '기승전결'을 완성해 보세요.

🔑 예제 파일 : 21강_실력2(예제).hwpx   🔑 완성 파일 : 21강_실력2(완성).hwpx

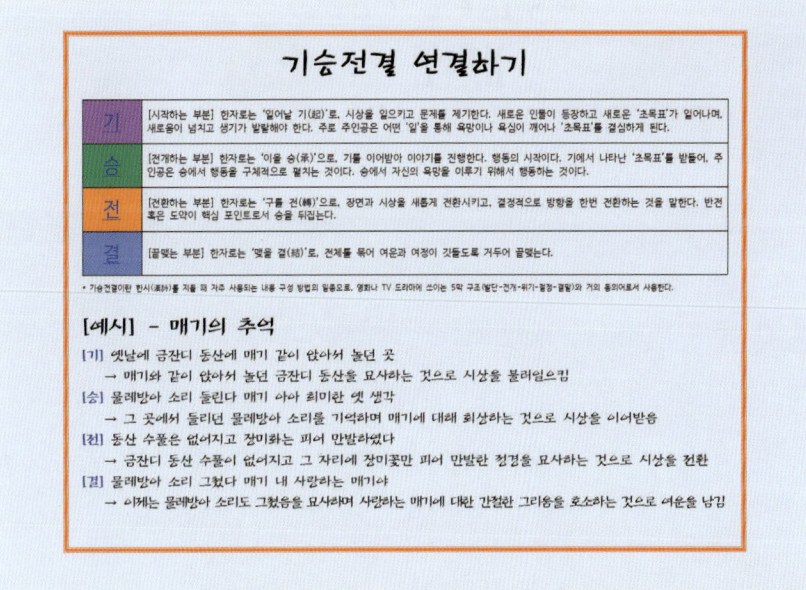

Hint
① [책갈피]: '기', '승', '전', '결'
② [하이퍼링크]: '한글 문서'

GAME 21 랜드마크 투어 _ **135**

나만의 이름표

| 학습목표 |
- 라벨문서를 만들 수 있습니다.
- 메일 머지 표시를 달 수 있습니다.
- 메일 머지를 만들 수 있습니다.

오늘의 도착지점

예제 파일 : 22강_예제 폴더   완성 파일 : 22강_완성.hwpx

```
3학년 1반 3번          3학년 2반 10번
   조성운                  박너래

3학년 3반 2번          3학년 1반 13번
   전현문                  이장운

3학년 2반 7번
   김휘민
```

도착지 정보

이름표는 보통 다른 사람이 나의 이름을 알 수 있도록 하는 형태로 자신의 물건을 구분하기 위해 붙이기도 합니다. 학교에서는 교과서 혹은 잃어버리기 쉬운 물건에 붙여져 있는 것을 자주 볼 수 있습니다. 이름을 계속 쓰고 붙여넣지 않아도 손쉽게 만들 수 있는 나만의 이름표를 만들어 봅시다.

Step 01 라벨 문서 만들기

라벨 문서를 만들어 봅니다.

1. 한글 2022 프로그램을 실행한 후 [새 문서]를 클릭합니다.

2. [쪽] 탭-[라벨]을 클릭하여 [라벨 문서 만들기]를 클릭합니다. [라벨 문서 만들기] 대화 상자가 실행되면 [라벨 문서 꾸러미] 탭을 클릭하고 'Formtec'의 '주소(16칸) – 3107'을 선택한 후 [열기]를 클릭합니다.

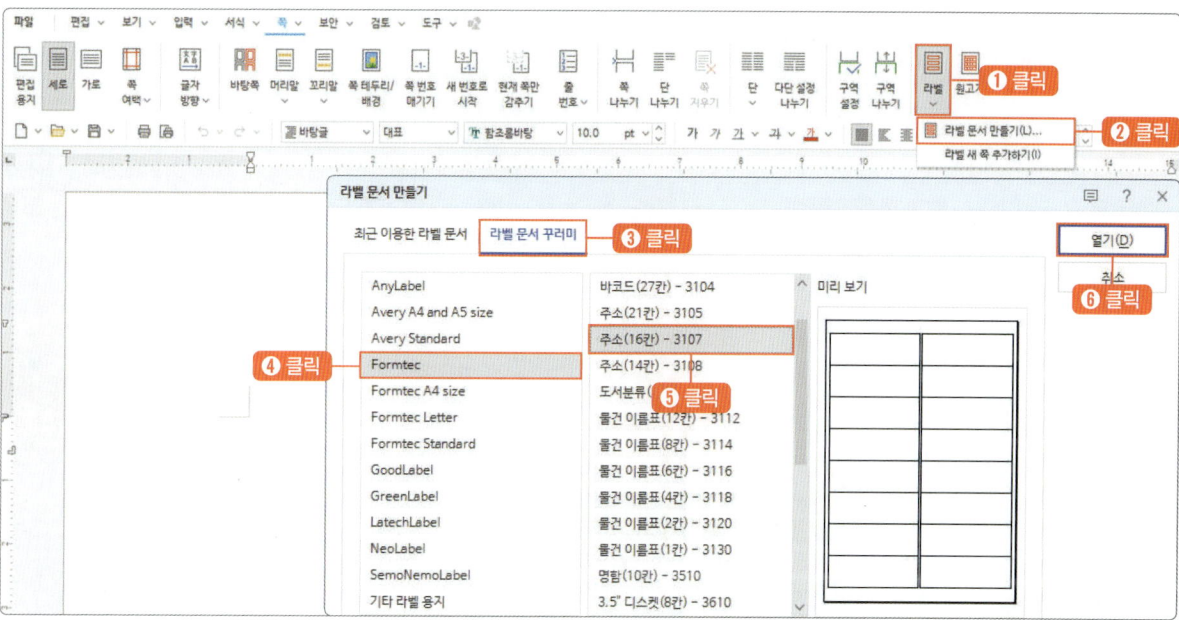

3. 첫 번째 칸을 선택하고 C 키를 누릅니다. [셀 테두리/배경] 대화 상자가 실행되면 [배경] 탭을 클릭하고 '그림'을 체크하고 경로를 지정하여 그림을 불러온 뒤 [설정]을 클릭합니다.

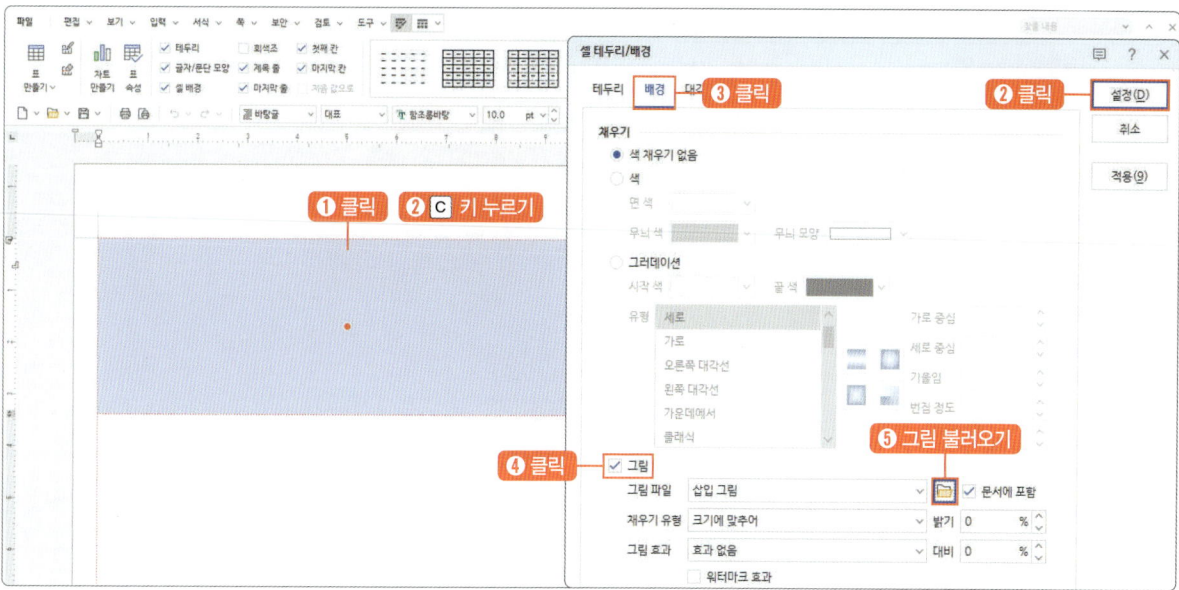

| Step 02 | **메일 머지 표시 달기** |

메일 머지 표시를 생성해 봅니다.

① 첫 번째 칸에 커서를 위치시킨 후 Enter 키를 한 번 누른 후 [도구] 탭의 목록 단추(˅)를 클릭하여 [메일 머지]-[메일 머지 표시 달기]를 클릭합니다.

이해 쏙! TIP!

[메일 머지 표시 달기] 단축키: Ctrl 키+ K 키, M 키

② [메일 머지 표시 달기] 대화 상자가 실행되면 [필드 만들기] 탭을 클릭하고 '필드 번호나 이름을 입력하세요.'에 '1'을 입력하고 [넣기]를 클릭합니다.

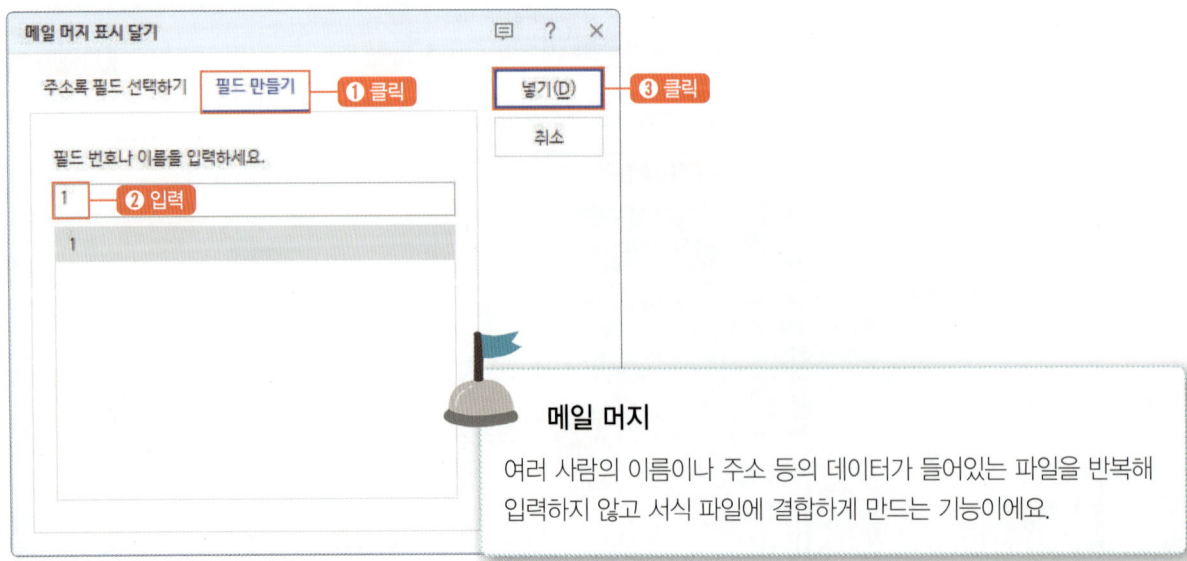

메일 머지

여러 사람의 이름이나 주소 등의 데이터가 들어있는 파일을 반복해 입력하지 않고 서식 파일에 결합하게 만드는 기능이에요.

138 _ [컴속마불] 퀘스트 팡팡! 한글2022 어드벤처

③ 입력된 메일 머지 표시 뒤에서 Enter 키를 눌러 줄바꿈을 한 후 ①~②와 같이 [메일 머지 표시]를 달아 번호 '2'를 입력합니다.

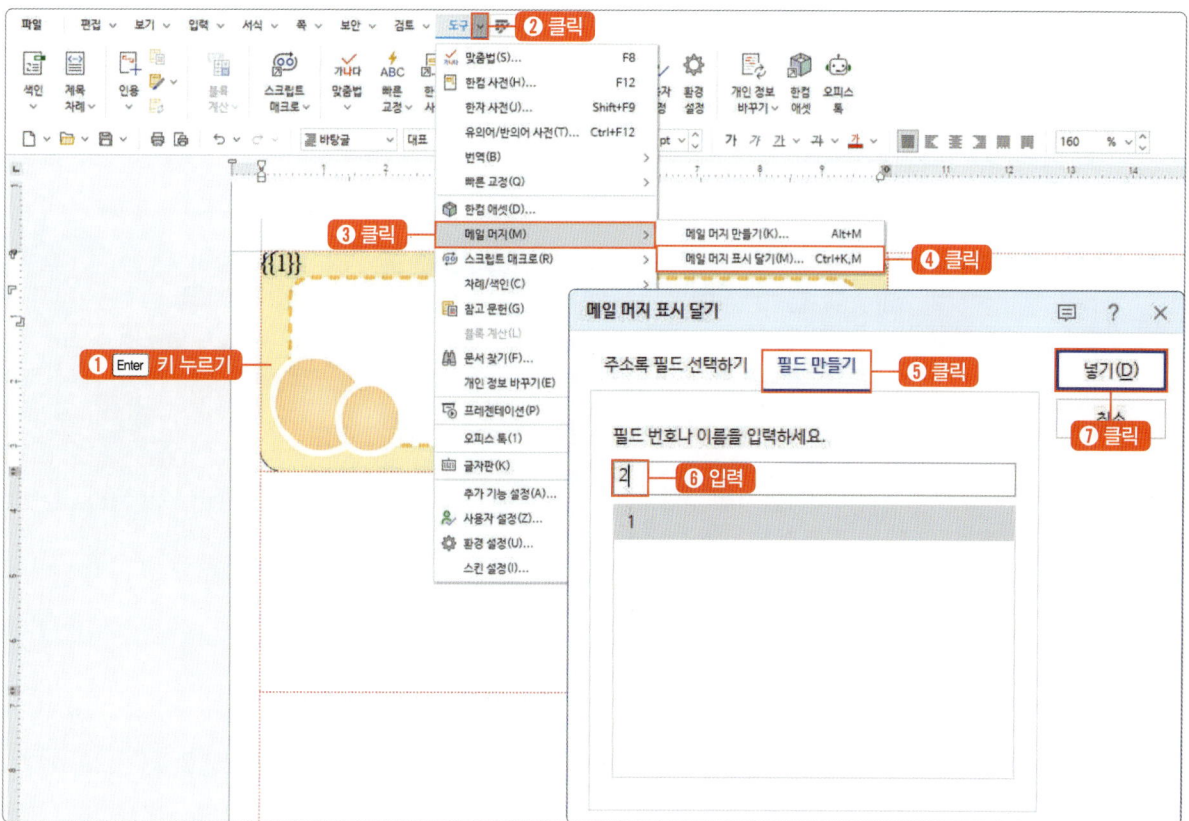

④ 삽입된 메일 머지 표시를 선택한 후 그림과 같이 글자 모양 및 문단 모양을 변경합니다.

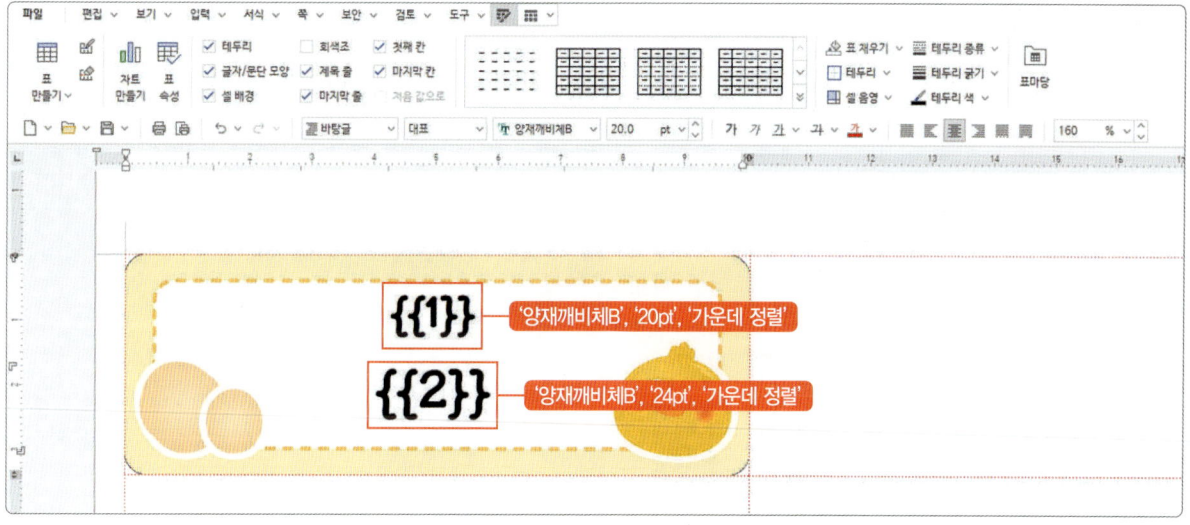

이해 쏙! TIP!

메일 머지 표시는 글자 모양이나 정렬을 적용할 수 있어요. 나중에 메일 머지를 만들면 입력되는 데이터 모두 동일한 모양과 정렬이 적용돼요.

Step 03 메일 머지 만들기

데이터 파일을 만들어 메일 머지를 만들어 봅니다.

① 작성 중인 서식 파일에서 [파일]-[새 문서]를 클릭하여 새로운 문서를 만든 후 그림과 같이 데이터를 입력합니다.

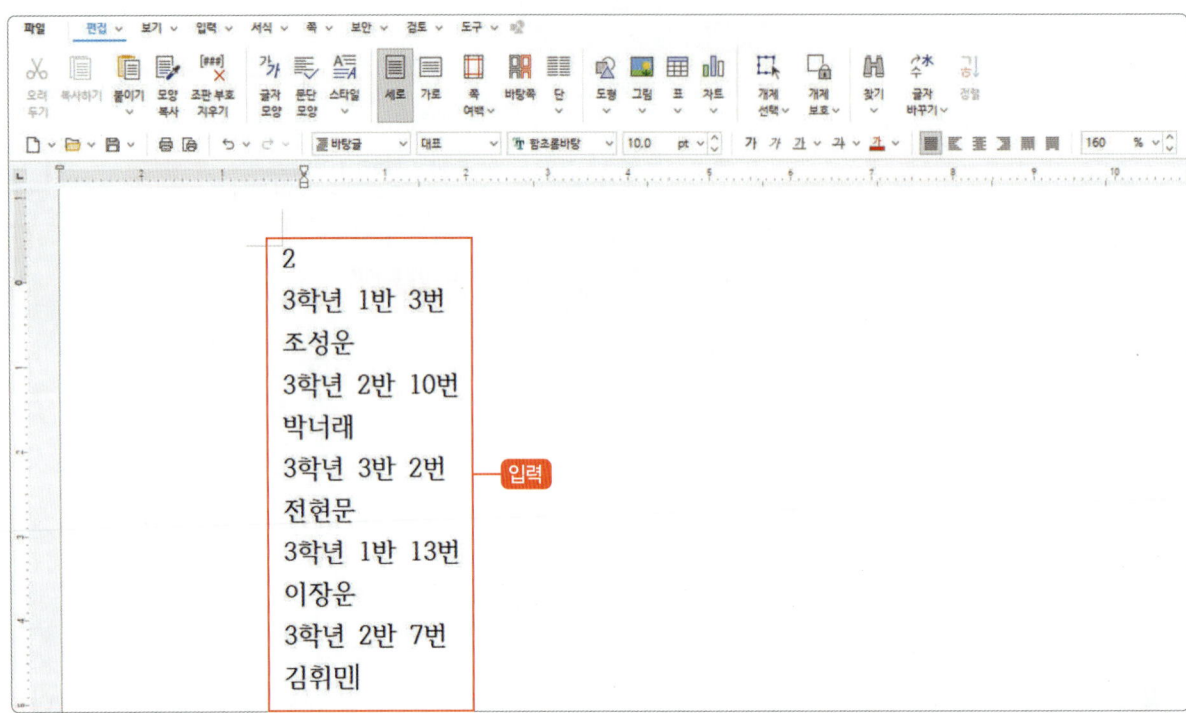

② [다른 이름으로 저장하기]를 눌러 대화 상자가 실행되면 파일 이름을 '데이터파일.hwpx'로 지정한 후 파일을 저장합니다. 이후 저장한 '데이터파일'의 창을 닫습니다.

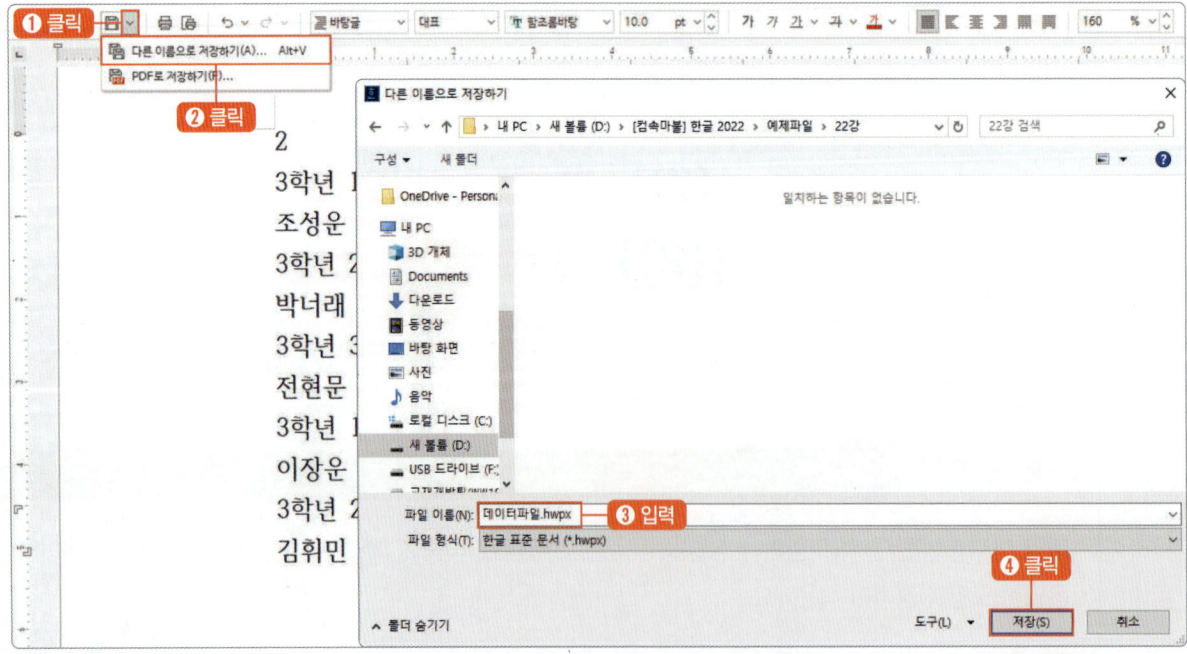

③ 서식 파일 문서에서 [도구] 탭의 목록 단추(ˇ)를 클릭하여 [메일 머지]-[메일 머지 만들기]를 클릭합니다.

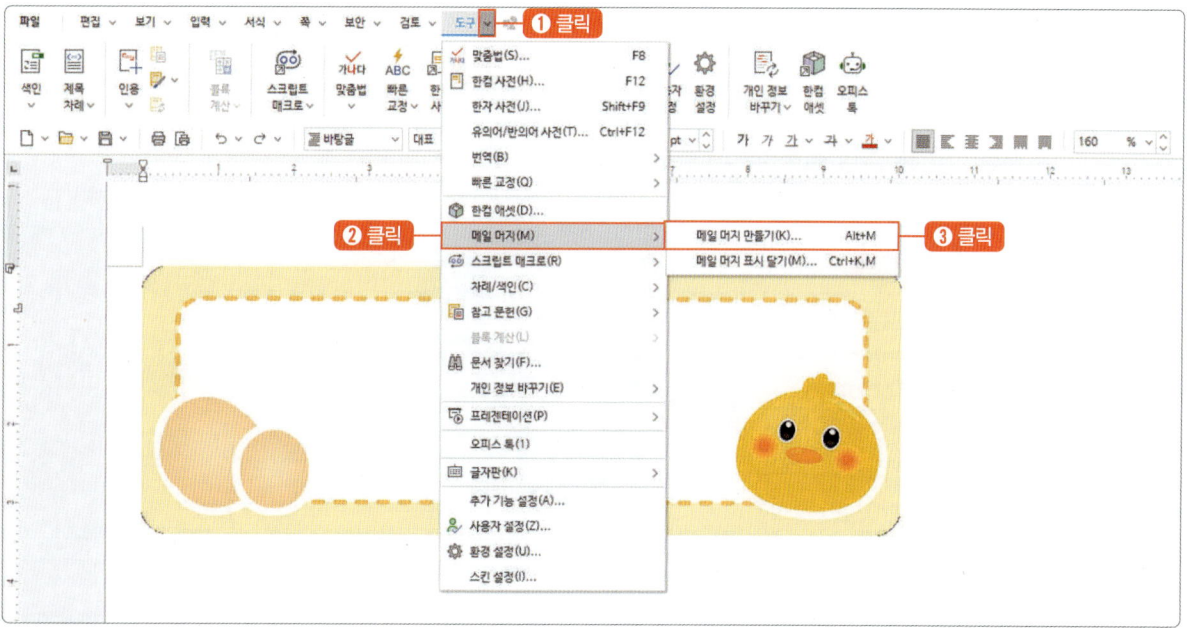

④ [메일 머지 만들기] 대화 상자가 실행되면 '자료 종류'-'훈글 파일'의 '파일 선택'을 클릭합니다. 앞서 저장한 '데이터파일.hwpx'을 선택하고 [열기]를 클릭합니다.

GAME 22 나만의 이름표 _ 141

⑤ 이어서 '출력 방향'을 '파일'로 선택한 후 저장 위치와 파일 이름을 지정하고 [저장]을 클릭합니다. 그 다음 [메일 머지 만들기] 대화 상자에서 [만들기]를 클릭합니다.

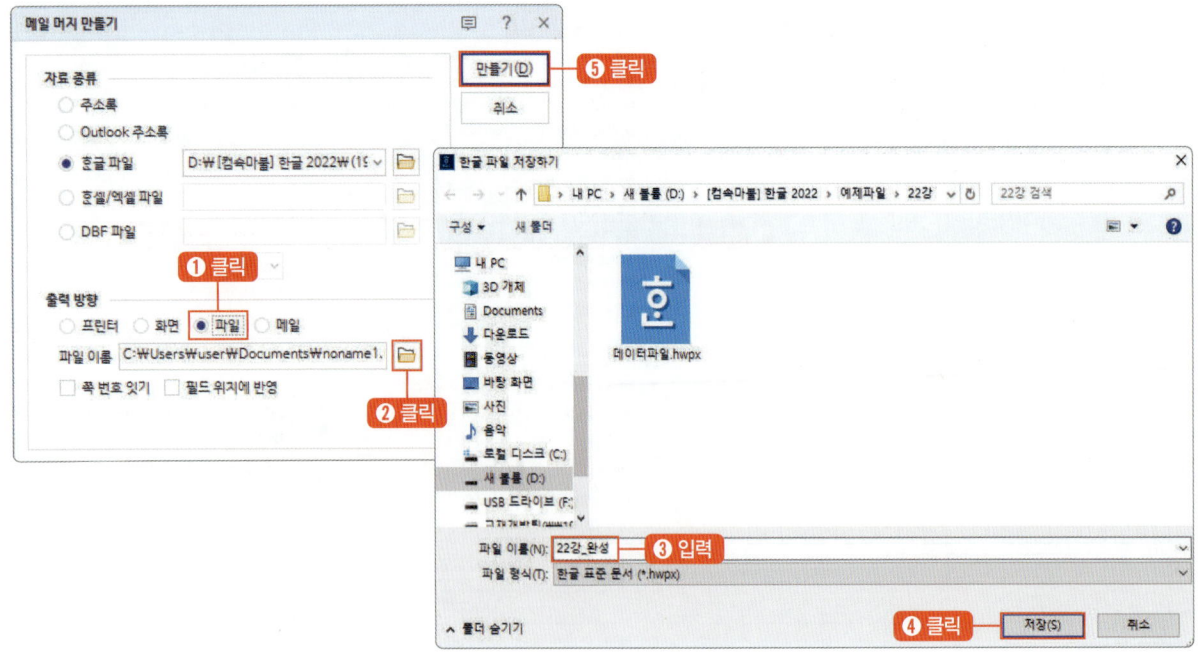

⑥ [파일] 탭-[불러오기]를 클릭한 후 ⑤에서 지정한 위치의 파일을 불러와 이름표를 확인합니다.

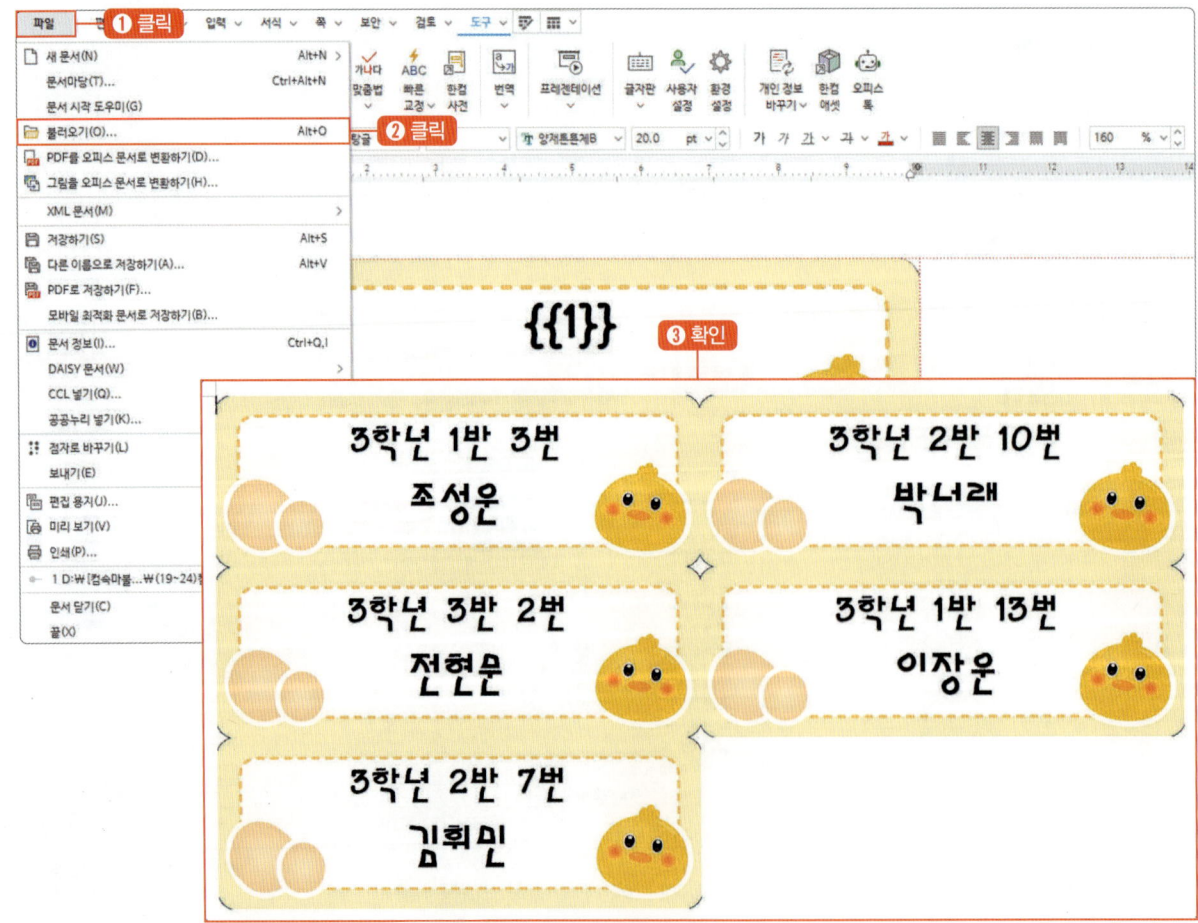

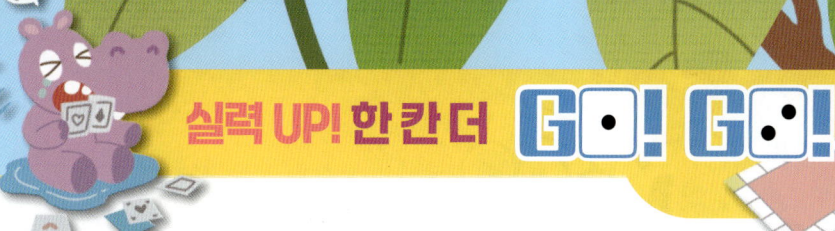

1 파일을 불러온 후 라벨 설정 기능을 사용하여 '바코드'를 완성해 보세요.

🔑 예제 파일 : 22강_실력 예제 폴더
🔑 완성 파일 : 22강_실력1(완성).hwpx

Hint
① [라벨 문서 만들기]: 'Formtec'-'바코드(27칸)-3104'
② [셀 그림 채우기]: '바코드.png'

2 파일을 불러온 후 메일 머지 기능을 사용하여 '초대장'을 완성해 보세요.

🔑 예제 파일 : 22강_실력 예제 폴더
🔑 완성 파일 : 22강_실력2(완성).hwpx

Hint
① [메일머지]: 혼글파일- '22강_실력2_데이터파일.hwpx', 출력 방향-'파일'

GAME 23 두껍아 두껍아

| 학습목표 |
- 본문 상용구를 등록하고 사용할 수 있습니다.
- 등록된 상용구를 편집할 수 있습니다.
- 글자 상용구를 등록하고 사용할 수 있습니다.

오늘의 도착지점

🔑 예제 파일 : 23강_예제.hwpx   🔑 완성 파일 : 23강_완성.hwpx

두껍아 두껍아

두껍아 두껍아 헌집 줄게 새집 다오
두껍아 두껍아 물 길어 오너라 너희 집 지어 줄게
두껍아 두껍아 너희 집에 불 났다
쇠스랑 가지고 똘레똘레 오너라

두껍아 두껍아 헌 집 줄게 새 집 다오
두껍아 두껍아 물 길어 오너라 너희 집 지어줄게
두껍아 두껍아 너희 집에 불났다
쇠스랑 가지고 똘레똘레 오너라

도착지 정보

전래동요란 옛날부터 전해 오던 아이들의 노래를 말합니다. 입에서 입으로 전해져 '구전동요'라고도 부르는 노래는 언제, 누가 지었는지 모르지만 대부분 짧고 간결하게 되풀이 되는 특징을 가졌습니다. 반복적인 가사를 전부 쓰지 않고도 가사지를 만들어 봅니다.

Step 01 본문 상용구 사용하기

본문 상용구 등록하고 상용구를 사용해 봅니다.

① 한글 2022 프로그램을 실행한 후 [내 컴퓨터에서 불러오기]–'23강_예제.hwpx'를 불러옵니다.

② '두껍아 두껍아'를 드래그한 후 [입력] 탭–[입력 도우미]–[상용구]–[상용구 등록]을 클릭합니다.

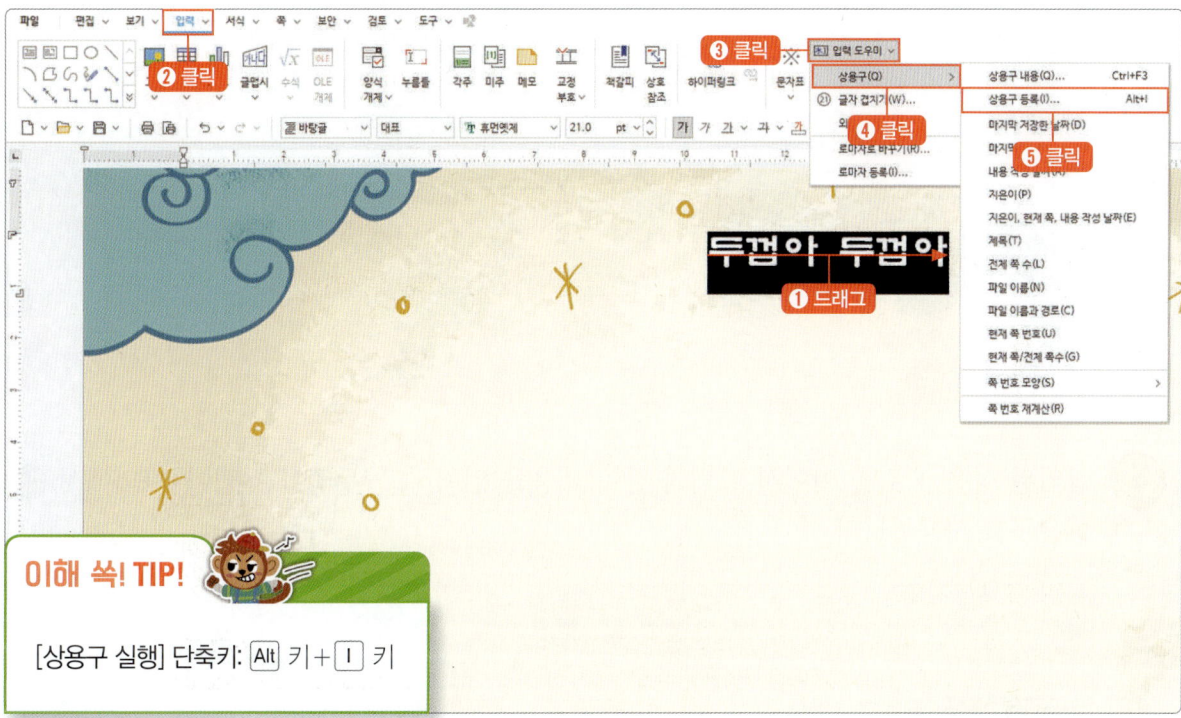

이해 쏙! TIP!

[상용구 실행] 단축키: Alt 키 + I 키

② [글자 상용구 등록] 대화 상자가 실행되면 '준말'에 '두'를, '설명'에 '두껍아 두껍아'를 입력하고 '글자 속성 유지'를 선택한 후 [등록]을 클릭합니다.

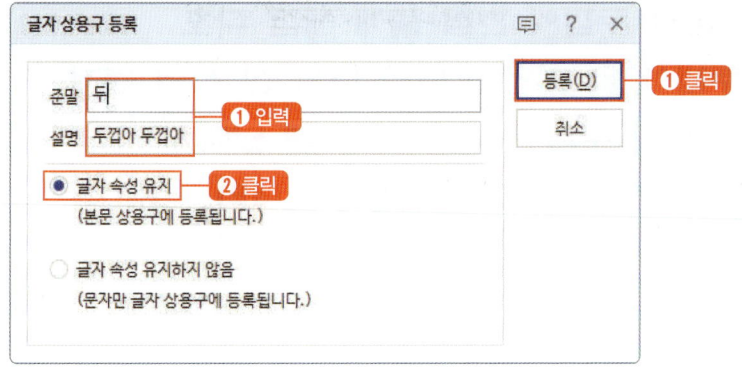

상용구
자주 사용하는 문장이나 명령어 등을 미리 입력해두었다가 간단한 키 입력으로 불러내어 쓰는 것

GAME 23 두껍아 두껍아 _ **145**

④ 제목 아래 3줄에 커서를 위치시킨 후 '두'를 입력하고 Alt 키 + I 키를 눌러 상용구를 입력합니다.

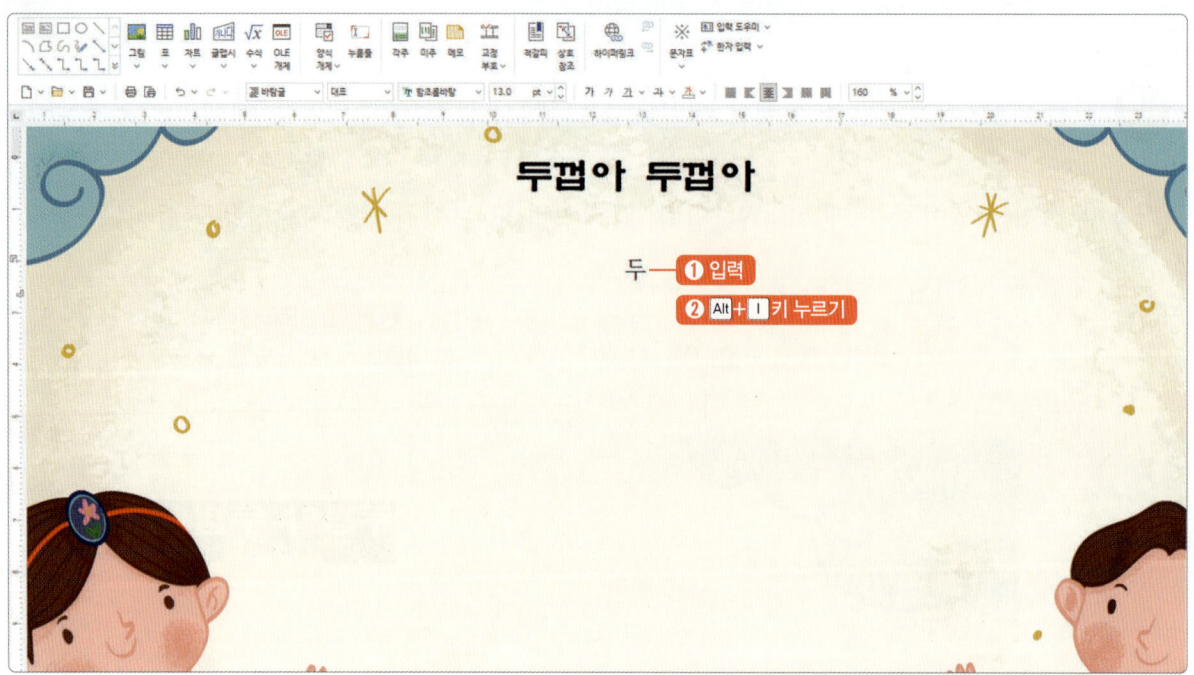

⑤ 삽입된 상용구 뒤를 이어서 그림과 같이 내용을 입력하고 '두껍아 두껍아' 자리에서 ④와 같이 상용구를 사용합니다.

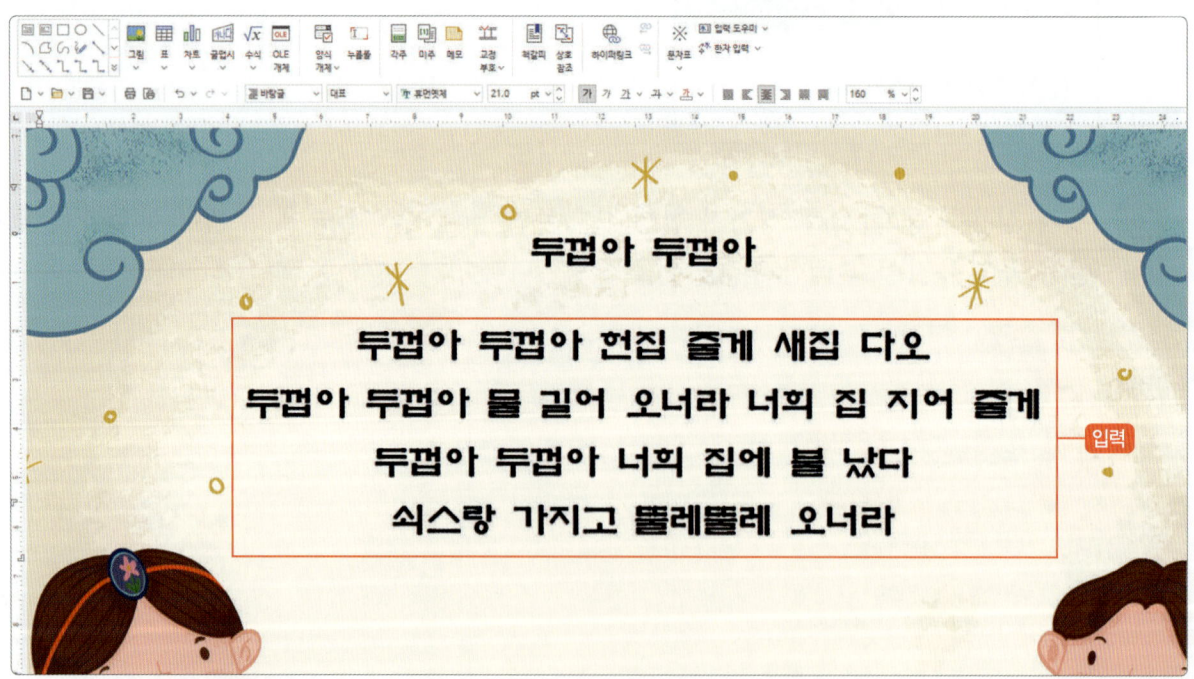

이해 쏙! TIP!

[본문 상용구]를 사용하면 글자, 표, 그림 등 훈글에서 사용하는 모든 내용들을 서식 그대로 사용할 수 있어요.

Step 02 상용구 편집하기

등록한 상용구를 편집해 봅니다.

① [입력] 탭-[입력 도우미]-[상용구]-[상용구 내용]을 클릭합니다.

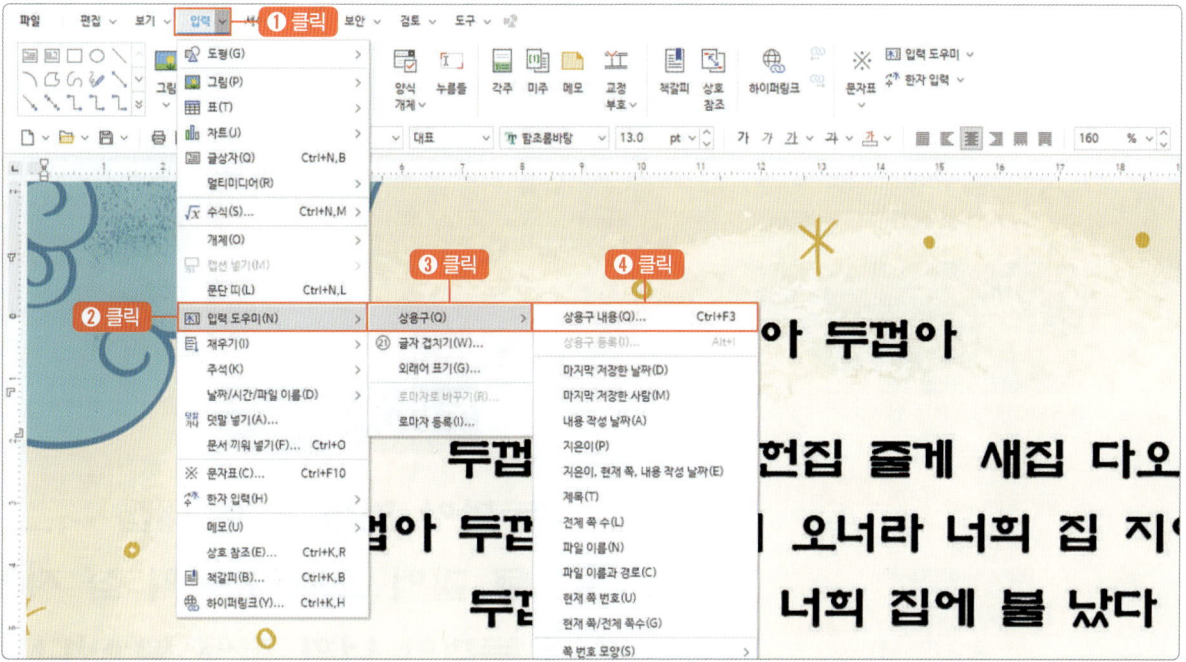

② [상용구] 대화 상자가 실행되면 [본문 상용구] 탭을 선택하고 등록된 상용구를 선택하여 [상용구 지우기]를 클릭합니다. 이어서 [상용구 지우기] 대화 상자에서 [지움]을 클릭합니다.

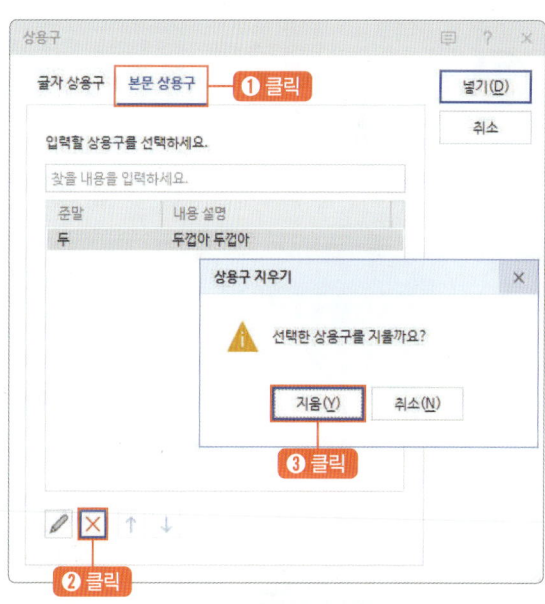

이해 쏙! TIP!

- 등록한 상용구는 해당 문서에서만 사용되는 것이 아니라, 모든 훈글 문서에서 적용되므로 다시 사용하지 않는 상용구는 지우면서 사용해요.
- 본문 상용구는 같은 준말이 있을 경우 이전의 상용구를 지우고 새로운 상용구로 덮어 써요.

Step 03 글자 상용구 사용하기

글자 상용구를 등록하고 상용구를 사용해 봅니다.

① '두껍아 두껍아'를 드래그한 후 [입력 도우미]-[상용구 등록]을 클릭합니다. [글자 상용구 등록] 대화 상자에서 '준말'에 '두'를, '설명'에 '두껍아 두껍아'를 입력한 후 '글자 속성 유지하지 않음'을 선택하여 등록합니다.

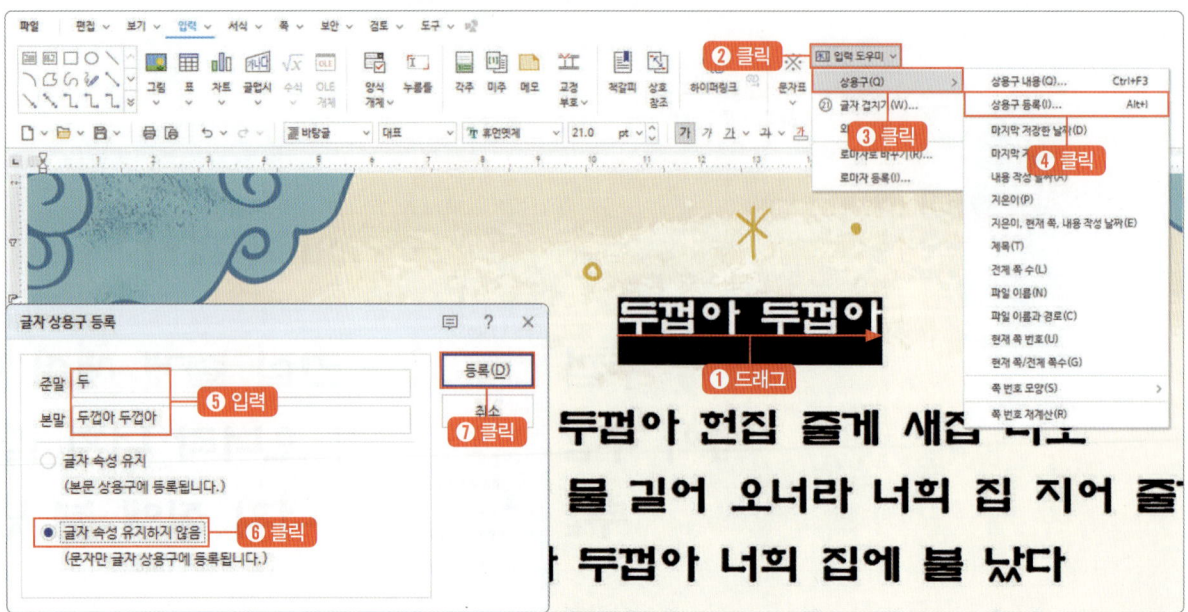

② 글자 상용구를 사용하여 그림과 같이 동요의 나머지 가사를 입력해 봅니다.

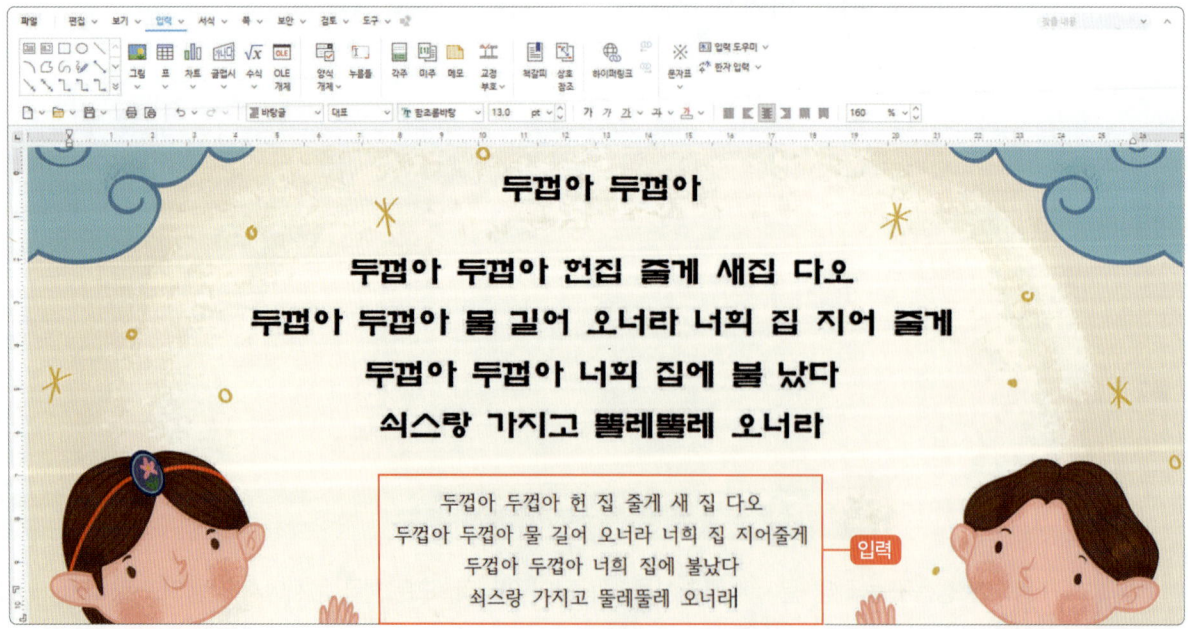

③ [다른 이름으로 저장하기]를 클릭한 후 '파일 이름'을 입력하여 저장합니다.

1 파일을 불러온 후 상용구 기능을 사용하여 '오늘의 지식'을 완성해 보세요.

🔑 예제 파일 : 23강_실력1(예제).hwpx   🔑 완성 파일 : 23강_실력1(완성).hwpx

 **Hint**

① [상용구 등록]:
   준말-'일', 본말-'①'
   준말-'이', 본말-'②'
   준말-'삼', 본말-'③'
   준말-'사', 본말-'④'
   준말-'오', 본말-'⑤'
   '글자 속성 유지하지 않음'

2 파일을 불러온 후 상용구 기능을 사용하여 '따라 입력하기'를 완성해 보세요.

🔑 예제 파일 : 23강_실력2(예제).hwpx   🔑 완성 파일 : 23강_실력2(완성).hwpx

 Hint

① [상용구 등록]:
   준말-'왼', 본말-'←'
   준말-'오', 본말-'→'
   준말-'위', 본말-'↑'
   준말-'아', 본말-'↓'
   '글자 속성 유지'

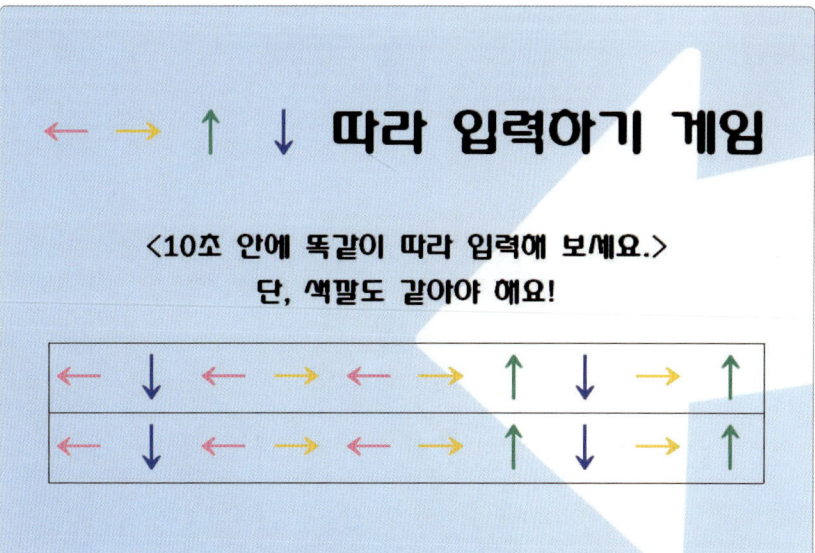

GAME 24 알퐁스 도데

| 학습목표 |
- 머리말과 꼬리말을 추가할 수 있습니다.
- 쪽 번호를 매길 수 있습니다.
- 파일 형식을 다르게 지정하여 저장할 수 있습니다.

오늘의 도착지점

예제 파일 : 24강_예제.hwpx   완성 파일 : 24강_완성.hwpx

도착지 정보

'알퐁스 도데'는 19세기 후반 프랑스의 소설가로 소설 '별'로 우리들에게 잘 알려져있습니다. 대자연을 예찬하는 프로방스적 기질을 갖추어 작품 속에서도 아름답고 순수한 사랑 이야기를 다루고 있습니다. 타자연습 속 긴 글을 연습하며 읽었던 '별'을 소설책 모양으로 만들어 봅니다.

Step 01 머리말/꼬리말 삽입하기

머리말과 꼬리말을 삽입해 봅니다.

① 한글 2022 프로그램을 실행한 후 [내 컴퓨터에서 불러오기]-'24강_예제.hwpx'를 불러옵니다.

② [쪽] 탭-[머리말]을 클릭한 후 [머리말/꼬리말]을 클릭합니다. [머리말/꼬리말] 대화 상자가 실행되며 '종류'를 '머리말'로 지정하고 '위치'를 '홀수 쪽'으로 지정한 후 [만들기]를 클릭합니다.

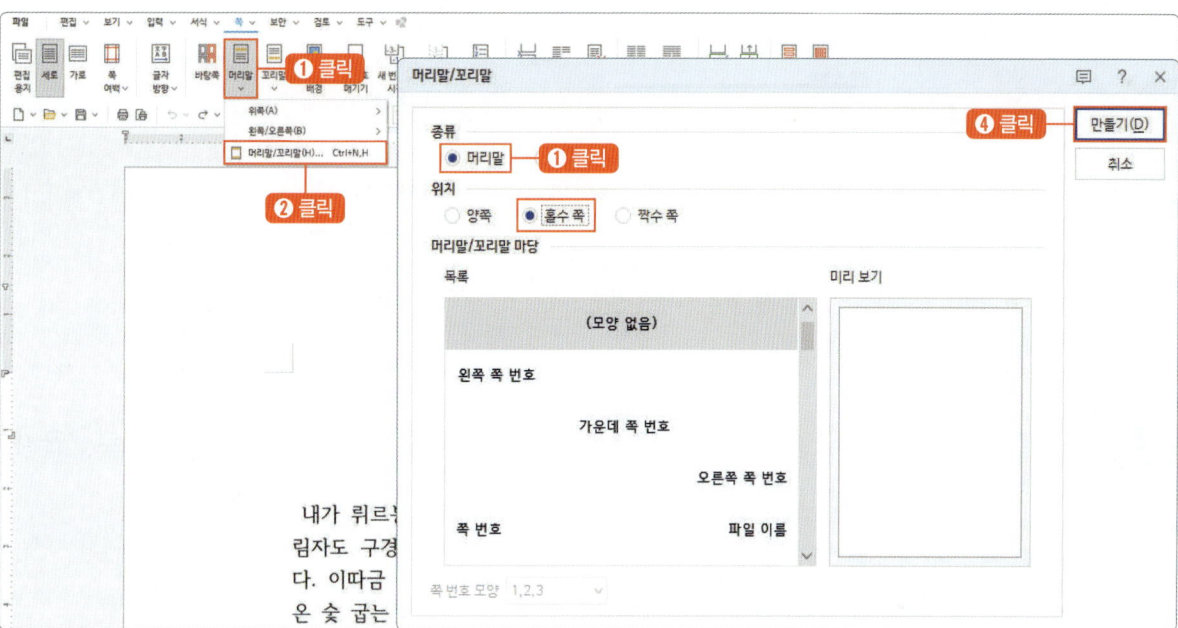

③ 머리말에 '알퐁스 도데 〈별〉'을 입력하고 드래그 한 후 '글꼴'을 '한컴돋움'으로, '글자 크기'를 '9 pt'로 지정하고 [닫기]를 클릭합니다.

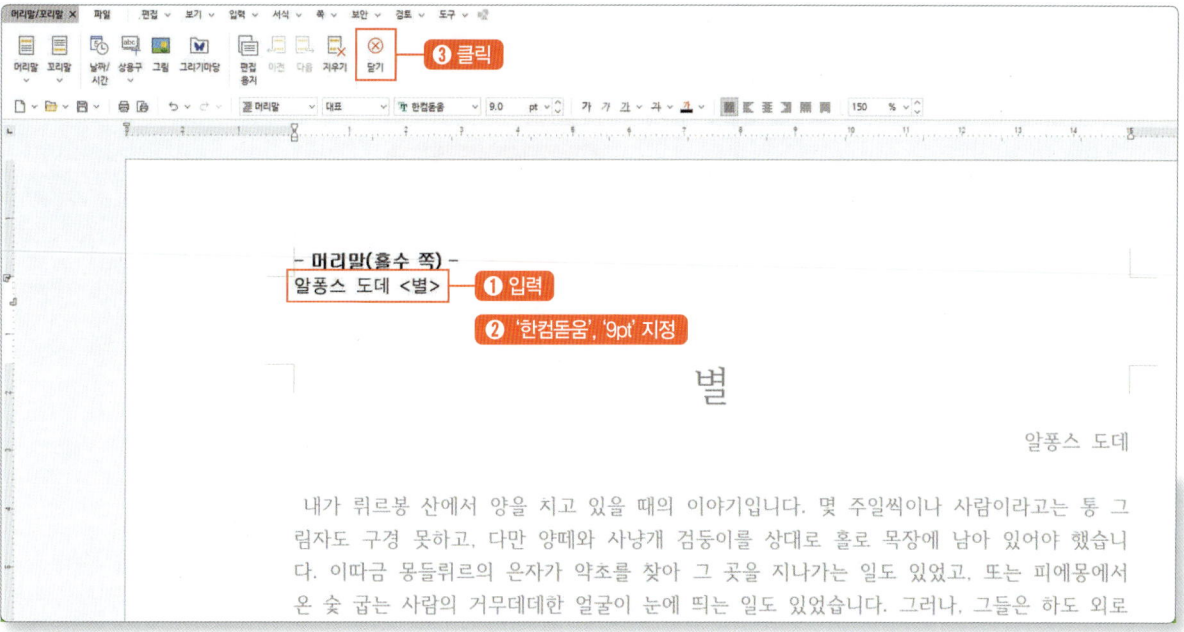

4 [쪽] 탭-[꼬리말]을 클릭한 후 [머리말/꼬리말]을 클릭합니다. [머리말/꼬리말] 대화 상자가 실행되면 '종류'를 '꼬리말'로 지정하고 '위치'를 '양쪽'을 지정한 후 [만들기]를 클릭합니다.

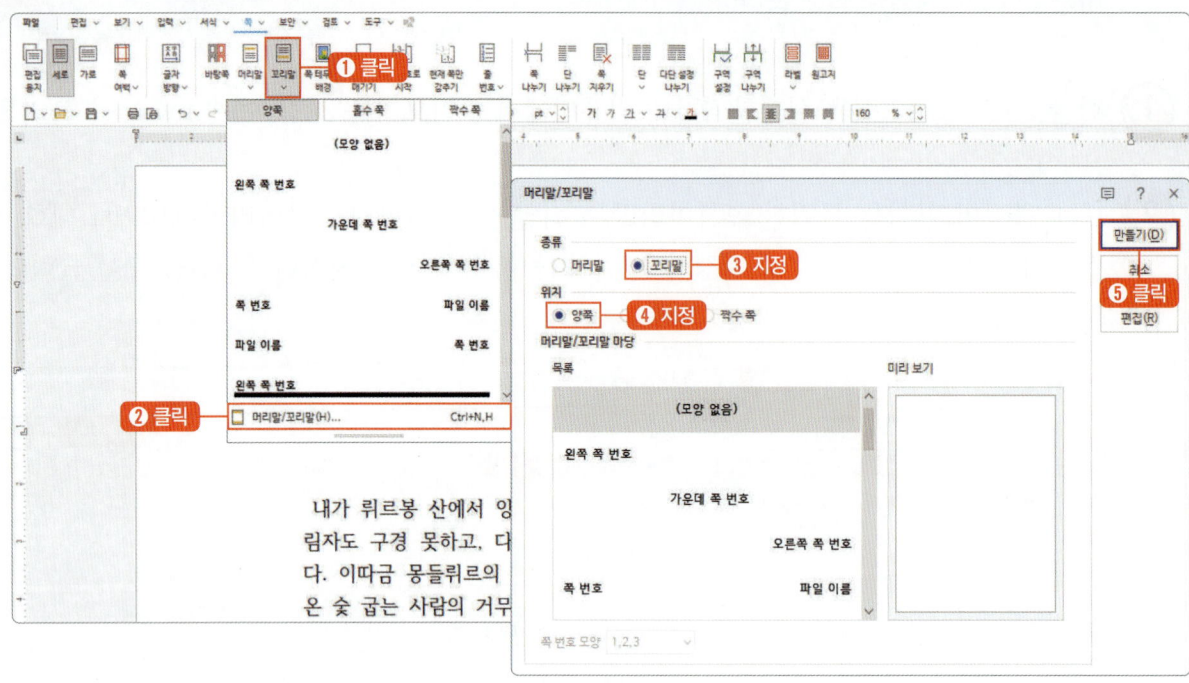

5 꼬리말에 '어느 목동의 이야기'를 입력하고 드래그 한 후 '글꼴'을 'HY나무M'으로, '글자 크기'를 '10pt'로 지정하고 [닫기]를 클릭합니다.

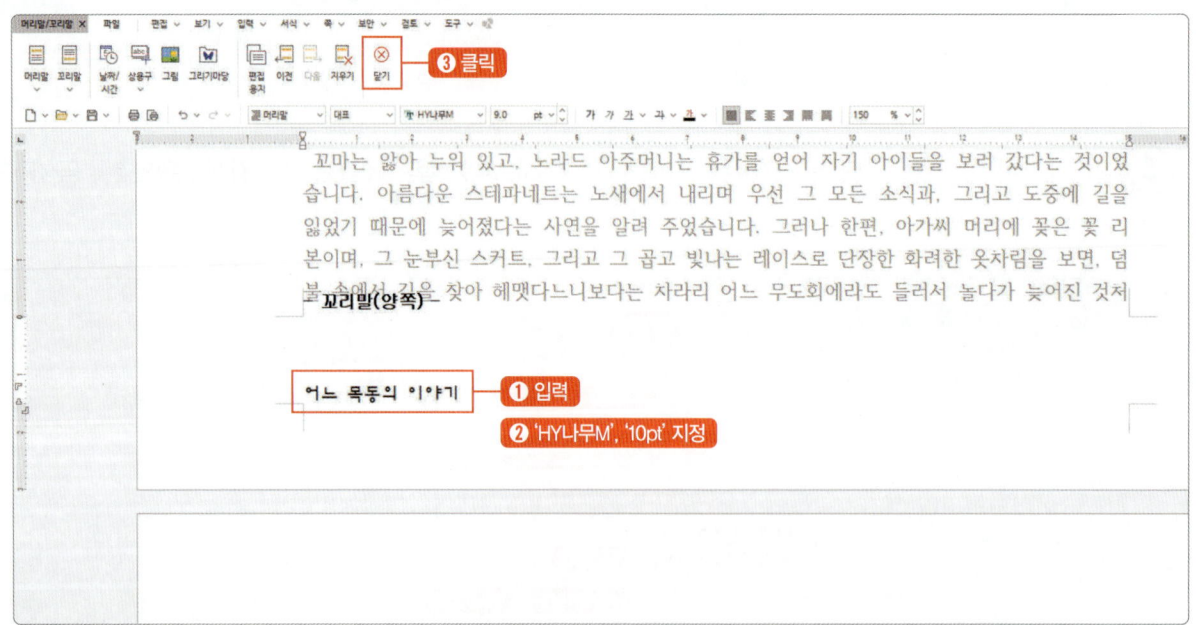

머리말과 꼬리말
- **머리말**: 한 쪽(페이지)의 맨 위에 한두 줄의 내용이 쪽마다 고정적으로 반복되는 것
- **꼬리말**: 한 쪽(페이지)의 맨 아래 한두 줄의 내용이 쪽마다 고정적으로 반복되는 것

Step 02 쪽 번호 매기기

쪽번호를 매겨 봅니다.

① [쪽] 탭-[쪽 번호 매기기]를 클릭합니다.

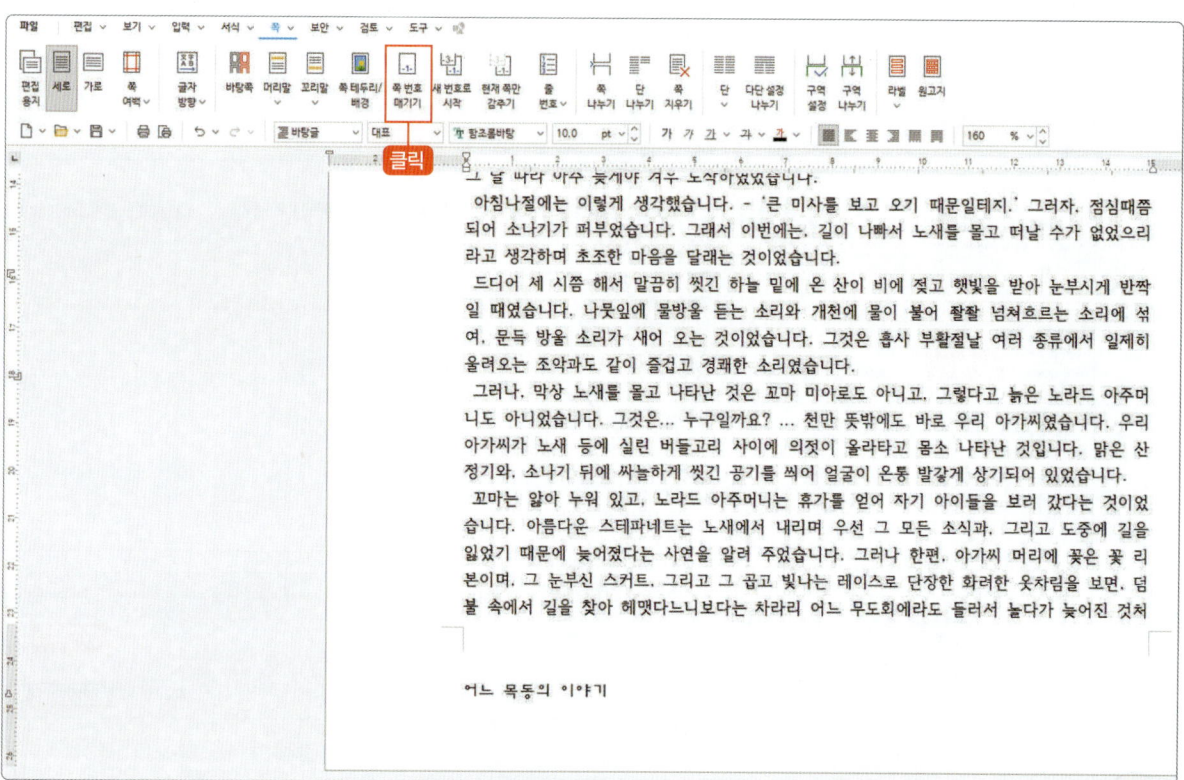

② [쪽 번호 매기기] 대화 상자가 실행되면 '번호 위치'를 '오른쪽 아래'로, '번호 모양'을 '①,②,③' 으로 지정하고 '줄표 넣기'를 체크 해제한 후 [넣기]를 클릭합니다.

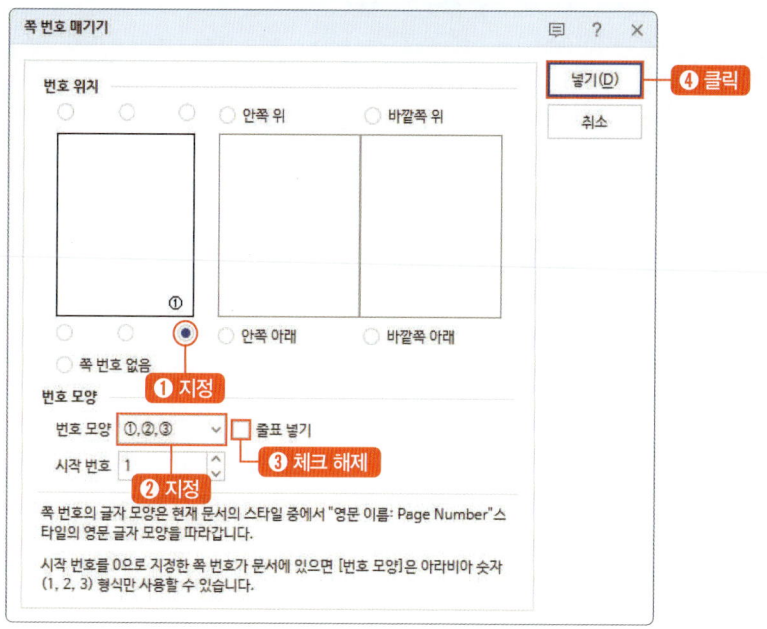

Step 03 다른 파일 형식으로 저장하기

한글 문서를 PDF 문서로 저장해 봅니다.

① [파일] 탭-[다른 이름으로 저장하기]를 클릭합니다. [다른 이름으로 저장하기] 대화 상자가 실행되면 저장할 위치를 지정하고 파일 이름을 입력한 후 '파일 형식'을 'PDF, PDF/A 문서'로 지정하고 [저장]을 클릭합니다.

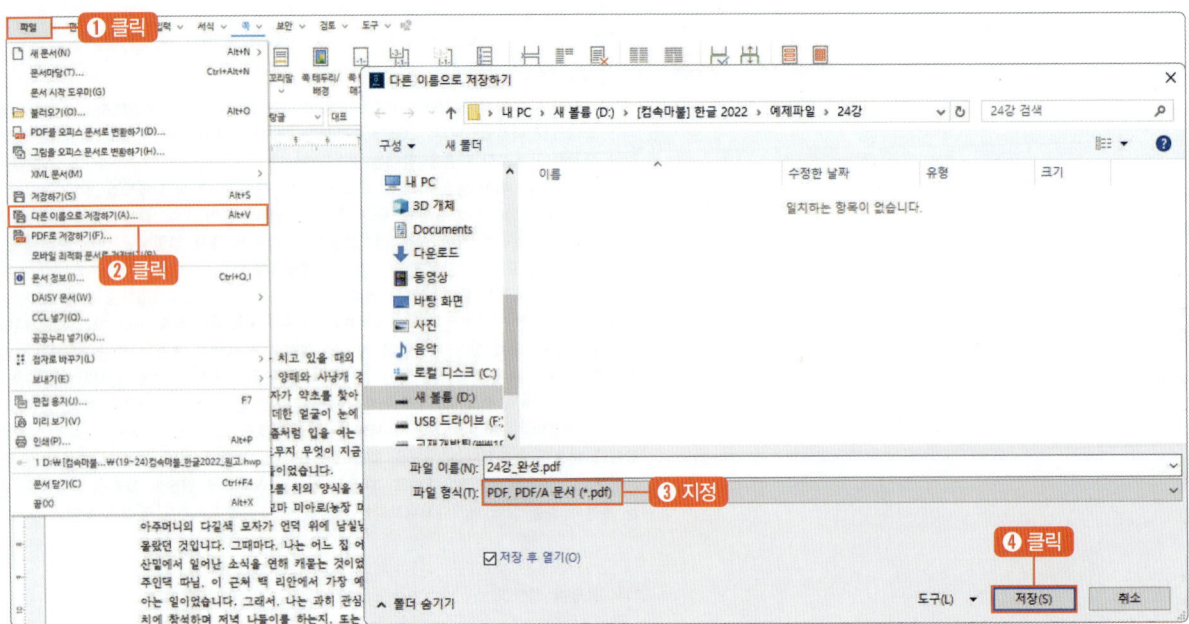

② 저장된 PDF 파일을 확인합니다.

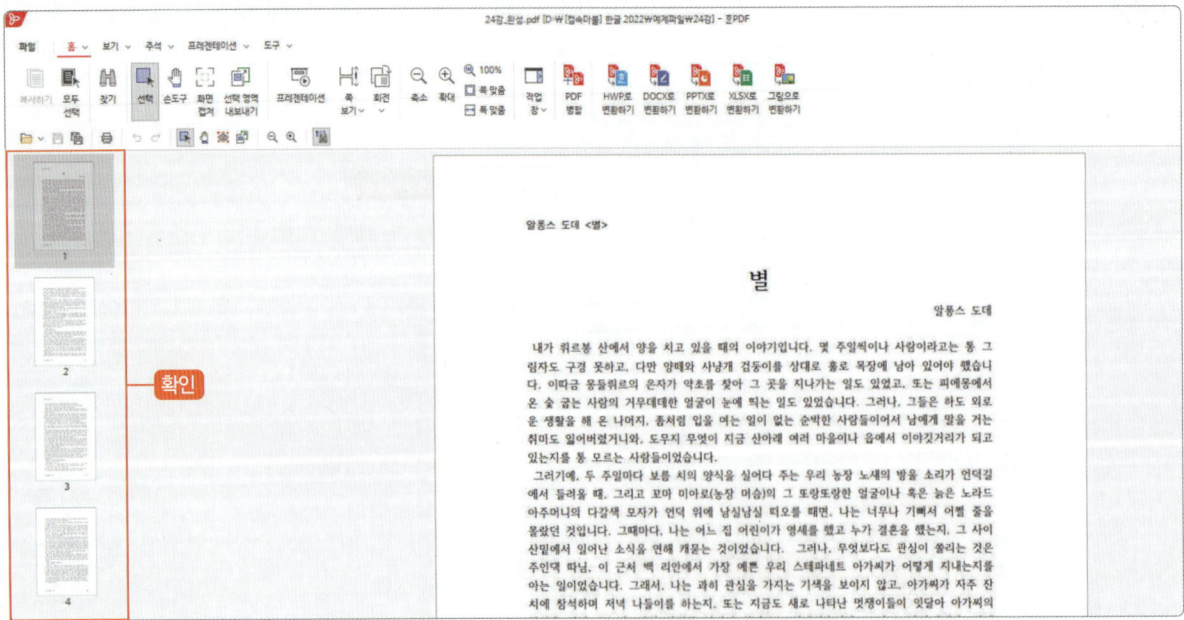

③ 한글 문서도 [다른 이름으로 저장하기]를 클릭한 후 '파일 이름'을 입력하여 저장합니다.

1 파일을 불러온 후 머리말/꼬리말을 사용하여 완성해 보세요.

🔑 예제 파일 : 24강_실력1(예제).hwpx
🔑 완성 파일 : 24강_실력1(완성).hwpx

Hint
① [머리말/꼬리말]: '머리말', '양쪽', '10pt'
② [쪽 번호 매기기]: '가운데 아래', '1,2,3', '줄표 넣기'

2 파일을 불러온 후 문서를 PDF파일로 저장해 보세요.

🔑 예제 파일 : 24강_실력2(예제).hwpx   🔑 완성 파일 : 24강_실력2(완성).pdf

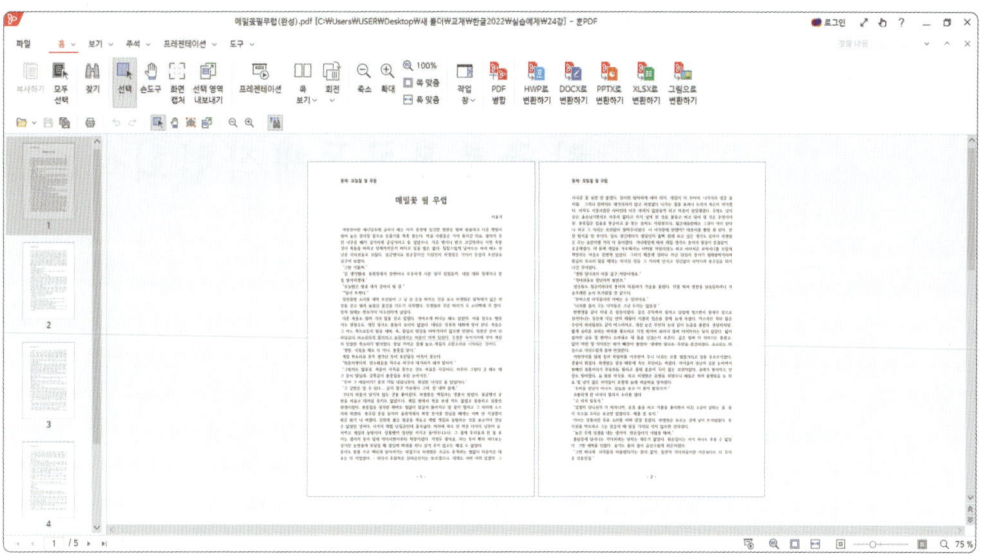

Hint
① [다른 이름으로 저장하기]: 'PDF, PDF/A 문서(.pdf)'

GAME 24 알퐁스 도데 _ 155

보너스 게임! 레벨업 끝판왕 퀘스트

● 첫 번째 페이지 (제한시간 15분)

머리말(궁서, 9pt, 오른쪽 정렬)

DIAT

글맵시 – 중고딕, 채우기 : RGB:233,174,43
크기 : 너비(120mm), 높이(20mm), 위치 : 글자처럼 취급, 가운데 정렬

휴머노이드로봇박람회

진하게, 기울임

휴머노이드 로봇의 상용화 시대가 다가오고 있습니다. 교육용 로봇으로서의 휴머노이드 사용 증가와 가정에서 개인 보조용으로 휴머노이드 로봇에 대한 수요가 급증하는 등 로봇 시장은 2028년까지 138억 달러 규모로 성장할 것으로 예측하고 있습니다. 이번 박람회에서는 로봇과 관련한 여러 분야에 걸쳐 로봇공학 기술의 최신 발전을 한눈에 볼 수 있으며 국내외 로봇 산업 회사들의 양질의 프레젠테이션과 로봇 제품을 모두 만나실 수 있습니다. 또한 로봇 산업의 최신 동향과 글로벌 플랫폼을 최대 규모로 준비하였습니다. 로봇 산업에 관심을 가지고 계신 다양한 업계의 관계자 여러분들의 많은 참여 바랍니다.

문자표 ◎ 행사안내 ◎ 굴림, 가운데 정렬

1. 행 사 명 : 휴머노이드 로봇 - 현재와 미래
2. 일   자 : 2024년 06월 29일
3. 장   소 : 서울시 강남구 코엑스 3층 연회장
4. 등   록 : 체험 당일 현장 등록 *(10인 이상 단체는 홈페이지를 통해 가능합니다.)* 기울임, 밑줄
5. 주   관 : 한국로봇공동제작협회

문자표 ※ 기타사항
 - 야외 전시 로봇들은 우천 시에는 전시되지 않습니다.
 - 로봇 달리기와 로봇 댄스 등의 흥미로운 이벤트도 준비되어 있습니다.
 - 단체 참여를 원하시면 홈페이지(http://www.ihd.or.kr)로 사전 등록해 주시기 바라며, 기타 문의사항은 본 협회로 연락바랍니다.(02-1234-1234)

왼쪽여백: 10pt
내어쓰기: 13pt

2024. 06. 22. 12pt, 가운데 정렬

한국로봇공동제작협회
궁서, 24pt, 가운데 정렬

쪽 번호 매기기, A,B,C 순으로, 오른쪽 아래 — A -

휴머노이드 로봇

1. 로봇의 발전

1973년 일본 와세다대학교에서 최초로 개발된 휴머노이드 로봇(Humanoid robot)은 인간의 신체 형태를 닮은 로봇이다. 도구 및 주변 환경과 상호 작용 등 기능적 목적을 염두(念頭)에 두고 일반적으로 휴머노이드 로봇은 몸통, 머리, 두 개의 팔, 두 개의 다리로 구성되어 있다. 경우에 따라 일부 휴머노이드 로봇에는 눈이나 입과 같은 인간의 얼굴 특징을 복제하도록 설계된 경우도 있다. 휴머노이드 로봇이 주목받는 가장 큰 이유는 노동력(勞動力) 부족이다. 휴머노이드 로봇은 인간과 유사한 모습을 하고 있어 인간을 위해 설계(Design)된 환경에서 작동하고 인간과 함께 일할 수 있다는 장점이 있다. 이러한 이유로 전 세계적으로 여러 기업들이 휴머노이드 로봇 상용화를 위해 경쟁(競爭)중이다.

2. 세계의 로봇

2023년 중국의 로봇 스타트업 기업 푸리에인텔리전스는 GR-1 로봇을 발표했다. 로봇 개발의 주목적은 중국의 고령화(Aging) 인구가 늘어남에 따라 생기는 노동력 부족 현상에 대한 노동력 충족(充足)이다. 푸리에 대표는 인간에게 로봇이 간병인① 혹은 치료 도우미가 될 수도 있고, 혼자 지내는 노인의 동반자(同伴者)가 될 수도 있다고 전하며 결국 환자들은 그들과 상호 작용하는 자율 로봇을 갖게 될 것이라고 발표하였다. 테슬라(Tesla) 역시 옵티머스 로봇을 선보였으며 출시 이후에는 우선 테슬라 자동차 공장에서 부품(Section) 운반용으로 투입할 계획이라고 밝혔다. 옵티머스는 인간과 비슷한 체격과 형태를 갖춘 인간형 로봇으로 시속 8km로 움직이며 20kg의 물건을 들어 올릴 수 있다. 실제 사람이 활동하는 다양한 환경에서 즉시 업무에 투입될 수 있다는 점이 장점으로 꼽힌다.

① 환자가 있을 때 보호자를 대신해 간병을 하는 사람

국가별 휴머노이드 로봇 개발

국가	건수
한국	175
미국	251
중국	140
인도	223
기타	853

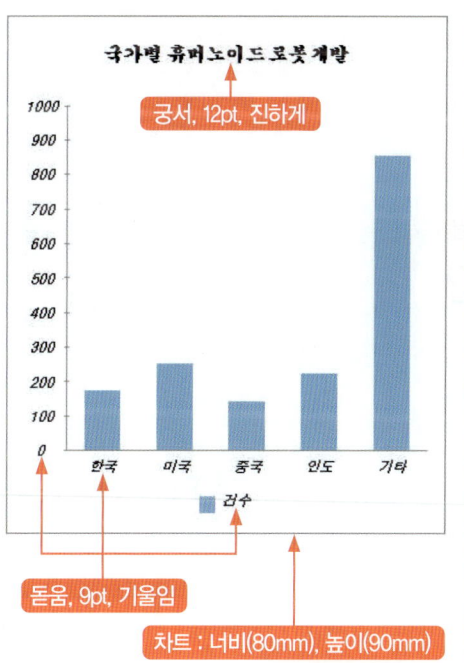

보너스 게임! 레벨업 끝판왕 퀘스트

● 세 번째 페이지 (제한시간 10분)

글상자 : 크기(110mm×17mm), 면색(빨강), 글꼴(돋움, 24pt, 하양), 정렬(수평·수직-가운데)

지구생태 시민이란?

크기(110mm×50mm)

글맵시 이용(갈매기형 수장), 크기(50mm×35mm), 글꼴(굴림, 파랑)

크기(40mm×30mm), 그림 효과(회색조) "네번째 페이지" 책갈피로 이동

크기(130mm×145mm)

① 지구라는 별에 함께 산다

② 자연과 함께 더불어 산다

③ 인간의 존엄을 존중한다

글상자 이용, 선 종류(점선 또는 파선), 면색(색 없음), 글꼴(궁서, 18pt), 정렬(수평·수직-가운데)

타원 그리기 : 크기(13mm×13mm), 면색(하양), 글꼴(돋움, 20pt), 정렬(수평·수직-가운데)
직사각형 그리기 : 크기(11mm×20mm), 면색(하양을 제외한 임의의 색)

보너스 게임! 레벨업 끝판왕 퀘스트

● 네 번째 페이지 (제한시간 25분)

지구를 위해 할 수 있는 일들
(지구의 날)

글꼴: 굴림, 18pt, 진하게, 가운데 정렬
책갈피 이름: 탄소중립
덧말 넣기

머리말 기능
궁서, 10pt, 오른쪽 정렬 — 지구 온난화

문단 첫 글자 장식 기능
글꼴: 돋움, 면색: 노랑

매년 4월 22일은 지구(地球)의 날이다. 올해로 지구의 날이 제정된 지 벌써 50년이 지났다. 당시 전 세계 수천만 명의 시민들은 환경 오염, 기름 유출, 살충제 사용, 산림파괴와 같은 문제들을 더는 방치해서는 안 된다는 생각에 행동에 나섰다. 그러나 슬프게도 50년이 지난 우리는 지금도 여전히 같은 문제들 속에서 살아가고 있다. 지구의 날의 의미는 오늘날까지 우리에게 깊은 울림을 주고 있다. 그렇지만 매해 지구의 날에만 과거의 성과나 의미를 생각하고 있을 수는 없다. 지구의 날은 바로 지금 필요한 행동에 대해 다 같이 목소리를 내는 날이 되어야 한다.

 2015년 12월 세계 각국 정상들은 파리기후변화협약ⓐ 회의에서 지구 온도상승을 섭씨 1.5도 억제하기 위해 화석연료 시대 종말의 시작을 의미하는 파리협정을 채택하였다. 하지만 모두가 관심을 가지고 실천하지 않는다면 협정만으로는 기후 위기 시대의 거대한 재앙(災殃)을 피하기에 충분하지 않다. 각국 정상뿐만 아니라 전 세계가 석탄, 석유, 천연가스와 같은 화석연료 사용을 완전 중단하고 재생가능에너지를 달성하기 위해 더욱더 힘을 보태야 한다. 지금 바로 지구를 위해 할 수 있는 일들을 우리 모두 생각해보아야 한다.

그림 문서에 포함,
자르기 기능 이용, 크기(40mm×35mm),
바깥 여백 왼쪽: 2mm

♥ 지구를 위해 당장 할 수 있는 일들
글꼴: 굴림, 18pt, 하양
음영색: 빨강

  가. 자원소비 줄이기
    ① 화석연료 사용 중단에 동참
    ② 음식의 재배 및 유통 경로 확인
  나. 공동체 변화의 힘 쌓기
    ① 지구를 위한 창의성 발휘
    ② 패스트패션을 슬로우패션으로 교체

문단 번호 기능 사용
1수준: 20pt, 오른쪽 정렬,
2수준: 30pt, 오른쪽 정렬
줄 간격: 180%

♥ 온도상승 1.5도와 2도 영향 비교
글꼴: 굴림, 18pt, 밑줄, 강조점

구분	1.5도	2도	구분	1.5도	2도
생태 및 인간계	높은 위험	매우 높은 위험	대규모 기상이변	중간 위험	중간-높은 위험
중위도 폭염 온도	3도 상승	4도 상승	해수면 상승	0.26-0.77m	0.3-0.93m
고위도 한파 온도	4.5도 상승	6도 상승			
빈곤 취약 인구	2050년까지 2도에서 수억명 증가		북극 해빙 완전 소멸 빈도	100년에 한 번	10년에 한 번
물 부족 인구	2도에서 최대 50% 증가				

표 전체 글꼴: 돋움, 10pt, 가운데 정렬
셀 배경(그러데이션): 유형(가로)【수평】, 시작색(노랑), 끝색(하양)

글꼴: 궁서, 24pt, 진하게
장평 105%, 오른쪽 정렬 → **녹색사회실현**

각주 구분선: 5cm

ⓐ 파리협정으로 195개 당사국 모두에게 구속력 있는 보편적 첫 기후 합의

쪽 번호 매기기
5로 시작
⑤

보너스 게임! 레벨업 끝판왕 퀘스트

● 다섯 번째 페이지 (제한시간 10분)

1. 수식 편집기를 사용하여 각각 입력하시오.

(1) $a^2 = b^2 + c^2 - 2bc\cos A \Leftrightarrow \cos A = \dfrac{b^2+c^2-a^2}{2bc}$

(2) $\sum_{k=1}^{n} k^2 = \dfrac{1}{6}n(n+1)(2n+1)$

(3) $\int_{a}^{b} A(x-a)(x-b)dx = -\dfrac{A}{6}(b-a)^3$

(4) $A^3 + \sqrt{\dfrac{gL}{2\pi}} = \dfrac{gT}{2\pi}$

2. 다음의 《조건》에 따라 스타일 기능을 적용하여 《출력형태》와 같이 작성하시오.

《조건》
(1) 스타일 이름 - family
(2) 문단 모양 - 왼쪽 여백 : 15pt, 문단 아래 간격 : 10pt
(3) 글자 모양 - 글꼴 : 한글(돋움)/영문(궁서), 크기 : 10pt, 장평 : 95%, 자간 : 5%

《출력형태》

Like parents who live with their children, a family is defined as a specific group of people who can consist of partners, children, parents, relatives and grandparents.

건강 가정이란 신체적 건강과 정신적 건강을 모두 포함한 영역으로 가족원 개개인의 건강한 발달을 도모하고 가족원간의 상호작용이 원만하여 집단으로서의 가치체계를 공유하고 있는 가족을 말한다.

3. 다음의 《조건》에 따라 스타일 기능을 적용하여 《출력형태》와 같이 작성하시오.

《조건》
(1) 스타일 이름 - carbon
(2) 문단 모양 - 왼쪽 여백 : 15pt, 문단 아래 간격 : 10pt
(3) 글자 모양 - 글꼴 : 한글(돋움)/영문(궁서), 크기 : 10pt, 장평 : 95%, 자간 : 5%

《출력형태》

The claim that older trees are less able to absorb carbon is controversial around the world, but recent studies have shown that they actually absorb more carbon as they age.

오래된 나무의 탄소 흡수력이 떨어진다는 주장도 전 세계적으로 논란이 되고 있으나 최근에는 오래된 나무가 되려 더 많은 탄소를 흡수한다는 결과도 연이어 나오고 있다.